Leipziger Köpfe

Hundert Berühmtheiten auf der Spur

Otto Werner Förster | Thomas Seidler | Claudius Markov | Armin Kühne

IMPRESSUM

Leipziger Köpfe – Hundert Berühmtheiten auf der Spur
1. Auflage, Juni 2008, ISBN 978-3-9811948-1-4

Verlag: Leipziger Medien Service GmbH, Floßplatz 6, 04107 Leipzig
Herausgeber: Bernd Radestock
Redaktion und Projektleitung: Thomas Seidler
Autoren: Dr. Otto Werner Förster, Thomas Seidler, Claudius Markov

Fotos: Armin Kühne, Volkmar Heinz, André Kempner, Wolfgang Zeyen, Andreas Döring,
Hendrik Schmidt, Uwe Pullwitt, Ines Christ, Frank Schmidt, Sebastian Willnow,
Ralf Zweynert, Magdalena Schneider, Deutsche Presseagentur, Archiv Leipziger Volkszeitung,
Stadtgeschichtliches Museum, Archiv Taurus Verlag, Leipziger Stadtbibliothek, MDR-Archiv,
Archiv Universität Leipzig, Sächsisches Staatsarchiv, Zooarchiv, Insel Verlag Anton Kippenberg,
Archiv Martin-Luther-Universität Halle-Wittenberg, Karl Baedeker Verlag, Reclam Verlag,
Verlag C. F. Peters, Deutsches Buch- und Schriftmuseum, Bibliographisches Institut,
DHU Karlsruhe, Archiv Blüthner, Archiv Lange, Archiv Dr. Krämer

Buchgestaltung: Sabine Frohmader
Lektorat: Katrin Pilling
Druck: Offizin Andersen Nexö Leipzig GmbH

Die Deutsche Bibliothek verzeichnet diese Publikation in der Deutschen Nationalbibliografie;
detaillierte bibliografische Daten sind im Internet über http://dnb.ddb.de abrufbar.

Liebe Leserinnen und Leser, liebe Leipzig-Freunde,

nach dem großen Erfolg unseres Buches »Zeitreise – 1 200 Jahre Leben in Leipzig« darf ich Sie erneut zu einer Expedition durch die Geschichte unserer Stadt einladen. Diesmal heften sich unsere Autoren an die Fersen berühmter Persönlichkeiten, streifen mit ihnen durch die Jahrhunderte und stoßen dabei auf so manches interessante Detail.

Ob Politik, Kultur, Wirtschaft, Wissenschaft oder Sport: Überall finden sich Leute mit Köpfchen – Leipziger Köpfe eben. Dazu macht sie nicht ihr Geburts- oder Sterbeort, sondern ihr Wirken in dieser Stadt. Und dabei bilden die hier vereinten hundert Berühmtheiten, deren Lebensweg sich bereits vollendet hat, nur eine Auswahl. Schauen Sie doch mal ins umfangreiche Personenregister und Sie werden sehen: Kaum eine andere deutsche Stadt, die in ihrer langen Geschichte eine derartige Anziehungskraft auf die klügsten Köpfe des Landes entwickelt hat!

Darauf sind die Leipziger stolz. Dafür ist dieses Buch ein hervorragender Botschafter. Es erzählt Leipziger Geschichten und lässt dabei Geschichte lebendig werden. So begegnen wir im 16. Jahrhundert dem Arzt Heinrich Stromer, der die Pest mit Wein bekämpft, erleben im 17. Jahrhundert den Philosophen Christian Thomasius als Ruhestörer an der Universität und schauen im 18. Jahrhundert bei der Schauspieltruppe der Neuberin vorbei, die vorm Grimmaischen Tor den Harlekin verbrennt. Im 19. Jahrhundert schlägt die Stunde bedeutender Unternehmer, begründen zahlreiche Verleger in Leipzig ihren Weltruf. Licht und Schatten wirft das 20. Jahrhundert: Beides spiegelt dieses Buch wider. Es reiht keine historischen Daten aneinander, sondern beschreibt Menschen in ihrer jeweiligen Zeit. Und es spannt den Bogen stets bis in die Gegenwart, verfolgt Seite für Seite die Spur zu immer neuen, teilweise überraschenden »Schau-Plätzen« im Hier und Heute.

Dazu braucht es neben gründlicher Recherche und historischer Genauigkeit den etwas anderen, den journalistischen Blick. Dieses Buch bietet ihn. Wenn Sie es gelesen haben, werden Sie mit anderen Augen durch Leipzig gehen.

Ich wünsche Ihnen viel Freude bei der Lektüre – und eine spannende Spurensuche!

Bernd Radestock
Vorsitzender der Geschäftsführung
Leipziger Verlags- und Druckereigesellschaft

INHALT

Leipziger Köpfe – Hundert Berühmtheiten auf der Spur

8 CLIFF AEROS • Artist, Dompteur, Direktor – und als Bambino unsterblich

9 ERNST ANSCHÜTZ • »Wo ich säete, andere ärnteten«

10 THEODOR APEL • Sponsor für den Freund – Stifter nach der Schlacht

11 JOHANN SEBASTIAN BACH • Untüchtige Knaben, wunderliche Obrigkeit

12 KARL BAEDEKER • Ein Name, ein Begriff – und in der Weltstadt zur Weltmarke

13 ARNDT BAUSE • Schlag(er) auf Schlag(er) ein Hit

14 AUGUST BEBEL • Hochverrat, Haft, Ausweisung – Angst vor der Sozialdemokratie

15 ADOLF BLEICHERT • Glück in der Villa Hilda – Geschäfte in aller Welt

16 ERNST BLOCH • »Wer sind wir? Wohin gehen wir?«

17 ROBERT BLUM • Unermüdlicher Wühler – empfindsam und machtbewusst

18 JULIUS BLÜTHNER • Klangvoller Name beflügelt Künstler

19 ALFRED BREHM • Populäres Wissen über Welt der Tiere

20 FRIEDRICH ARNOLD BROCKHAUS • Verfolgt von Zensur – Erfolg mit Enzyklopädie

21 RUDOLPH BROMME • Deutschlands erster Admiral – ein Sachse aus Anger

22 CARL GUSTAV CARUS • Universalgenie an stillen Ufern

23 EBERHARD ESCHE • Unsterblich: Der Hase im Rausch

24 HANS FALLADA • Ewiger Pechvogel mit Kopf voller Geschichten

25 JOHANN GOTTLIEB FICHTE • »Ich lebe in einer neuen Welt…«

26 PAUL FLECHSIG • »Von der Psyche wissen die Psychiater nichts«

27 FIPS FLEISCHER • Mit Mambo der King – mit Satchmo per Du

28 THEODOR FONTANE • Schillers Weste – Shakespeares Strumpf

29 GUSTAV FREYTAG • Politik und Bier in der »Kitzinggesellschaft«

30 CHRISTIAN FÜRCHTEGOTT GELLERT • »Sire, ich bin ein Original…«

31 FRIEDRICH GERSTÄCKER • Bücher aus der Hängematte

32 CARL GOERDELER • Wandel zum Widerstand

33 JOHANN WOLFGANG GOETHE • Weltstadt, Wein und Spottgedichte

34 HENRIETTE GOLDSCHMIDT • Verein, Kindergarten, Hochschule – Frauen machen mobil

35 GEORG JOACHIM GÖSCHEN • Verleger, Drucker, Kaufmann – Werke setzen Maßstäbe

36 JOHANN CHRISTOPH GOTTSCHED • Großer Geist – mit großer Überheblichkeit

37 EDVARD GRIEG • Erste Suite, zweite Heimat und drei gute Freunde

38 ERICH HAGEN • »Phantom« bringt Belgier zum Verzweifeln

39 SAMUEL HAHNEMANN • Heilkraft der Natur: Ähnliches hilft Ähnlichem

40 JÜRGEN HART • Pfiffig, kauzig, kantig: Urgestein mit Ausrutscher

41 CARL HEINE • Talent, Mut und ein gigantisches Lebenswerk

42 THOMAS THEODOR HEINE • Pikante Blätter, beißende Satire und warten auf Wunder

43 SAMUEL HEINICKE • Mehr als tanzende Hände: Gehörlose lernen sprechen

44 WERNER HEISENBERG • Nobelpreis und Nazis: Kernphysik in schwieriger Zeit

45 GUSTAV HERTZ • Späte Jahre in Leipzig – neues Ansehen für Institut

46 JOHANN ADAM HILLER • Hi statt Hü – der erste Kapellmeister im Gewandhaus

47 HENRI HINRICHSEN • Unternehmer, Kunstfreund, Mäzen – in Auschwitz ermordet

48 E. T. A. HOFFMANN • Im »Goldenen Herz« der »Goldene Topf«

49 ULRICH VON HUTTEN • Küchenlatein und Dunkelmänner

50 JEAN PAUL • Flucht vor Gläubigern – Rückkehr als Star

51 ERICH KÄSTNER • Die fliegenden Redakteure

52 BERNARD KATZ • Verlorener Sohn ohne deutschen Pass

53 ANTON KIPPENBERG • Reihe mit Rilke, Skat mit Strauss, Geduld mit Goethe

54 MAX KLINGER • Leiden an der Welt: »Meschugge ist Trumpf«

55 FRIEDRICH GOTTLIEB KLOPSTOCK • »Wirke! Das ist das große Gesetz!«

56 ALFRED KUNZE • »Wer nicht alles gibt, gibt nichts«

57 GOTTFRIED WILHELM LEIBNIZ • Sturz vom Tisch – Aufstieg zum Genie

58	GOTTHOLD EPHRAIM LESSING • Liederliche Jahre – Ärger mit Vater und Vermieter	83	KLAUS RENFT • »Stones des Ostens« sprengen knappe Ketten
59	KARL LIEBKNECHT • Politik an der Wiege – Exil auf dem Dorf	84	JOACHIM RINGELNATZ • »Seepferdchen« liebt die Schönen von Samoa
60	FRIEDRICH LIST • Lokomotiven des Aufschwungs	85	GREGORIUS RITZSCH • Vater und Sohn: Drucker, Künstler, Weltveränderer
61	ALBERT LORTZING • Vereine, Verse – und eine ungeheure Heiterkeit	86	ERNST ROWOHLT • Literatur aus Leipziger Lokalen
62	MARTIN LUTHER • »Lipsia lipsiscit – Leipzig leipzigert«	87	FRIEDRICH SCHILLER • Dichter, Denker, Kegelbruder
63	GUSTAV MAHLER • Blasser Mond, matter Finsterling und die erste Sinfonie	88	JULIUS SCHNORR • »Ein guter Künstler, oder gar keiner«
64	HEINRICH MARSCHNER • Orpheus der Vampyr	89	HEINRICH SCHOMBURGK • Zwölf Meistertitel, fünf Sportarten – und das erste Olympiagold
65	WOLFGANG MATTHEUER • Mitdenker, Nachdenker, Vordenker	90	MORITZ SCHREBER • Turnen, frische Luft und seltsame Erziehungsapparate
66	HANS MAYER • Deutscher auf Widerruf – mit Würde des Wortes	91	ROBERT SCHUMANN • Stammtisch, Zigarre und unerfüllte Hoffnung
67	FRANZ MEHRING • Fiktives Interview mit einem Chefredakteur	92	MAX SCHWIMMER • Mackie ohne Messer – mit feinem Pinselstrich
68	FELIX MENDELSSOHN BARTHOLDY • Lieber Bach und Billard als Beethoven in Berlin	93	JOHANN GOTTFRIED SEUME • Republikaner in falscher Zeit
69	ERNST MEY • Papierwäsche und Postversand – Premieren in Plagwitz	94	GUSTAV STRESEMANN • Vom Flaschenbier zum Friedensnobelpreis
70	HERRMANN JULIUS MEYER • Moderne Lexika, preiswerte Wohnungen	95	HEINRICH STROMER • Wein wider die Pest
71	THEODOR MOMMSEN • Mit scharfer Zunge auf die Barrikaden	96	KARL TAUCHNITZ • Verleger wider Willen – Wohltäter für die Stadt
72	CAROLINE NEUBER • Vorm Grimmaischen Tor brennt der Harlekin	97	GEORG PHILIPP TELEMANN • Multitalent mit »Geiz nach Ranunkeln«
73	FRIEDRICH NIETZSCHE • Entscheidungsvolle Semester fürs Leben	98	CLEMENS THIEME • Kaiser schweigt, König kassiert, Architekt heiratet
74	ARTHUR NIKISCH • Elektrisierende Konzerte – und Silvester immer die Neunte	99	CHRISTIAN THOMASIUS • Ruhestörer in modischer Kleidung
75	NOVALIS • Jünglingsklagen, Leidenschaften, Kohlelager	100	WERNER TÜBKE • »Ich male, wie der Vogel singt«
76	ADAM OESER • Aufbauhelfer unter Brüdern	101	LENE VOIGT • Glassigger – sächsisch, köstlich, unverwüstlich
77	WILHELM OSTWALD • Energie gegen Kleindenker	102	RICHARD WAGNER • Riesiges Trauerspiel schafft bedenkliche Konflikte
78	LOUISE OTTO-PETERS • »Gedankenfreiheit müssen sie uns geben!«	103	CLARA WIECK • Mehr Kraft als sechs Knaben zusammen
79	ERNST PINKERT • Gastronom mit Gespür für gutes Geschäft	104	OTTO WIGAND • Politik mit der Druckpresse
80	HEINZ QUERMANN • »Tschüss und winke, winke!«	105	MARY WIGMAN • »Man kann nicht mit dem Körper lügen«
81	PHILIPP RECLAM • Geliehenes Geld, eigener Verlag und Bücher für alle	106	WILHELM WUNDT • Vorlesungen im Konvikt – Spaziergänge im Park
82	HANS REIMANN • Drache, Retorte und Feuerzangenbowle	107	CARL FRIEDRICH ZÖLLNER • Singende Männer, klingender Zettel und ein Wander-Hit
		108	PERSONENREGISTER

zus. Davi Platz • Mama aus Überzeugung – die Beste!

Cliff Aeros

Artist, Dompteur, Direktor – und als Bambino unsterblich

Cliff Aeros (1889–1952)

Er flog als lebende Kanonenkugel durch die Manege, stürzte sich von einem Spezialgerüst 24 Meter in die Tiefe, ließ seinen Löwen Cäsar auf einem Drahtseil balancieren – und er brachte das Lachen zurück in die Stadt: Artist, Dompteur und Zirkusdirektor Cliff Aeros. Inmitten der Trümmer des Zweiten Weltkrieges hieß es an der Leipziger Wintergartenstraße bereits im Dezember 1945 wieder »Manege frei!«. Der 1889 in Hamburg als Julius Jäger geborene Cliff Aeros hatte auf dem Gelände des zerstörten Krystallpalastes einen selbst konstruierten 24-eckigen Holzbau errichtet. Die Heizungsanlage des einstmals größten deutschen Varieté-Theaters war erhalten geblieben – das kam dem Zirkus zugute. Rund 2 000 Zuschauer fanden unter der freitragenden Kuppel Platz.

Aeros, der 1941 seinen ersten Zirkus gegründet hatte, wechselte monatlich das

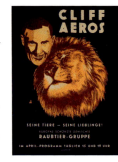
Plakat von Cliff Aeros aus dem Jahr 1947.

Programm, engagierte das aus dem Krystallpalast bekannte Orchester Curt Jacobsen und erfreute die Besucher mit einer Reihe von 16-seitigen Zirkus-Heftchen. Unsterblich machte er sich mit der Clownstragödie »Warum weinst Du, Bambino?« – rund 100 000 Menschen strömten Ende 1949 in die Vorstellungen.

Keine drei Jahre später starb Cliff Aeros an einer eitrigen Rippenfellentzündung. Am 21. Februar 1952 schrieb die LVZ in ihrem Nachruf: »Er war einer der bekanntesten und berühmtesten Artisten, dessen Name an den Litfaßsäulen von 22 Ländern der Welt prangte. Als Cliff Aeros im Jahre 1913 das erste Mal nach Leipzig kam und beim Deutschen Turnfest Sieger wurde, und als er in den 1930er-Jahren im Lunapark mit seinem Todessprung Zehntausende Leipziger begeisterte, ahnte er nicht, dass ihm Leipzig seine zweite Heimatstadt werden würde.«

Die letzte Ruhestätte des Zirkusdirektors in Abteilung VIII auf dem Leipziger Südfriedhof.

LVZ vom 11. November 1949

»Cliff Aeros, der berühmte Artist und erfahrene Circusfachmann hat einen neuen Weg eingeschlagen, um die Gleichförmigkeit der Circus-Programme zu unterbrechen. Er hat eine Clowntragödie geschrieben: ›Warum weinst Du, Bambino?‹ In dieses literarische Gerüst baute er die circensischen Darbietungen hinein, so daß sie einen sinnvollen Zusammenhang gewinnen. Es ist die rührende Geschichte eines alt gewordenen Clowns, der als Raubtierdresseur auftritt und die Bitterkeit des Alterns erlebt, die gerade für den Artisten besonders schmerzlich ist. Die einzelnen Programmnummern sind von außerordentlichem Niveau und eine Attraktion für sich …«

Schau-Plätze: Name lebt weiter

Aeros gehörte in der DDR zum VEB Staatszirkus. Nach dessen Auflösung sicherte sich ein Familienunternehmen die Namensrechte, sodass auch heute noch ein Zirkus Aeros auf Tournee ist. Den hölzernen Rundbau an der Wintergartenstraße ersetzte 1956 eine Stahlkonstruktion, bekannt als Haus der heiteren Muse. Im Oktober 1992 brannte das inzwischen leerstehende Gebäude nieder. Seitdem liegt das Gelände brach. Die letzte Ruhestätte von Cliff Aeros alias Julius Jäger ist auf dem Südfriedhof in Abteilung VIII, Grabstelle 158, zu finden.

Rauchsäule über der Stadt – 1992 brannte das Haus der heiteren Muse nieder.

Der Name lebt weiter – 2007 gastierte der heutige Zirkus Aeros wieder einmal in Leipzig.

Ernst Gebhard Salomon Anschütz

»Wo ich säete, andere ärnteten«

> O Tannenbaum, o Tannenbaum,
> Wie treu sind deine Blätter!
> Du grünst nicht nur zur Sommerzeit,
> Nein auch im Winter, wenn es schneit.
> O Tannenbaum, o Tannenbaum,
> Wie treu sind deine Blätter!
>
> O Mägdelein, o Mägdelein,
> Wie falsch ist dein Gemüte!
> Du schwurst mir Treu in meinem Glück,
> Nun arm ich bin, gehst du zurück.
> O Mägdelein, o Mägdelein,
> Wie falsch ist dein Gemüte!
>
> Die Nachtigall
> Nahmst du dir zum Exempel.
> Sie bleibt so lang der Sommer lacht,
> Im Herbst sie sich von dannen macht.
> Die Nachtigall, die Nachtigall,
> Nahmst du dir zum Exempel.
>
> Der Bach im Thal
> Ist deiner Falschheit Spiegel.
> Er strömt allein, wenn Regen fließt,
> Bei Dürr er bald den Quell verschließt.
> Der Bach im Thal, der Bach im Thal
> Ist deiner Falschheit Spiegel.

Durch Anschütz ein Hit: »O Tannenbaum« in der Originalversion von Joachim August Zarnack.

Weil er einen »Backenbart trage, und von diesen sey der Bürgermeister Apel ein abgesagter Feind«, hat Ernst Gebhard Salomon Anschütz nicht die Stelle als Katechet bekommen. Ein Glücksfall, der mehreren Schülergenerationen zu einem tollen Lehrer verhalf. Und der Welt zu schönen Volks- und Kinderliedern: »Alle meine Entchen«, »Wenn ich ein Vöglein wär'«, »Fuchs, du hast die Gans gestohlen« … Die hat er in der Hainstraße geschrieben und in der Nikolaistraße, und schließlich an der leise plätschernden Pleiße in der Vorstadt – an mindestens neun Wohnorten.

Ernst Anschütz war 1798 aus dem thüringischen Goldlauter zum Theologiestudium nach Leipzig gekommen, aber gelernt hat er »Generalbaß bei Schicht«, dem Thomaskantor. Und Hausunterricht hat er gegeben in Gesang und Klavier in Familien des Großbürgertums, so zum Beispiel bei den Winklers, Dufours, Haußners. Anschütz jobbt an der Wendlerschen Freischule beim Buchhändler Dyck, am Tillichschen Institut und an der 1. Bürgerschule, bis er dort 1806 eine Anstellung als Hilfslehrer erhält. 1812 heiratet der »glühende Napoleon-Gegner«. Sein erster Sohn erhält im September 1813 die gewaltigen Vornamen »Kutusow Bernadotte Wellington«. Ein bissiger Biograf schreibt, das arme Kind sei »vermutlich an der Wucht der Namen« nach nur einem Vierteljahr gestorben. Sieben weitere Kinder folgen. Die »Anschütze« verbreiten sich und bleiben im nationalen Kulturgedächtnis. Auch in den Tagen der Völkerschlacht führt Ernst Anschütz sein 1807 begonnenes Tagebuch weiter – bis zum Lebensende. Der berühmteste Eintrag: das Protokoll der Hinrichtung Woyzecks auf dem Leipziger Markt.

Gedenktafel auf dem Matthäikirchhof.

1820 wird Anschütz Organist an der Neukirche (später Matthäikirche), Mitglied einer Schachgesellschaft in der Petersstraße und Mitbegründer des geselligen Vereins »Erholung«. Carl Heinrich Reclam verkehrt gleichfalls dort, ebenso der Architekt Albert Geutebrück. Reclam druckt auch seine Liedersammlungen, darunter ein Hit bis heute: »O Tannenbaum«, die Neu- und Umdichtung des problematischen Liebesliedes des Potsdamer Schulmeisters Joachim August Zarnack. Die ewigen Fledderer haben die Texte von Ernst Anschütz schamlos nachgedruckt, ausgeschlachtet, vermarktet. »Es ist aber im Leben immer mein Schicksal gewesen, daß wo ich säete, andere ärnteten«, schreibt er in einem autobiografischen Fragment. Die Lieder entwickeln sich noch zu seinen Lebzeiten zu Volksliedern.

Ostern 1849 erhält Ernst Gebhard Salomon Anschütz »eine freundliche Pensionierung«. Bis zu seinem Tod 1861 lebt er in einem Haus schräg gegenüber der Pleißenburg. Seine letzte Ruhestätte findet er im Familiengrab auf dem Neuen Johannisfriedhof.

Stadtplan mit Wohnhaus An der Wasserkunst 4 (803) und heutige Fritz-von-Harck-Anlage mit Springbrunnen neben dem Bundesverwaltungsgericht.

Ernst Anschütz (1780–1861)

Stele und Grünanlage

Die einzige erhaltene Wohnstätte von Ernst Anschütz ist das Haus Hainstraße 6. Die ehemalige Nikolaistraße 752, wo er mit seiner Familie zwölf Jahre lebte, ist heute ein Neubau direkt hinter der Nikolaischule und Teil des »Strohsacks«. Die Grünanlage an der Ecke Harkort- und Tauchnitzstraße entspricht in etwa dem Standort des damals noch ruhig gelegenen Hauses »An der Wasserkunst 4«, in dem Anschütz 20 Jahre bis zu seinem Lebensende wohnte. An die Neu- beziehungsweise Matthäikirche erinnert eine Stele im Matthäikirchhof.

GUIDO THEODOR APEL

Sponsor für den Freund – Stifter nach der Schlacht

Theodor Apel (1811 – 1867)

Schau-Plätze

Musikgenuss und kalte Wurst

Theodor Apels Wohnung befand sich dort, wo heute die Messehof-Passage in den Neumarkt mündet. Von da aus waren es für den Musikgenießer nur ein paar Schritte über die Straße in den Gewandhaussaal – 1781 eingerichtet im ehemaligen Zeughausflügel (heute Städtisches Kaufhaus). Eine andere Art der Vergnügung fand Apel in der »Grünen Linde« am Petersteinweg, genannt »Die kalte Wurst«, heute das Areal links neben dem LVZ-Verlagshaus. In dem Lokal hatte schon Richard Wagners Vater Carl Friedrich mit E. T. A. Hoffmann gezecht. Insgesamt 48 Apelsteine sind heute in und um Leipzig an den Schauplätzen der Völkerschlacht von 1813 zu finden.

»Meine Geldaffairen, Du Rettungsengel, sind noch nicht ganz in Ordnung; das weiß der liebe Gott! Will ich vollkommen rein sein, und zugleich für meine nächste Zukunft etwas gedeckt, so sind mir noch 200 Thaler nötig! Erschrick nicht! Aber es ist so!«

»Denke Dir, unter 200 Thalern kann ich mich nicht ganz und gar herausreißen … Ach, 's ist gräßlich!«

»Ich kann aber Magdeburg nicht eher wieder betreten, bis ich eine Schuldenlast von 400 Thalern von mir gewälzt habe …«

Theodor Apel zahlte. Immer wieder. Obwohl er wusste, dass nie etwas zurückkommen würde vom Kameraden aus der kurzen gemeinsamen Nikolaischulzeit, dem Mitfechter und Mittrinker in der Studentenverbindung »Saxonia«, dem musischen Freund, der auch glaubte, ein Dichter zu sein. Der gutmütige Apel sponserte Richard Wagner, den kleinen Mann auf großem Fuß. Bis die Freundschaft abkühlte.

Erinnerung an die Völkerschlacht von 1813: Apelsteine am Torhaus Dölitz mit Tafel für ihren Stifter. Links außen: Apelstein in Auenhain.

Als Spross einer reichen und alten Leipziger Kaufmannsfamilie – Bürgermeister, Ratsherren, Stadtrichter und Gutsbesitzer – wird Theodor Apel das auch nicht schwergefallen sein. Seine Vorfahren hatten das Haus am Markt gebaut, das später das »Thomäische« hieß und lange das »Königshaus«, weil die sächsischen Kurfürsten und Könige es mehr als ein Jahrhundert gemietet hatten. Der junge Apel aber wohnte mit der Mutter im Sommer auf Gut Ermlitz bei Schkeuditz, im Winterhalbjahr am Neumarkt, gegenüber dem Gewandhausareal. Der dritte Stock war bevölkert von Studenten, die das Haus die »Apelei« nannten. Ein späterer Historiker sprach gar von »Studentenbuden der fürchterlichsten Art«, in denen es durchaus heiter zugegangen sein muss. Hier lebte der in Leipzig und Heidelberg ausgebildete Jurist, musizierte, schrieb wie sein Vater Gedichte und eine Reihe von Dramen, die längst vergessen sind. Eine Schrift aber hatte Folgen: der »Führer auf die Schlachtfelder Leipzigs im October 1813«, veröffentlicht erst 1863. Da war Apel schon lange erblindet, nach einem Sturz vom Pferd 1836 und einer Gehirnerschütterung. Jahrzehnte hatte er trotzdem die genauen Vorgänge und Schauplätze der Völkerschlacht bei Leipzig erforscht. Die Aufarbeitung der Ereignisse verstand er vor allem als Mahnung an künftige Generationen.

Zwischen 1861 und 1864 entwarf und finanzierte er 44 Gedenksteine. Sein Sohn August Heinrich Apel (1845 – 1889), Jurist und Mitglied der Loge »Minerva zu den drei Palmen«, stiftete in seinem Testament der Stadt Leipzig 15 000 Mark zur Erhaltung und Erneuerung der Apelsteine.

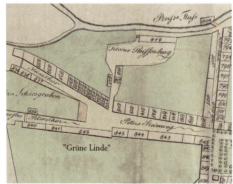

Standort der »Grünen Linde« am Petersteinweg.

»Apelei« am Neumarkt.

JOHANN SEBASTIAN BACH

Untüchtige Knaben, wunderliche Obrigkeit

Konzert am Bachdenkmal vor der Thomaskirche.

Die Thomasschule (links) vor dem Umbau 1731.

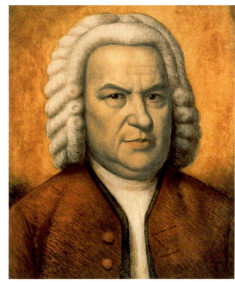

Johann Sebastian Bach (1685 – 1750)

»Wann Bach erwehlet würde, so könnte man Telemann vergessen…«, verzeichnet das Stadtratsprotokoll vom 29. April 1723. Georg Philipp Telemann hatte den Ärger kommen sehen und sich nach Hamburg abgesetzt. Auch waren da noch die Herren Graupner, Kaufmann, Schott … Johann Sebastian Bach, Kapellmeister zu Köthen und kurz darauf zu Weißenfels, stand durchaus nicht ganz oben auf der Liste, als der Leipziger Rat für den Thomaskantor Johann Kuhnau einen Nachfolger suchte. Am 22. Mai traf Bach in Leipzig ein – mit Sack und Pack, Frau und Kindern. Eine Woche später führte er seine erste Kantate in der Nikolaikirche auf. Das Renommee und die größeren Möglichkeiten haben ihn vom dörflichen Köthen in die Messestadt gezogen. Allerdings lag die Musikausübung am Boden. Bach aber verstand sich zuerst als »Director musices« und dann erst als Kantor – mit großem künstlerischen Selbstbewusstsein und diversen Hoftiteln, ebenbürtig also den Juristen und Kaufleuten des Stadtrats.

Die Thomasschule war ein wenig verlottert, die Mehrzahl der Knaben schien ihm »untüchtig«, ohne »musikalisch Naturel« und »niemahln zur Music zu gebrauchen«. Vier Kirchen hatte er mit ihnen zu bespielen. Die vielen freien Musiker und musizierenden Studenten kosteten Geld, das der Rat nicht bewilligen wollte. Ein Jahrzehnt voller Spannungen stand an. Bach bezeichnete die Herren als »eine wunderliche und der Music wenig ergebene Obrigkeit«, sie warfen ihm »schlechte Lust zur Arbeit« vor. Dennoch komponierte er Hunderte Kantaten. Am 7. April 1724 erlebte seine Johannes-Passion ihre Uraufführung, fünf Jahre später die Matthäus-Passion. Und das, obwohl er keine »theatralischen« Kompositionen liefern sollte, die Medien von »liederlichem Kram« sprachen und eine »alte Adeliche« meinte: »Ist es doch, als ob man in einer Opera-Comödie wäre.« Ein Genius der »neuen Musik« also, wie ihn Adam Friedrich Oeser noch 1781 im Deckengemälde des ersten Gewandhaus-Saales verewigte. Denn vergessen war Bach nie. Sein Startexter war der Gelegenheitsdichter und Postbeamte Christian Friedrich Henrici, der sich »Picander« nannte und als »geschickt, aber geschmacklos« galt.

Die aufklärerischen Umwälzungen in der Musik wollte der alternde Bach nicht mehr wahrnehmen, etwa die Gründung des bürgerlichen »Großen Concerts« 1743 durch Mitglieder der jugendlichen Freimaurerloge. Gestorben ist der große Komponist und Bierfreund Johann Sebastian Bach am 28. Juli 1750, nach zwei missglückten Augenoperationen.

Lehrsammlung des Uni-Institutes für Anatomie.

Grabplatte in der Thomaskirche.

Rund um den Thomaskirchhof

Anstelle der Alten Thomasschule, Bachs Wohnung, steht heute am Thomaskirchhof die Superintendentur. Gleich nebenan, im Bosehaus, waren Bach und seine Familie oft zu Gast. Von 1731 bis 1732, während des Umbaus der Thomasschule, wohnte der Kantor in der Hainstraße im späteren »Jägerhof«. Begraben wurde Bach auf dem Alten Johannisfriedhof, seit 1950 befindet sich seine letzte Ruhestätte in der Thomaskirche. Sein Erbe pflegt das Bach-Archiv mit Forschungszentrum, Bibliothek und Museum. Bachfest und -wettbewerb gehören zu den Höhepunkten des Leipziger Musiklebens.

Schau-Plätze

KARL BAEDEKER

Ein Name, ein Begriff – und in der Weltstadt zur Weltmarke

Begüterte Leute brachen ab Anfang des 19. Jahrhunderts nicht mehr nur zu Bildungs- und Forschungsfahrten auf. Vergnügungsreisen kamen immer mehr in Mode. Die neuen Massenverkehrsmittel Eisenbahn und Dampfschiff machten es möglich. Diesen Trend erkannte Karl Baedeker. Ab 1827 erschienen seine Handbücher mit nützlichen Informationen über interessante Reiseziele, Verkehrswege und Übernachtungsmöglichkeiten. Der Vater aller Reiseliteratur schuf ein Lebenswerk von unverkennbar persönlichem Charakter. Bis zu seinem Tod 1859 hatte jedes seiner Werke bereits acht bis zehn Auflagen erreicht. Dennoch ahnte er nicht, dass er mit seinen roten Büchlein eine Weltmarke ins Leben gerufen hatte.

Dass »Baedeker« bald überall als Synonym für Reiseführer stand, dafür sorgte vor allem Karls drittgeborener Sohn Fritz. Er verkaufte die Buchhandlung in Koblenz, konzentrierte sich ganz auf die Reiseliteratur und verlegte das Unternehmen 1872 in die damalige Weltstadt des Buches: nach Leipzig. Hier erkannte er einen neuen Markt. Viele Reisende aus Deutschland und Westeuropa suchten zu dieser Zeit nach geschäftlichen Möglichkeiten in der Ferne. Baedeker reagierte und wurde zum Trendsetter. Er passte seine Reiseführer den Erwartungen dieser neuen Nutzer an. Viele Ausgaben erschienen nicht nur in deutscher, sondern auch in englischer und französischer Sprache. Dabei legte er wie sein Vater Karl großen Wert auf die Genauigkeit der Angaben. Deshalb recherchierten die Redakteure immer selbst vor Ort. Um die Fülle der so gewonnenen Informationen zu verarbeiten, gliederte Baedeker seine mit präzisen Karten versehenen Reiseführer nach stichwortartigen Hinweisen. Der Leser fand Empfehlungen zu Hotels und Restaurants, Tipps zu den bequemsten Reisemöglichkeiten sowie weitere interessante Zusatzinformationen in Klammern. Auch der Autor Jules Verne war von der Baedekerschen Genauigkeit begeistert. Deshalb ließ er seine literarischen Helden im Roman »Das Dampfhaus« sagen: »Dort wollen wir ein bisschen baedekern«, als sie Besichtigungspläne für die indische Stadt Burdwan schmiedeten.

Ein Reiseführer aus dem Hause Baedeker war immer auch ein Sittengemälde, ein Abbild der Zeit- und Tourismusgeschichte. 1914 empfahl der Indien-Reiseführer zum Beispiel, neben »den Lackschuhen für den Gesellschaftsanzug, Tropenhut und Morgenschuhen« auch unbedingt »ein vollständiges Bett und ein eigenes Waschbecken« mit auf die lange Reise zu nehmen. Außerdem legte der fürsorgliche Verlag seinen Büchern immer einen kleinen Warnzettel bei: Wer mit gutem kartografischen Material durch die Welt reise, mache sich schnell der Spionage verdächtig.

Karl Baedeker (1801–1859)

100 Jahre Baedeker: Gruppenfoto von der Jubiläumsfeier in der Leipziger »Harmonie«.

Sanierungsbedürftig: Die frühere Baedeker-Villa in der heutigen Käthe-Kollwitz-Straße.

Einstiges Verlagshaus in der Nürnberger Straße.

Neuanfang nach Kriegsende: Stadtführer 1948.

Schau-Plätze

Villa, Verlag, Buchbinderei
Die einstige Baedeker-Villa am Elstermühlgraben, damals Plagwitzer Straße 32, trägt jetzt die Adresse Käthe-Kollwitz-Straße 64 und war zu DDR-Zeiten ein Jugendtourist-Hotel. In der Nürnberger Straße 43 b befand sich das Leipziger Verlagsgebäude. Das Haus fiel während des Zweiten Weltkrieges bei einem Luftangriff Ende 1943 in Schutt und Asche – und mit ihm alle Fotos, Zeichnungen und Unterlagen. Seit den 1970er-Jahren stehen Plattenbauten an seiner Stelle. Gleich um die Ecke, in der Sternwartenstraße 46, arbeitete Baedekers Buchbinderei – heute eine brachliegende Fläche.

Arndt Bause

Schlag(er) auf Schlag(er) ein Hit

Wolfgang Lippert

Monika Herz

Frank Schöbel

Helga Hahnemann

Die Namen seiner Titel lesen sich wie die Hitparade des DDR-Schlagers: Arndt Bause komponierte für Frank Schöbel unter anderem »Gold in deinen Augen« und »Ich geh vom Nordpol zum Südpol«. Für Andreas Holm schrieb er »Siebenmal Morgenrot, siebenmal Abendrot«, für Jürgen Walter »Schallali, schallala«, für Wolfgang Lippert »Erna kommt«, für Beppo Küster »Absolute Stille«. Ob Monika Herz, Hans Jürgen Beyer, Aurora Lacasa, Sandra Mo und Jan Gregor – alle konnten auf die »Hitfabrik Bause« bauen. Mehr als 1350 Lieder stammten aus der Feder des erfolgreichsten Schlagerkomponisten der DDR.

1936 kam Arndt Bause in Probstheida zur Welt, wohnte nach dem Krieg bei seiner Großmutter im Musikviertel in der Lampestraße 9, und nach der Hochzeit 1959 mit seiner Frau Angret gleich gegenüber in der Simsonstraße 7. Später zog die Familie dann

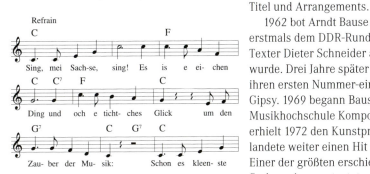

in einen Elfgeschosser in der Straße des 18. Oktober. Zeitlebens in Erinnerung blieb ihm die Petrischule: Der erste Unterrichtstag 1943 begann für den kleinen Arndt mit zwei schallenden Ohrfeigen. Als Linkshänder hatte er nicht mit rechts geschrieben – was sich nun für immer ändern sollte.

1948 kauften die Eltern vom mühsam ersparten Geld ein Klavier und ließen ihren Sohn klassischen Unterricht nehmen. Die Freude darüber hielt sich bei diesem allerdings in Grenzen. Gefallen fand Arndt Bause erst am Boogie-Woogie, den er während seiner Lehre zum ersten Mal bewusst hörte. Alle bekannten Titel versuchte er nachzuspielen – und nach der Gesellenprüfung ausschließlich vom Musizieren in verschiedenen Bands zu leben. Als er eine Familie gründen wollte, ging er aber doch wieder in seinen Beruf zurück und arbeitete mehrere Jahre als Glasapparatebläser für die Akademie der Wissenschaften in der Permoserstraße. In die Tasten griff er während dieser Zeit vor allem abends und an den Wochenenden. Außerdem schrieb er eigene Titel und Arrangements.

1962 bot Arndt Bause seine Kompositionen erstmals dem DDR-Rundfunk an, wo der Texter Dieter Schneider auf ihn aufmerksam wurde. Drei Jahre später landeten die beiden ihren ersten Nummer-eins-Hit: »Hey Joe« von Gipsy. 1969 begann Bause an der Leipziger Musikhochschule Komposition zu studieren, erhielt 1972 den Kunstpreis der DDR und landete weiter einen Hit nach dem anderen. Einer der größten erschien 1979: »Sing, mei Sachse, sing«, getextet und gesungen vom Kabarettisten Jürgen Hart. Inzwischen nach Berlin umgezogen, freundete sich Arndt Bause eng mit Helga Hahnemann an – und schrieb ihr Evergreens wie »Jetzt kommt dein Süßer« oder »100 mal Berlin«. Leipzig blieb Arndt Bause immer verbunden. Das zeigte einer seiner letzten Songs, den er auch selbst interpretierte: »Mei Sachse, komm wieder nach Hause«.

Arndt Bause als Glasapparatebläser in der Akademie der Wissenschaften.

Inka Bause und Thomas Gottschalk in der ZDF-Show »Wetten, dass …?« im November 2007 in Leipzig.

Arndt Bause (1936–2003)

Inka und die Spatzen

Dass der Name Bause weiter im deutschen Showgeschäft präsent ist, dafür sorgt Tochter Inka als erfolgreiche Fernsehmoderatorin. Ihre Karriere als Sängerin startete sie bereits 1984 im Alter von 15 Jahren mit »Spielverderber« – natürlich komponiert von ihrem Vater. Zusammen mit Schriftstellerin Gisela Steineckert schrieb Arndt Bause die Autobiografie »Der Mann mit der goldenen Nase«, erschienen 2001. Seine einstigen Wohnhäuser in der Simson- und Lampestraße sind heute wunderschön saniert, aus seiner Arbeitsstelle an der Permoserstraße wurde ein Wissenschaftspark – und seine unzähligen Hits, die pfeifen die Spatzen von allen Dächern.

Schau-Plätze

FERDINAND AUGUST BEBEL

Hochverrat, Haft, Ausweisung – Angst vor der Sozialdemokratie

August Bebel (1840–1918)

Schau-Plätze

Tafel und Tisch

August Bebels erste Werkstatt und Wohnung befand sich in einem Hof in der Petersstraße, dem späteren Messehaus »Drei Könige«. In der Gustav-Adolf-Straße 31 erinnert eine Gedenktafel an den Sozialdemokraten. Auch der Jahre später ebenfalls des Hochverrats angeklagte Karikaturist Thomas Theodor Heine wohnte in diesem Haus. Der Gasthof »Goldene Laute« am Ranstädter Steinweg existiert nicht mehr. Und von der »Guten Quelle« am Brühl ist nur der berühmte »Verbrechertisch« geblieben – aufbewahrt im Stadtgeschichtlichen Museum.

Die Angst ging wieder mal um im Lande – vor den Arbeitern, ihren Forderungen, ihren Bildungsvereinen. Jetzt wollten sie auch noch einigermaßen menschenwürdig leben. »Morgens 6 Uhr bis abends 7 Uhr an der Drehbank, sieben Mann in einer Bodenkammer«, so beschreibt August Bebel den Alltag eines Handwerksgesellen im aufstrebenden Leipzig. In der Stadt wohnen um die 220 000 Menschen, darunter vor allem Produktionsarbeiter.

August Bebel war Anfang Mai 1860 von Wetzlar gekommen, als Horndrechsler, und keinesfalls ein Revoluzzer. Aber selbstbewusst und geprägt von den politischen Stürmen und halben Revolutionen vergangener Jahrzehnte. Seine erste eigene Wohnung bezieht er in der Ostvorstadt, Lange Straße 18. Er schließt sich dem Gewerblichen Bildungsverein an, leitet die Bibliotheks- und Theatersparte und entwickelt sich allmählich zum politischen Denker. Die neuen Kontakte und Erfahrungen führen ihn fast zwangsläufig auch in die »Gute Quelle« am Brühl: »In der einen Ecke jenes Lokals stand ein großer runder Tisch, der der

Tafel in der Gustav-Adolf-Straße 31.

Verbrechertisch hieß. Das besagte, daß hier nur die ehrwürdigen Häupter der Demokratie Platz nehmen durften, die zu Zuchthaus oder Gefängnis verurteilt worden waren. Wir Jungen rechneten es uns zur besonderen Ehre an, wenn wir an diesem Tisch in Gesellschaft der Alten ein Glas Bier trinken durften...«

1864 arbeitet August Bebel als Meister mit Werkstatt in einem Hof der Petersstraße. Er kann sich bald eine bessere Wohnung leisten, im Dachgeschoss der Gustav-Adolf-Straße 31. Im selben Haus zur gleichen Zeit kommt der später aufsässige Maler und Karikaturist Thomas Theodor Heine zur Welt. Präsident des Verbandes Deutscher Arbeitervereine, Abgeordneter des Norddeutschen Reichstags, Mitbegründer der Sozialdemokratischen Arbeiterpartei: Bebel engagiert sich politisch außerordentlich stark – und gerät immer mehr ins Blickfeld der Herrschenden. 1872 verurteilt ihn das Königlich-Sächsische Bezirksgericht

Verzeichnis der aus Leipzig Ausgewiesenen mit Bebel an der Spitze.

in Leipzig gemeinsam mit Wilhelm Liebknecht in einem Hochverratsprozess zu zwei Jahren Festungshaft. Begründung: Hochverrat wegen Eintretens für den Pariser Kommune-Aufstand.

Nach der Haft gründet Bebel mit einem Kompagnon eine gemeinsame Firma am Johannapark. Bald kann er sich nur noch als »Reisender« ums Geschäft kümmern, da er im September 1880 im Lokal »Goldene Laute« verhaftet und wegen »gemeingefährlicher Bestrebungen der Sozialdemokratie« aus der Stadt gewiesen wird. Er zieht mit Wilhelm Liebknecht nach Borsdorf – und 1890 schließlich mit der gesamten Familie nach Berlin.

Hochverratsprozess gegen Bebel und Liebknecht.

Glück in der Villa Hilda – Geschäfte in aller Welt

Das Geschäft floriert – und der junge, erfolgreiche Ingenieur Adolf Bleichert hält Ausschau nach einem geeigneten Gelände für seine neue Fabrik und ein schönes Zuhause für sich, seine Frau Hildegard und die Kinder. In Gohlis findet er genau das Richtige: Südlich der Gasanstalt an der Feldstraße (heute Lützowstraße) kauft er 1881 die Villa Gruner, auf der Straßenseite gegenüber errichtet er die Werksanlagen. Bereits 100 Drahtseilbahnen hat er bis zu diesem Zeitpunkt gebaut – neun Jahre später werden es 600 sein.

1872 war den Ingenieuren Adolf Bleichert und Theodor Otto der Bau der ersten Schwebebahn für den Transport von Braunkohle gelungen. Seither gieren Industriebetriebe in aller Welt nach der innovativen Technik. Zunächst noch mit Rundstäben statt Seilen ausgerüstet, verfeinern die Ingenieure ihre

Konstruktion immer mehr. Ob in Bergwerken, Steinbrüchen, Ziegeleien, Zementfabriken oder Spinnereien: Mit den Seilbahnen lassen sich gewaltige Mengen an Material kontinuierlich durch unwegsames Gelände transportieren. Wo Straßen und Schienenstränge fehlen, da drehen Bleicherts Bahnen zuverlässig ihre Runden – später auch für die Beförderung von Personen.

Mit 90 Beschäftigten geht die neue Fabrik »Adolf Bleichert & Co.« am 1. Juli 1881 an den Start. Der Entwurf für die eindrucksvolle Industriearchitektur entlang der Bahnlinie stammt von Max Bösenberg, der auch das Privatgrundstück des Fabrikanten um ein Wirtschaftsgebäude (heute Gartenhaus) ergänzt. 1890 gemeindet Leipzig den Vorort Gohlis ein – und Bleichert ersetzt die Villa Gruner durch ein neues repräsentatives Wohnhaus: die Villa Hilda. Der Bau mit seinem parkartigen Garten lässt erkennen, dass hier ein bedeutender Industrieller wohnt: Säulen, Freitreppen und Zierbrunnen, Marmor, Spiegel und feine Holzarbeiten, dazu ein Glaspavillon als Wintergarten und eine gläserne Kuppel auf dem Dach. »Villa Hilda, Glück und Friede« lautet der Schriftzug an der Fassade – doch Adolf Bleichert bleibt nicht viel Zeit, dies zu genießen. Er erlebt noch die Produktion der 1 000. Seilbahn, 1901 stirbt er, gerade 56 Jahre alt. Die beiden ältesten Söhne Max und Paul setzen das Werk des Vaters fort: 3 800 Transportanlagen in Deutschland, 2 060 in Europa und 280 auf anderen Erdteilen verzeichnet 1949 eine Festschrift des Unternehmens.

Neben Bleichert gelangen Ende des 19. Jahrhunderts weitere Leipziger Unternehmer zu Weltgeltung: Rudolf Sack erfindet den Universal-Pflug, Rudolf Pittler die Revolverdrehbank, Karl Krause baut Buchbindemaschinen, Julius Blüthner einzigartige Pianos, Carl Hermann Jaeger entwickelt Pumpen und Gebläse.

Der Name Bleichert verschwindet erst 1953 aus dem Leipziger Firmenverzeichnis – doch auch als VEB Verlade- und Transportanlagen (VTA) zählt der Betrieb bis zum Ende der DDR zu den größten Arbeitgebern der Stadt.

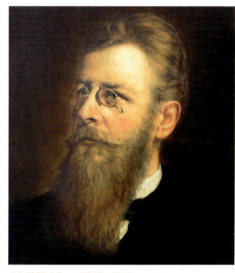
Adolf Bleichert (1845 – 1901)

»Adolf Bleichert & Co.« in Gohlis und Zeitungswerbung für die »Special-Fabrik«.

Bleichert-Bahn im spanischen Montserrat.

Ehemaliges Werksgebäude (vorn) und Villa Hilda (Heinrich-Budde-Haus) an der Lützowstraße.

Kulturzentrum Budde-Haus

Drahtseilbahnen aus den Leipziger Bleichert-Werken finden sich immer noch weltweit – im spanischen Wallfahrtsort Montserrat zum Beispiel, im Südtiroler Bozen oder am Predigtstuhl in Bad Reichenhall. Bleicherts Villa in der Lützowstraße 19 nennt sich seit 1957 Heinrich-Budde-Haus, beherbergt als sozio-kulturelles Zentrum in Gohlis zahlreiche Vereine – und im Treppenaufgang auch eine bronzene Büste vom Begründer des deutschen Drahtseilbahnbaus. Tagebauausrüstungen, Krane und Förderanlagen für alle Welt stellt heute die Takraf her. Das Unternehmen in der Torgauer Straße sieht sich in Adolf Bleicherts Tradition.

Ernst Bloch

»Wer sind wir? Wohin gehen wir?«

Ernst Bloch (1885 – 1977)

Er hatte Philosophie, Physik, Germanistik und Musik studiert, 1908 promoviert und 1918 sein erstes philosophisches Hauptwerk veröffentlicht: »Geist der Utopie«. Während des Ersten Weltkrieges musste er in die Schweiz emigrieren, nach der Machtergreifung Hitlers in die USA. Hier ereilt ihn 1948 der Ruf an die Universität Leipzig. Im Sommersemester 1949 hält der bereits 63-Jährige seine Antrittsvorlesung als Professor und Direktor des Instituts für Philosophie. Der Publizist Friedrich Dieckmann beschrieb bei der Ernst-Bloch-Ehrung der Stadt Leipzig im Jahr 2002 die damalige Situation: »Bloch war in eine zwar baulich zerstörte, aber personell reich versehene Universität eingetreten und fand prachtvolle Kollegen keineswegs nur unter denen, die, wie Werner Krauss, Hans Mayer, Walter Markov, mit ihm den marxistischen Bezug teilten.«

Bloch wird ein bei den Studenten beliebter Professor und international anerkannter Wissenschaftler. Im Ostberliner Aufbau-Verlag erscheint in den 1950er-Jahren sein

Bloch-Ehrung 2002 im Gohliser Schlösschen.

Hauptwerk: »Das Prinzip Hoffnung«. Der Beantwortung seiner Fragen »Wer sind wir? Wo kommen wir her? Wohin gehen wir? Was erwarten wir? Was erwartet uns?« nähert sich Bloch in immer neuen Querschnitten des Menschheitsweges. Seine Betrachtungen machen ihn zu einem der wichtigsten deutschen Philosophen des 20. Jahrhunderts.

Der schon länger schwelende Konflikt mit der SED und deren Dogmen bricht 1956 nach der Niederschlagung des ungarischen Volksaufstandes offen aus. Blochs Philosophie gilt nunmehr als »antimarxistisch« und »revisionistisch«. Der über 70-Jährige wird in den Ruhestand geschickt und muss feststellen: »Ich werde behandelt, als ob ich ein Verbrecher wäre.« Auch nach seiner Emeritierung nimmt Bloch aktiv an den Sitzungen des Fakultätsrates teil, betreut weiterhin Dissertationen und

Widerspiegelung: Ernst Bloch und Hans Mayer.

mischt sich lebhaft in die Diskussionen der Berliner Akademie der Wissenschaften ein – bis 1961. Ernst Bloch und seine Frau Karola weilen in Bayreuth bei den Wagner-Festspielen. Sie werden vom Mauerbau überrascht und bleiben im Westen. Mit 76 Jahren tritt Bloch eine Gastprofessur in Tübingen an. Zu Beginn des Wintersemesters 1961 hält er unter gewaltigem Zustrom seine Antrittsvorlesung. Ihr Titel: »Kann Hoffnung enttäuscht werden?«

Schau-Plätze

Villa in Schleußig

Ernst Blochs Institut für Philosophie der Universität befand sich in der zweiten Etage im Petersteinweg 8, ein Stockwerk darunter das Institut für Universal- und Kulturgeschichte seines Freundes Walter Markov. Heute nutzen die Geisteswissenschaften einen modernen Bau an der Beethovenstraße im Musikviertel. An der ehemaligen Bloch-Villa in der Wilhelm-Wild-Straße 8 in Schleußig erinnert eine Tafel nach dem Entwurf des Leipziger Künstlers Ulf Puder an den großen Philosophen.

Villa in Schleußig und Gedenktafel am Eingang.

»Denken heißt Überschreiten. Freilich, das Überschreiten fand bisher nicht allzu scharf sein Denken. Oder wenn es gefunden war, so waren viel zu schlechte Augen da, die die Sache nicht sahen. Fauler Ersatz, gängig-kopierende Stellvertretung, die Schweinsblase eines reaktionären, aber auch schematisierenden Zeitgeistes, sie verdrängten das Entdeckte«.

Ernst Bloch, 1959

Unermüdlicher Wühler – empfindsam und machtbewusst

Seit der Pariser Julirevolution von 1830 kommt Europa politisch nicht mehr zur Ruhe. In vielen Ländern, so auch in den deutschen, erschallt der Ruf nach Demokratie und verfassungsmäßig gesicherten Bürgerrechten immer lauter. »Juble auf, Europa! Jauchze, unterdrückte Völkerschar!« dichtet Robert Blum in dieser Zeit. Als ihn österreichische Jäger am 9. November 1848 in der Brigittenau nahe Wien hinrichten, ist er gerade 41 Jahre alt. Mit der ersten Kompanie des bürgerlichen Elitekorps wollte Blum als Kommandeur das revolutionäre Wien verteidigen.

Robert Blum mit seiner Frau Eugenie und den Kindern Hans, Alfred, Ida und Richard.

Blums Haus in der damaligen Eisenbahnstraße (heute Dohnanyistraße).

Robert Blum (1807 – 1848)

Die Jahre davor hatte er in Leipzig verbracht. Als Theatersekretär, Bibliothekar und Kassenassistent arbeitet Blum ab 1832 für 15 Taler Monatsgehalt am Leipziger Theater. Bald wird er Mitarbeiter der »Zeitung für die elegante Welt« und als Mitglied in die Leipziger Freimaurerloge »Balduin zur Linde« aufgenommen. Er schreibt das Textbuch für die (allerdings nie aufgeführte) Oper »Die Schatzkammer des Ynka« seines Freundes Albert Lortzing und gehört zu den Herausgebern der liberalen »Sächsischen Vaterlandsblätter«. 1838 erwirbt Blum in Crostewitz das Anwesen Ortsliste Nummer 32 – »eine Bretterbude« – zum Preis von 126 Talern und sechs Groschen als Sommerhaus. Dadurch erhält er den bisher verwehrten Status als »Schutzverwandter« in Leipzig. Ein Jahr später erscheint sein gemeinsam mit Karl Herloßsohn und Hermann Marggraff verfasstes »Allgemeines Theaterlexikon« in sieben Bänden – nach kurzer Zeit ein Standardwerk.

Manuskript der Oper »Die Schatzkammer des Ynka«.

In Leipzig entwickelt sich der empfindsame Robert Blum, der sich selbst als Wühler bezeichnet, zum Volkstribun, zum politischen Visionär und leidenschaftlichen Parlamentarier. Seine Fähigkeiten als begnadeter Redner und machtbewusster Diplomat mit Sinn für das Machbare stellt Robert Blum im August 1845 unter Beweis: Prinz Johann, reaktionär-klerikaler Spross der sächsischen Herrscherdynastie, kommt nach Leipzig. Auf dem Roßplatz formiert sich eine friedliche Massendemonstration. Das Militär schießt, es gibt viele Verletzte und sieben Tote. Die Volksseele kocht. Mit seiner berühmten Rede – »Verlasst den Boden des Gesetzes nicht!« – vom Balkon des Leipziger Rathauses kann Blum die aufgebrachten Massen beruhigen. Jetzt kennt ihn ganz Deutschland. Robert Blum zieht in die Stadtverordnetenversammlung und im März 1848 als demokratischer Politiker in das Frankfurter Vorparlament ein.

An die Rede vom Rathausbalkon (oben) erinnert eine Gedenktafel.

Standuhr aus dem 19. Jahrhundert mit Szene der Erschießung Blums.

Balkon am Markt

1840 wohnte Blum im »Stadt Frankfurt« in der Großen Fleischergasse 223. In der Reudnitzer Straße 41 hatten ab 1841 die »Sächsischen Vaterlandsblätter« ihr Domizil. Von 1842 bis 1843 lebte Blum auf dem Areal der Großen Funkenburg. Diese stand dort, wo die Funkenburgstraße in die Jahnallee mündet. 1844 erwarb Blum das Leipziger Bürgerrecht durch den Kauf eines Hauses in der heutigen Dohnanyistraße, das 1910 einem Industriebau weichen musste. An seine berühmte Balkon-Rede erinnert eine Tafel am Eingang zum Alten Rathaus, hinter der sich eine Urne mit Erde aus Blums Grab in Wien verbirgt.

Julius Ferdinand Blüthner

Klangvoller Name beflügelt Künstler

Julius Blüthner (1824–1910)

Fabrik und Konzerte

Die Julius Blüthner Pianoforte-Fabrik befindet sich seit Mitte der 1990er-Jahre in Störmthal und nach wie vor in Familienhand. Unter den Arkaden des Alten Rathauses am Markt betreibt die Manufaktur eine Geschäftsstelle. Auch durch eine eigene Konzert- und CD-Reihe ist sie in Leipzig präsent. Weltweit besitzen mehr als 150 000 Menschen ein Instrument aus dem Hause Blüthner, darunter viele internationale Stars. Andrew Lloyd Webber zum Beispiel komponierte alle seine Musical-Erfolge auf einem Blüthner.

Sein Vermögen: 1 660 Taler, zwei Neugroschen und eineinviertel Pfennig. Seine Geschäftsidee: »Ich werde neue Fortepianos und Flügel deutscher und englischer Construction anfertigen und alsdann verkaufen.« Sein Name: Julius Ferdinand Blüthner. Am 18. November 1853 gründet er mit drei Tischlern in angemieteten Werkstätten eine Pianoforte-Fabrik. Zehn Flügel und zwei tafelförmige Pianos verzeichnet die Bilanz des ersten Firmenjahres. Die Novitäten aus Leipzig sorgen technisch wie musikalisch für weltweites Aufsehen. Bekannte Künstler wie Brahms, Liszt, Mahler, Moscheles, Nikisch, Rachmaninow oder Tschaikowski nehmen die Pianoforte-Fabrik in Augenschein – und verbreiten auf ihren ausgedehnten Tourneen die Nachricht, dass Julius Blüthner in Leipzig wunderbare Instrumente baut. Die Ernennung zum Hoflieferanten mehrerer europäischer Königshäuser verschaffen ihm endgültig den Durchbruch.

Durch die Adelung seiner Manufaktur beflügelt, beginnt Julius Blüthner 1868 mit dem Aufbau eines internationalen Vertriebsnetzes. 1876 eröffnet er die erste Niederlassung in London. Auf Messen und Ausstellungen in aller Welt präsentiert er seine neuesten Erzeugnisse und erhält für diese zahlreiche Preise und Auszeichnungen – bis heute auf dem Resonanzboden eines jeden Instruments vermerkt. Die kleine Fabrik stößt alsbald an ihre Grenzen. Der Unternehmer kauft große Flächen Bauland und erweitert schrittweise die Produktion. 1890 verfügt er im Leipziger Westen über 85 000 Quadratmeter Fabrikfläche, aufgeteilt in spezialisierte Fertigungszweige, sowie über ein eigenes Sägewerk in Leutzsch. Mehr als 1 200 Fachleute finden bei Blüthner Beschäftigung. Der überaus fleißige, aber auch gestrenge Lehrherr achtet frühzeitig darauf, dass die Firma in Familienhand bleibt: Die Söhne Max, Bruno und Robert erlernen bei ihrem Vater von der Pike auf das Handwerk des Klavierbauers. Schon bald übernimmt Max die technische Leitung des inzwischen vielschichtigen Produktionsprozesses. Als sich der Seniorchef mit fortschreitendem Alter aus dem Betrieb zurückzieht, geht die Verantwortung für die international agierende Firma komplett auf die drei Blüthner-Söhne über. Der Wunsch des Vaters hat sich erfüllt: Alle Geschäftsfelder befinden sich generationsübergreifend in familiärer Hand. 1903 feiern die Blüthners noch gemeinsam das 50-jährige Firmenjubiläum und die Herstellung des 50 000. Instruments, sieben Jahre später stirbt Julius Blüthner – und hinterlässt der Welt einen bis heute klangvollen Namen.

Auszeichnungen und Ehrentitel: Originalrechnung der Pianoforte-Fabrik von 1899.

Damals wie heute Handarbeit: Herstellung des Rahmens für einen Konzertflügel.

»Blüthner-Flügel können wirklich singen, das Schönste, was man von einem Klavier sagen kann.«
Wilhelm Furtwängler, Gewandhauskapellmeister

Ausstellungsraum der Manufaktur in Störmthal.

Populäres Wissen über Welt der Tiere

Der Königsplatz, heute Leuschnerplatz, um 1840.

Brehms »Thierleben«.

Fünf Jahre, von 1858 bis 1863, hat Alfred Edmund Brehm in Leipzig gelebt – und hier seinen Ruf als »Tierleben«-Brehm begründet. Sein Onkel Moritz Alexander Zille mag der Grund gewesen sein, weshalb Brehm gerade Leipzig wählte. Zille – Theologe, Pädagoge und Schriftsteller – verfügte über gute Verbindungen. Er war stellvertretender Direktor eines privaten Gesamtgymnasiums im »Goldenen Hirsch« am Peterskirchhof und setzte sich für eine Anstellung des Neffen als Lehrer ein. Der brauchte zur Arbeit nur ein paar Schritte von seiner Wohnung am Neumarkt zu gehen. Die befand sich im gleichen Haus, in dem fünf Jahrzehnte zuvor Anton Philipp Reclam das Licht der Welt erblickt hatte.

Brehm befreundete sich mit dem Zoologen Emil Adolph Roßmäßler, der ihn für die »Naturforschende Gesellschaft« vorschlug. Am 11. Mai 1858 nahm diese ihn auf. Über Roßmäßler hatte er Zugang zum »Verbrechertisch« in der »Guten Quelle« am Brühl. Dort trafen sich die vormals verurteilten 1848er-Revolutionäre und andere Demokraten. So lernte Brehm den Verleger Ernst Keil kennen. In dessen »Gartenlaube« erschienen bald seine ersten populärwissenschaftlichen Beiträge, ebenso in Roßmäßlers Zeitschrift »Aus der Heimat«. Brehm hatte seine Berufung gefunden: Populäre Vermittlung von Wissen für ganz neue, bildungsoffene Bevölkerungsschichten. Ein Treffpunkt zur Bildungsvermittlung, im Einklang mit den aufkommenden sozialdemokratischen Ideen, war auch das »Hotel de Saxe« in der Klostergasse. Da wohnte Brehm schon am Königsplatz 9, heute Leuschnerplatz. Als die Darwin-Übersetzung vom Leipziger Julius Victor Carus erschien und bald sich die ewigen Dunkelmänner mit Weltuntergangsgezeter meldeten, reagierte Brehm in der »Gartenlaube«: »Der Strenggläubige sieht in jedem Naturforscher einen berechtigten Anwärter auf das höllische Feuer«, mit einer »geradezu kindischen Furcht…« Entspannung fand Brehm »in den köstlichen Baumgängen des Rosenthals«, oder während der Messe, als zwei junge Nilpferde zu sehen waren: »Ich habe in ihnen alte gute Bekannte aus Afrika wie liebe Freunde begrüßt…«

Im Sommer 1860 schickte ihn Keil auf eine »Dienstreise« nach Norwegen, im Februar 1862 fuhr er mit dem Herzog von Sachsen-Coburg-Gotha, Friedrich Gerstäcker und anderen nach Abessinien. In Gotha begeisterte er den Verleger Herrmann Julius Meyer von seinem Buchprojekt, einem vielbändigen Werk über die Welt der Tiere. Zurückgekehrt nach Leipzig, begann Alfred Brehm in der Sternwartenstraße 39 zu schreiben: Mit seinem »Thierleben« wird er weltberühmt.

Alfred Brehm (1829 – 1884)

Mit Schimpanse im Lokal: Der MDR drehte im August 2007 einen Film über Alfred Brehm.

Treffpunkt der Demokraten: Der »Verbrechertisch« in der »Guten Quelle« am Brühl.

Hirsch und Quelle

Auf dem Grundstück Neumarkt 31 befand sich Alfred Brehms erste Leipziger Wohnung, seine zweite auf dem Areal der heutigen Stadtbibliothek am Wilhelm-Leuschner-Platz. Brehms Arbeitsstätte im Gebäudekomplex »Goldener Hirsch« nimmt inzwischen Stentzlers Hof ein. Vom »Hotel de Saxe« in der Klostergasse blieb nur der nachgebildete Torbogen übrig, von der »Guten Quelle« am Brühl überhaupt nichts. Die Naturforschende Gesellschaft tagte anfangs in der 1. Bürgerschule, die auf den Mauern der Moritzbastei stand.

David Friedrich Arnold Brockhaus

Verfolgt von Zensur – Erfolg mit Enzyklopädie

Friedrich Arnold Brockhaus hat das Lexikon zwar nicht erfunden, seinen »Brockhaus« aber von Leipzig aus weltweit zum Begriff gemacht. Schon 1795 war der Dortmunder Kaufmannssohn Inhaber einer Düsseldorfer Großhandelsfirma, zehn Jahre später einer Verlags- und Sortimentsbuchhandlung. Auf der Leipziger Buchmesse kauft er am 25. Oktober 1808 für 1800 Reichstaler die

Friedrich Arnold Brockhaus (1772 – 1823)

Rechte am unvollendeten »Conversations-Lexikon mit vorzüglicher Rücksicht auf die gegenwärtigen Zeiten«. Bald zieht er ganz in den boomenden Osten Deutschlands, zunächst in die Residenzstadt Altenburg. »F. A. Brockhaus« nennt er seinen Verlag ab 1814. Er veröffentlicht Werke von zeitgenössischen Autoren, Zeitschriften, Zeitungen, darunter die wichtigen »Deutschen Blätter«. Und er verscherzt es sich mit der Regierung wegen seiner freisinnigen Ansichten zum öffentlichen Leben, zur Pressefreiheit, zum Verfassungswesen. So erlaubt sich sein Autor Carl Christian Friedrich Krause in jenen »Deutschen Blättern« etwa den »Entwurf eines europäischen Staatenbundes als Basis des allgemeinen Friedens und als rechtliches Mittel gegen jeden Angriff wider die innere und äußere Freiheit Europas« vorzustellen. Zensur, Gängelung, Verbote folgen.

Blick in den einstigen Druckereisaal.

Ostern 1818 zieht Brockhaus endgültig nach Leipzig, zunächst ins »Rote Kolleg« in der Ritterstraße. Seine Druckerei nennt er »Zweite Teubnersche Buchdruckerei«, da er als ungelernter Fremdling keine betreiben darf. Er erhält das Bürgerrecht, baut den Verlag weiter aus – und vor allem auch seine Enzyklopädie. Doch schon 1823 stirbt Friedrich Arnold Brockhaus. Die beiden älteren Söhne Heinrich und Friedrich übernehmen die Firma. Der jüngste, Hermann, wird ein berühmter Orientalist,

Brockhaus-Areal mit Verlegervilla um 1830.

außerdem Schwager Richard Wagners und wohnt unter anderem im Gartenhaus auf Schrebers Grundstück. Auch Heinrich Brockhaus hat eine Schwester Wagners geheiratet. Er agiert als der eigentliche Brockhaus-Verleger und führt das Werk des Vaters energisch fort – auch dessen demokratisch-aufmüpfiges Eingreifen in die Politik: als Petitionsschreiber des Leipziger Bürgertums an die Regierung des Königreichs Sachsen, als Mitglied der Zweiten Sächsischen Kammer im Landtag, als Wissens- und Bildungsvermittler, als »Renitenter« – und somit beliebtes Berichtsobjekt des Leipziger Metternich-Spitzels Jacob Eduard Singer. Die Söhne von Heinrich Brockhaus führen die Leipziger Weltfirma »F. A. Brockhaus« schließlich ins 20. Jahrhundert.

Schau-Plätze

Neubau an alter Stelle

Der »Alte Neumarkt«, die heutige Universitätsstraße, die Grimmaische Straße und das Nikolaiviertel waren die bevorzugten Wohnorte der Verleger, Buchhändler, Drucker und Buchbinder in der Stadt. Friedrich Arnold Brockhaus nahm sich also als erste Adresse das »Rote Kolleg« in der Ritterstraße. Heute steht dort ein viel später errichteter Klinkerbau. Auch auf dem großen Verlags- und Druckereigelände zwischen Quer- und Salomonstraße befindet sich inzwischen ein Neubaukomplex, genannt das »Brockhaus-Zentrum«. Die letzte Ruhestätte des Verlegers auf dem Alten Johannisfriedhof hinter dem Grassi-Museum blieb erhalten.

Älteste erhaltene Brockhaus-Enzyklopädie von 1812 im Staatsarchiv Leipzig.

Verlagsgelände auf einem Stadtplan von 1885 und Büste im Hof des heutigen Brockhaus-Zentrums an der Querstraße.

CARL RUDOLPH BROMME

Deutschlands erster Admiral – ein Sachse aus Anger

Rudolph Bromme in der Apollo-Mitgliederliste. Links: Bromme-Ehrung zum 200. Geburtstag des Admirals am 10. September 2004.

Rudolph Bromme (1804–1860)

Vierhundert Kilometer bis zum nächsten Meer, kein Fluss, drei Teiche und 120 Einwohner – das Dorf Anger im Jahr 1804. Kein Ort, wo man den künftigen ersten deutschen Admiral vermuten würde. Anger war eines der kleinen »Kohlgartendörfer« im Südosten von Leipzig, seit 1543 im Besitz des Leipziger Rats. Carl Rudolph Bromme kam hier am 10. September 1804 in einem geräumigen Bauerngut zur Welt, zwei Jahre vor der Besetzung Sachsens durch Napoleons Große Armee und der unrühmlichen Königswerdung des sächsischen Kurfürsten. Der Leipziger Professor Anton Klausing hatte das Gut seinem ehemaligen Bedienten Johann Simon Bromme geschenkt, der jetzt als kleiner Essigfabrikant nicht eben Reichtümer ansammelte. Wenig später starb Vater Bromme an Typhus, die Mutter war ihm vorausgegangen. Der kleine Rudolph zog mit den Geschwistern zur Tante Sophie Zü(i)rrges, der Frau eines Schneidermeisters, in die Leipziger Reichsstraße. Hier erlebte er die Völkerschlacht, »als Asiens Horden uns umschwärmten … und eine zwölfpfündige Kugel in die Putzstube der Tante« einschlug und »sie und uns in Trauer und Schutt« hüllte. Bromme muss dennoch eine freundliche Kindheit verbracht haben. Er besuchte die 1. Bürgerschule, von Carl Friedrich Dauthe entworfen und gebaut. Allerdings stand zu Brommes Zeit nur der linke Flügel, fertig wurde sie erst viele Jahre später.

Seit etwa 1800 waren zahlreiche griechische Exilanten auf der Flucht vor den Türken nach Leipzig gekommen, zumeist Kaufleute, und viele von ihnen traten in die Freimaurerlogen ein. Ihre Betstube befand sich im »Griechenhaus« am Markt. Die Leipziger Buchhändler setzten sich für sie ein, ebenso Schriftsteller wie der Dessauer Bibliothekar und Liedertexter Wilhelm Müller, »Griechen-Müller« genannt. Die Problematik bewegte die Stadt und halb Europa. Als Bromme, der sich inzwischen amerikanisiert »Brommy« nannte, nach Seereisen um die Welt 1827 wieder kurz in Leipzig auftauchte, ließ er sich in die Loge »Apollo« aufnehmen – alle drei Grade an einem Abend. Und fuhr gleich danach mit englischen Schiffen in den Seekrieg gegen die Türken. Bis 1843 lebte und arbeitete er im nunmehr unabhängigen Griechenland. 1848 ernannte die Nationalversammlung Carl Rudolph Bromme zum ersten deutschen Flottenadmiral – der von sich sagte: »Ich bin weder Österreicher noch bin ich Preuße, ich bin nur Deutscher, und wenn ich das nicht mehr sein darf, so bin ich geborener Sachse«.

Die 1. Bürgerschule auf der Moritzbastei.

Das Geburtshaus Breite Straße 13 – und der heutige Gedenkstein.

Gedenkstein statt Geburtshaus

Von der Reichsstraße und Brommes Wohnstätte der Kindheits- und Jugendjahre ist nach dem Zweiten Weltkrieg kaum etwas geblieben. Auch nicht von der berühmten 1. Bürgerschule, die sich auf den Gewölben der Leipziger Moritzbastei befand. Der Gedenkstein für Carl Rudolph Bromme im Stadtteil Anger-Crottendorf steht auf der Grünfläche Breite Straße, Ecke Bernhardstraße – nahe des 1929 abgerissenen Geburtshauses. Gestiftet hat ihn der Deutsche Marinebund. Zum 200. Geburtstag Brommes im Jahr 2004 erhielt er eine Schönheitskur.

CARL GUSTAV CARUS

Universalgenie an stillen Ufern

In einem Zuge mit den Malern der Dresdner Romantik wird er genannt, als Augenzeuge der Völkerschlacht mit seinen Lebenserinnerungen zitiert, Hunderte medizinische und andere Einrichtungen tragen seinen Namen: Carl Gustav Carus. Der Leipziger Färbersohn vom Ranstädter Steinweg 14, dem »Blauen Lamm«, hatte manches vom Universalgenie früherer Jahrhunderte, wirkte in seiner Zeit und weit darüber hinaus.

Die Thomasschule in ihrer Erstarrung unter Rektor Johann Friedrich Fischer, die er nach Hauslehrerunterricht als Externer drei Jahre lang besuchte, kann nicht der Auslöser gewesen sein. »Im ganzen hat mir überhaupt das Leben auf der Schule weder einen angenehmen noch einen anregenden Eindruck zurückgelassen«, schreibt er 1866 in seinen Erinnerungen.

Carl Gustav Carus (1789 – 1869)

Carl Gustav Carus war als in sich gekehrter Eigenbrötler aufgewachsen, ein wenig frühreif vielleicht. Er hatte kaum Spielkameraden, dafür aber – unter anderem im Haus seiner Eltern – Umgang mit und nachhaltigen Eindruck von bedeutenden Köpfen der Zeit: den Verlegern Göschen, Breitkopf und Härtel etwa, dem Musikschriftsteller Rochlitz, dem republikanisch gesinnten Seume.

Der Ranstädter Steinweg 14, genannt das »Blaue Lamm«.

Das setzte sich fort, als Carus als einer der jüngsten Studenten ab 1804 die Leipziger Universität besuchte. Chemie, Physik, Botanik hörte er bei Ernst Platner und Christian Friedrich Schwägrichen, Anatomie bei Johann Christian Rosenmüller. Nebenbei ließ er sich im Zeichnen an der Kunstakademie in der Pleißenburg unterrichten. Seine Lehrer hießen Veit Hanns Schnorr von Carolsfeld und Johann August Tischbein. Keine Zeit also für studentische Späße: »Die Vergnügungen der Studierenden existierten für mich gar nicht bei einsamen Spaziergängen im Walde oder an den stillen Flußufern der Leipziger Umgegend.« Carus malte und zeichnete Pflanzen, Tiere, Landschaften.

1809 begann er seine Klinik-Ausbildung im Jakobshospital und am Trierschen Institut. Während der Völkerschlacht 1813 mit ihren Tausenden Verletzten, mit Wundbrand und Typhus, leitete er ein Militärhospital hinter dem Vorwerk Pfaffendorf (heute Zoo) – und entwickelte Einsichten über »großenteils

Medizinische Hilfe während der Völkerschlacht, dargestellt im 2003 eröffneten Sanitäts- und Lazarettmuseum Seifertshain. Rechts: Carus-Gemälde vom Rosental.

Blick in den Ranstädter Steinweg heute.

unwissende Ärzte«, über einen unzureichenden Forschungsstand, über Medizin, Psyche und Umwelt. Heute gilt Carus als Wegbereiter der ganzheitlichen Medizin.

1814 folgte er dem Ruf nach Dresden – als Leiter einer Entbindungsanstalt und als Königlicher Leibarzt. Ein Leipziger Verwandter ging ähnliche Wege in der Wissenschaft: Julius Victor Carus, der Darwin-Übersetzer.

Schau-Plätze

Mühlgraben und Museum

Der Ranstädter Steinweg hat wieder seinen offenen Elstermühlgraben, die alten Vorstadthäuser der Färber und Fischer aber sind lange verschwunden. Dort, wo sich das alte Jakobshospital befand, links vom Rosentaltor, stehen heute Villen. Das Triersche Institut, die Universitäts-Frauenklinik, ist seit 2007 in einem Neubau an der Liebigstraße zu finden. Unter dem Titel »Das Leid – die Hilfe« widmet sich seit 2003 das Sanitäts- und Lazarettmuseum Seifertshain den Medizinern zu Zeiten der Völkerschlacht.

Unsterblich: Der Hase im Rausch

Unverwechselbar: Eberhard Esche mit typischen Gesten bei einem Auftritt 1997 in der Moritzbastei.

Eberhard Esche (1933–2006)

Würde auf seinem Grabstein nur »Der Hase im Rausch« stehen, es wüsste fast jeder, um wen es sich handelt: Mit seiner Interpretation der satirischen Verse von Sergej Michalkov hat sich Eberhard Esche unsterblich gemacht. Seinen einzigartigen Vortrag am 31. Oktober 1965 in der Berliner Kongresshalle am Alexanderplatz verewigte Amiga auf der inzwischen legendären Schallplatte »Jazz, Lyrik, Prosa« – unter anderem auch mit Manfred Krug (»Die Kuh im Propeller«) und Gerd E. Schäfer (»Ein älterer, aber leicht besoffener Herr«). Kaum eine Fete zu DDR-Zeiten, auf der nicht irgendwann jemand voller Inbrunst und mit schelmischem Grinsen den Esche-Vortrag imitierte: »Was kann der Löwe mir? Bin ich sein Untertan?...« Bis heute hat sich bei vielen »Der Hase im Rausch« gleich neben dem »Osterspaziergang« ins Gedächtnis gebrannt. Esche war für Millionen von Menschen ein Begriff. Durch seine Rollen in Spielfilmen wie »Der geteilte Himmel« und »Spur der Steine« gehörte er zu den populärsten Schauspielern in der DDR. Die Ausbildung dafür hatte er Anfang der 1950er-Jahre in seiner Heimatstadt erhalten. An der Leipziger Schauspielschule bestand er die Aufnahmeprüfung mit dem »Prolog im Himmel« aus Goethes »Faust« – indem er gleich alle Rollen mit unterschiedlichem Ausdruck vortrug.

Esches Vater war früh gestorben, seine Mutter Margarethe hatte eher auf eine kaufmännische Laufbahn des Sohnes gehofft und Onkel Kurt Gräser in ihm den Kronprinzen für seine Tütensuppenfabrik gesehen. Den Stoßseufzer von Mutter Margarethe: »Was soll nur aus Eberhard werden?«, beantwortete Onkel Kurt mit: »Schick ihn doch erst mal auf eine Tanzschule.« So stolperte der 15-Jährige 1948 in Lindenau übers Parkett – mit viel zu großen Schuhen, die sein Opa Arno vorn mit einer LVZ ausgestopft hatte: »Das war toll von ihm, denn eigentlich sammelte er die Leipziger Volkszeitung«, erinnerte sich Esche später. Beim Abschlussball im Felsenkeller fiel er auf die Nase – die neuen Lackschuhe waren zu glatt...

Seine ersten Schauspiel-Engagements führten den von Selbstzweifeln geplagten Absolventen nach Erfurt, Meiningen und Karl-Marx-Stadt (heute Chemnitz): »Ich fand mich bescheuert. Auf der Schauspielschule hatte ich viel gelernt, aber ich konnte es nicht umsetzen.« Das Publikum sah das anders – und schloss Eberhard Esche ins Herz. 1961 wechselte er ans Deutsche Theater Berlin und blieb dort 38 Jahre fest unter Vertrag. In seine alte Heimatstadt Leipzig kehrte er hin und wieder zurück: zu Funk- und Fernsehproduktionen, Vortragsabenden, auf die Buchmesse. Dort las er aus seiner Autobiografie. Ihr Titel, natürlich: »Der Hase im Rausch.«

Mit Winfried Glatzeder, Franziska Troegner und Manfred Krug bei einer MDR-Hörspielproduktion.

Rund um die Kreuzung am Adler verbrachte Esche seine Kindheit.

Kleinzschocher und Plagwitz

Eberhard Esche kam in der Sophienstraße, heute Shakespearstraße, zur Welt. Seine Kindheit verbrachte er in Kleinzschocher und Plagwitz rund um den Adler. Dort besuchte er auch die 50. Volksschule, die jetzt Schule am Adler heißt. Die Großeltern wohnten gleich nebenan in der Gießer-, Ecke Siemensstraße. In der Firma Kraftfahrzeug-Zubehör am Fleischerplatz absolvierte er eine kaufmännische Lehre. Aus der Schauspielschule entstand 1953 die erste Theaterhochschule Deutschlands, die seit 1992 zur Hochschule für Musik und Theater in der Grassistraße gehört.

Ewiger Pechvogel mit Kopf voller Geschichten

Hans Fallada (1893 – 1947)

Für den Richter Wilhelm Ditzen geht ein Traum in Erfüllung: Er wird als Reichsgerichtsrat an die höchste juristische Instanz Deutschlands nach Leipzig berufen. Die Familie bezieht 1909 eine Achtzimmerwohnung in der Schenkendorfstraße. Sohn Rudolf, der sich in seinem späteren Leben Hans Fallada nennen wird, schafft mit Ach und Krach die Prüfung zur Aufnahme an das Carola-Gymnasium. Und bekommt als Dank vom sonst eher sparsamen Vater ein nagelneues Fahrrad der Marke Brennabor geschenkt. Damit erkundet der 16-Jährige die Vorstadt. »Die Straßen sind fast leer, es sind glatte Asphaltstraßen. Unwillkürlich beginne ich rascher und rascher zu treten, ich fliege nur so dahin«, beschreibt Fallada in seinen 1942 erschienenen Erinnerungen »Damals bei uns daheim« seine Leipziger Jugendjahre. Bei einer dieser Ausfahrten kommt es zu einem Unfall. Der junge Mann stürzt und verliert das Bewusstsein.

Der Vater nennt seinen Sohn den »ewigen Pechvogel«. Rudolf Ditzen bleibt es ein Leben lang und ahnt es selbst. Schon für seinen ersten Roman »Der junge Goedeschal« wählt er in Anlehnung an zwei Gestalten in Grimms Märchen als Pseudonym Hans Fallada. In seinem neuen Namen stecken die Schicksale vom glücklosen »Hans im Glück« und dem Gaul Fallada aus »Die Gänsemagd«. Das Pferd, das lieber stirbt als sich Normen zu unterwerfen, steht programmatisch für Falladas persönliches Scheitern an sich selbst. In Leipzig bezichtigt sich der Pubertierende in einem anonymen Brief einer nie stattgefundenen Unzucht mit einer Mitschülerin. Später stirbt ein Freund bei einem als Duell getarnten Doppelselbstmord. Rudolf überlebt – und wird für unzurechnungsfähig erklärt.

Falladas Leben hat viele Facetten: Dieb, Häftling, psychisch labiler Alkoholiker, in sich selbst gefangener Selbstankläger, Geldverprasser, Morphinist, erster Nachkriegsbürgermeister von Feldberg. Vor allem aber ist er Erkenner und Beschreiber dieser Welt im Kleinen. Fallada hat, so sagt er selbst, mehr Geschichten im Kopf, als er in 100 Jahren niederschreiben kann. Sein Wollen war stark, sein Wille schwach. Daran zerbricht er und bekennt selbstkritisch in seinem letzten Brief an seine erste Frau Anna: »Irgend etwas in mir ist nie ganz fertig geworden, irgend etwas fehlt mir, so daß ich kein richtiger Mann bin, nur ein alt gewordener Mensch, ein alt gewordener Gymnasiast, wie Erich Kästner mal von mir gesagt hat.«

Hans Fallada 1939 mit seiner Ehefrau Anna und den Kindern Uli und Mucki.

Jutta Hoffmann und Arno Wyzniewski 1967 in der Verfilmung von Falladas »Kleiner Mann, was nun?«.

Erinnerungstafel am Eingang des Wohnhauses in der Schenkendorfstraße 61.

Fallada-Karikatur im Literaturinstitut in der Wächterstraße.

Schau-Plätze

Wohnhaus und Park

Eine Tafel erinnert daran: In der Schenkendorfstraße 61, kurz vor der Einmündung in die Kohlenstraße, verbrachte Hans Fallada seine von Kümmernissen geplagte Jugend. Am heutigen MDR-Gelände stieß der junge Radfahrer mit einem Pferdefuhrwerk zusammen und verletzte sich schwer. Das Carola-Gymnasium in der jetzigen Bernhard-Göring-Straße existiert nicht mehr. Heute befindet sich auf dem Areal zwischen Schenkendorf- und Arndtstraße ein Park mit Kinderspielplatz.

»Ich lebe in einer neuen Welt…«

Fichtes Wohnort ab 1790: Die Ringseite des Neu-/Matthäikirchhofs – und die »Runde Ecke« heute.

Johann Gottlieb Fichte (1762 – 1814)

Große Umbruchzeiten haben große Denker hervorgebracht. Im Deutschland des 18. und 19. Jahrhunderts zum Beispiel Leibniz, Thomasius, Kant, Hegel, Schopenhauer, Marx, Nietzsche. Und Johann Gottlieb Fichte, der in Leipzig zum Philosophen wurde. Als der Bandwirkersohn sich im Herbst 1781 an der Universität für das Theologiestudium einschrieb, lagen Bildungsjahre in Meißen, Siebeneichen, an der Landesschule Pforta und in Jena hinter ihm. Einer der Hochschullehrer hieß Christian August Clodius. Der war kein Selbstdenker, zählte eher zu den Anpassern »an bejahrte Systeme«. Schon zwei Jahrzehnte zuvor hatte ihn der junge Goethe parodiert. Andere wie Christian Friedrich Pezold oder Karl Heinrich Heydenreich galten als zeitgemäßer, kritischer.

Seit 1762 war Rousseaus »Gesellschaftsvertrag« in der Welt, 1779 erschien Lessings »Nathan der Weise«, 1781 kamen Schillers »Räuber« auf die Bühne: Revolution lag in der Luft. Fichte machte sich Gedanken über »die Grundsätze einer bessern Regierung«, zumal »die Denkungsart des Hofes dahin geht, die Einkünfte des Fürsten zu vermehren« und einem Zeitalter entspricht, »in welchem die Moral von ihren Grundfesten aus zerstört ist«.

Der Theologiestudent musste 1784 sein Studium abbrechen, da die frömmelnde Frau von Miltitz das Stipendium nicht mehr weiterzahlen wollte, unter dem Vorwand »nachteiliger Nachrichten« über Fichtes »Lebenswandel«. Er geriet wieder »in drückenden Mangel« und hielt sich mit Gelegenheitsarbeiten, wechselnden Hauslehrerstellen, unter anderem auf dem Rittergut Oelzschau bei Leipzig, und mit Privatunterricht über Wasser. Als die ersten großen Schriften Immanuel Kants auch in Leipzig für Diskussionsstoff sorgten, verlangte ein Student von ihm Unterricht. Fichte musste sich intensiv mit dem Philosophen beschäftigen – und bekannte: »Ich lebe in einer neuen Welt…«

Eine neue Welt, wichtige Kontakte zu Johann Kaspar Lavater und über ihn nach Weimar eröffnete ihm auch die 1788 vermittelte Hauslehrerstelle durch den Leipziger Kreissteuereinnehmer Christian Felix Weiße in Zürich. Fichte kehrte im Mai 1790 wieder nach Leipzig zurück – zu Fuß. Und verlobte sich mit Johanna Rahn, der Nichte Friedrich Gottlieb Klopstocks. »Ich habe mein Logis verändert«, schrieb er ihr, »daß ich eine der schönsten Aussichten in Leipzig habe. Aus meinem Fenster sehe ich vor mir die Promenade, über ihr einen der schönsten Gärten«. 1794 wird Johann Gottlieb Fichte Professor, erst in Jena, dann in Berlin: »Ich werde das Schwert in der gelehrten Republik führen…«

Titel eines Buches mit Reden an die Nation.

Fichte-Zitat am Cramer-Ehrenmal: »Denken und Handeln muss aus einem Stück sein«.

Zitat im Park

»Meine Adresse ist auf dem Neuen Kirchhofe, in Leutschens Hause, vier Treppen«, schrieb Fichte 1790. Später errichtete dort eine Versicherungsanstalt ihren Neubau, heute bekannt als »Runde Ecke«. Christian Felix Weiße, der Mäzen, wohnte noch in »Platners Haus« am Markt – heute Freifläche zwischen Petersstraße und Thomaskirche. Geblieben von Johann Gottlieb Fichte in Leipzig sind ein Straßenname in der Südvorstadt, eine nach ihm benannte Siedlung in Wiederitzsch und ein Zitat am Cramer-Ehrenmal im Johannapark.

Paul Emil Flechsig

»Von der Psyche wissen die Psychiater nichts«

Paul Flechsig (1847–1929)

Klinikviertel und Markkleeberg

Mit den Aufgaben wechselten auch die Wohnungen des Professors. 1878 lebte er in der Waisenhausstraße 30 (heute Liebigstraße), danach im Windmühlenweg 20 (Philipp-Rosenthal-Straße). 1899 ließ sich der »Geheime Medizinalrat« eine Villa in der Gautzscher Charlottenstraße 20 (Mehringstraße Markkleeberg) bauen, die als einzige seiner Wohnstätten erhalten blieb. Heute arbeitet in dem Gebäude das Griechische Generalkonsulat. Um 1920 zog Flechsig ins Musikviertel in die Ferdinand-Rhode-Straße 31. Seine letzte Ruhestätte fand er auf dem Südfriedhof.

Paul Schreber, Senatspräsident und Sohn von Moritz Schreber, hatte seinem behandelnden Arzt in einem »offenen Brief« und bitteren Worten vorgeworfen, dass der seine »fruchtbringenden Erfahrungen für die übrige Menschheit« und die »mit mir redenden Stimmen« nicht würdige und ihn außerdem mit seinen »übersinnlichen Kräften« beeinflusse. Paul Emil Flechsig ließen die Anwürfe kalt. Er wies den offensichtlich Verwirrten bald wieder in seine Psychiatrische Klinik ein. Für ihn waren seelische Vorgänge Ausdruck körperlicher Funktionen und biophysischer Prozesse, direkte Erzeugnisse des Gehirns und durch neuroanatomische Analyse aufklärbar. Darum sprach er auch nicht von »Geistes-«, sondern von »Nervenkrankheiten«. Diese Auffassung hatte dem Hirnforscher den Unwillen vieler Kollegen eingebracht, einen kleinen Skandal – und Berühmtheit über Leipzig hinaus. In einer Zeit zumal, als solcherart materialistische Deutungen als hochgradig ketzerisch galten, als »Übersinnliches« in

Eintrag im Leipziger Adressbuch.

Mode war, mystisch ausgerichtete Sekten und Gesellschaften, als abstruse Weltdeutungen durch die Lande waberten.

Der Zwickauer Pfarrerssohn lebte seit seinem Studienbeginn 1865 in Leipzig. Seine Mitgliedschaft in der Landsmannschaft »Afrania«, erst 1839 als schlagende Verbindung mit Bezug zu St. Afra in Meißen gegründet, hat er bis zuletzt gepflegt. 1872 begann seine Karriere als Assistent an Pathologischem Institut und Medizinischer Poliklinik, mit 35 Jahren berief ihn die Uni auf den neu zu gründenden Lehrstuhl für Psychiatrie und beauftragte ihn mit dem Aufbau der Nervenklinik. Die

Einstige Flechsig-Villa in Markkleeberg.

Fakultät stellte ihn frei, damit er sich in den wichtigsten europäischen Krankenhäusern umschauen konnte. Die Berufung war ziemlich ungewöhnlich für einen Mediziner, der bis dahin kaum Berührung mit der Psychiatrie hatte. Carl Friedrich Wilhelm Ludwig, Physiologieprofessor und Mentor, kommentierte: »Von der Psyche wissen die Psychiater nichts, Flechsig weiß wenigstens etwas vom Gehirn!« In seiner Antrittsrede als Direktor der Nervenklinik am 4. März 1882 sprach dieser folgerichtig über »Die körperlichen Grundlagen der Geistesstörungen«.

Mit Paul Flechsig begann ein neues Kapitel in der Hirnforschung der Leipziger Uni. Seine Klinikerfahrungen in Verbindung mit leidenschaftlicher Forschung in seinem hirnanatomischen Labor halfen, die Struktur des Gehirns aufzuklären – die Grundlage der modernen Neurowissenschaften bis heute. Nach einem Kollegenurteil war Flechsig »der originellste unter den Hirnforschern der Neuzeit«.

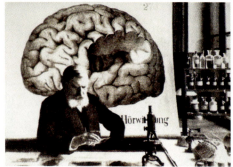
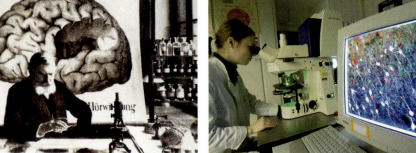

Der Forscher an seinem Arbeitsplatz – und Wissenschaftlerin im Paul-Flechsig-Institut heute.

Mit Mambo der King – mit Satchmo per Du

Die starke Frau an seiner Seite: Uschi Fleischer mit ihrem Mann beim LVZ-Zoofest 2001.

Wer zum König August wollte, der kam erst beim »King of Swing« vorbei: »Guck mal, da drüben, das Haus von Fips Fleischer«, raunten sich die Leute in der Drahtseilbahn von Erdmannsdorf nach Augustusburg zu. In der kleinen Bergstadt bei Chemnitz mit dem Jagdschloss von August dem Starken wohnte er vor allem im Sommer, seine größten Erfolge aber feierte er in Leipzig.

1947 kam Hanns-Joachim »Fips« Fleischer im Alter von 24 Jahren in die Messestadt, seine neue Wahlheimat. Er hatte in Zschopau Musik studiert, beherrschte Oboe, Klavier, Schlagzeug und Vibrafon, durfte beim beliebten Rundfunktanzorchester von Kurt Henkels an die Trommeln – und sah sich fortan als »Hans im Glück«. 1957 gründete Fips Fleischer seine erste

Jubiläumskonzert 1987.

Autogrammfoto des Orchesterchefs vom Mai 1994. Oben: Mit Günter Gollasch bei einer Swing-Gala.

eigene von drei Bands. Er verhalf dem Swing in der DDR zum Durchbruch und war auch im Westen beliebt. Die »FF-Bands« begleiteten bekannte Interpreten wie Caterina Valente, Udo Jürgens, Bibi Jones, Bill Ramsey, Wolfgang Sauer und Harald Juhnke. Fred Bertelmann nannte ihn den »Count Basie des Ostens«. Ende der 1950er-Jahre lernte der »King of Swing« Fips Fleischer bei einem Auftritt in Köln den »King of Jazz« Louis Armstrong kennen. Als dieser 1965 in Leipzig drei umjubelte Konzerte gab, waren die beiden Vollblut-Musiker längst befreundet. »Fips has feeling. He is like my son«, lobte Satchmo wie ein Vater die Qualitäten seines Sohnes.

Fips Fleischer und seine Orchester tourten durch Europa, Asien und Afrika, nahmen regelmäßig Schallplatten auf, wirkten in zahlreichen Fernsehsendungen und Filmen mit. Von 1970 bis 1988 leitete der ausgebildete Kapellmeister zudem die Abteilung Tanz- und Unterhaltungsmusik der Leipziger Musikhochschule. Mehr als 100 Titel komponierte der Bandleader – sein größter Hit: der »Pinguin Mambo«. Damit riss er auch 1999 bei einer seiner letzten Swing-Galas die Leute von den Sitzen: einem Baustellen-Konzert in der sanierungsbedürftigen Kongreßhalle am Zoo. Bewegt stellte Fips Fleischer nach dem Konzert fest: »Dass die Leipziger mich hier immer noch haben wollen, geht mir runter wie Öl.« Und: »Das Publikum darf verlangen, dass man es ernst nimmt, man muss es gern haben.«

1947 hatte er in der Kongreßhalle das erste Mal auf der Bühne gestanden, später viele Jahre in der Show »Leipziger Allerlei«, und 1987 mit befreundeten Orchesterleitern wie Max Greger und Hugo Strasser hier das 30. Bandjubiläum gefeiert.

Im Juni 2002 starb die Swing-Legende nach einer Routineuntersuchung im Krankenhaus überraschend an Herzversagen. Zur Beerdigung in Augustusburg erklang der »Pinguin Mambo«.

Kongreßhalle am Zoo.

Fips Fleischer (1923 – 2002)

Legendäre Kongreßhalle

In Leipzig hat Fips Fleischer in der Kroch-Siedlung gewohnt. Sein Name verbindet sich vor allem mit der Kongreßhalle, wo er legendäre Konzerte gab. Die Fassade des 1900 eröffneten Gesellschaftshauses am Leipziger Zoo strahlt wieder, die innere Sanierung lässt allerdings auf sich warten. 1998 verfügte die Baupolizei die Sperrung des Gebäudes, 2003 öffnete zumindest das Zoo-Restaurant wieder. 1998 erschien auch die Autobiografie »Fips Fleischer: Erinnerungen« – ein Musiker-Leben auf 160 Seiten.

Theodor Fontane

Schillers Weste – Shakespeares Strumpf

Theodor Fontane (1819 – 1898)

Hainstraße und Zoo

Theodor Fontanes Leipziger Zeit – im Heutigen hat sie ihren Nachklang: Die alte Hainstraße mit der Adler-Apotheke – hier wohnte er in den Häusern Nummer 5 und 9. Die Elster, in der er regelmäßig badete, kommt wieder zunehmend ans Licht – auch jene Stelle am Ranstädter Steinweg, an der ein Denkmal an die Brückensprengung und den Tod von Marschall Poniatowski zum Ende der Völkerschlacht erinnert. Das Café des Schweizer Zuckerbäckers Georg Kintschy blieb noch viele Jahre später unter dem Namen »Schweizerhaus« präsent. Es diente dem Zoo als Insektarium, Vogelhaus, Schule, Lagerraum – und ist nach Neuaufbau nun wieder ein Restaurant: die »Hacienda Las Casas«.

Ein Kleidungsstück war es, das den jungen Theodor Fontane in Leipzig zu einem frühen »Werk« inspirierte: Schillers Weste. Der Leipziger Schillerverein mit Robert Blum an der Spitze, offiziell gegründet erst am 24. Oktober 1842, hatte schon 1841 von Schillers Sohn Karl, dem Oberförster in Lorch, das Erinnerungsstück erhalten. Zum Schiller-Geburtstag wollte es der Verein als kultische Reliquie präsentieren. Die Bürgerschaft war euphorisiert von so viel echtem Klassiker, und es rauschte sehr im Blätterwald. Für Fontane, erst ein gutes halbes Jahr in der Buchstadt, war solcherart bedingungslose Anbetung eines Kleidungsstücks nicht nachvollziehbar: Es hatte für ihn einen Stich ins Lächerliche. Also reimte er umgehend die Parodie »Shakespeares Strumpf«, die das

Shakespeares Strumpf
*Laut gesungen, hoch gesprungen,
Ob verschimmelt auch und dumpf,
Seht, wir haben ihn errungen,
William Shakespeares wollnen Strumpf.*

...

*Drum herbei, was Arm und Beine,
Eurer harret schon Triumph,
Und dem »Shakespeare-Strumpfvereine«
Helft vielleicht ihr auf den Strumpf.*

Leipziger Tageblatt auch punktgenau zum 10. November veröffentlichte.

Die gedankenlosen Schiller-Apologeten waren entsetzt, die Verleger hingegen öffneten ihm die Zeitungsspalten. Das war auch seine heimliche Absicht gewesen: Fontane wollte als Literat wahrgenommen werden – der schreibende Apothekergehilfe, der mit drei anderen im Hinterhof des Kleinen Joachimsthals in einer Mansardenstube wohnte und in der Adler-Apotheke in der Hainstraße arbeitete. Philipp Düringer, Schillervereinsmitglied, Freund Albert Lortzings und als Regisseur auch dessen Kollege am Stadttheater, dichtete eine Entgegnung auf Fontanes Spott, als Trinkspruch: »Heilig jenes Stückchen Seide,/Das sonst Deine Schulter trug./Drunter, so in Schmerz als Freude./Hoch Dein Dichterherz einst schlug…« Und das

Blick in die Hainstraße.

Café Kintschy im Rosental, wo sich täglich die Literaten und Verleger, Künstler und Müßiggänger aus ganz Deutschland und halb Europa trafen, hallte wieder vom Gelächter. Fontane verkehrte natürlich auch dort.

Doch der junge Mann verbrachte seine Freizeit nicht nur in Kneipen. Mit den Kollegen badete er morgens in der Elster: »Es war ziemlich genau die Stelle, wo Poniatowski ertrunken war.« Er wanderte über die Schlachtfelder von 1813. Und schrieb für diverse Blätter. Im Februar 1842 brach eine nicht ausgeheilte Krankheit wieder aus: Typhus. Seine Tante »Pinchen« nahm ihn auf und pflegte ihn gesund, in der Poststraße links der Hauptpost. Im Juli zog Theodor Fontane weiter nach Dresden zur Struveschen Apotheke.

Adler-Apotheke mit Fontane-Porträt (Foto oben). Café Kintschy im Rosental – und das Restaurant »Hacienda Las Casas« heute an gleicher Stelle im Zoo.

Politik und Bier in der »Kitzinggesellschaft«

Blick in die heutige Rosentalgasse.

In vielen heimischen Bücherregalen stehen die »Bilder aus der deutschen Vergangenheit«, veröffentlicht in vier Bänden und mehr als zwei Dutzend Auflagen. Anschauliche, erzählende Darstellungen für damals ganz neue Leserkreise: Populärwissenschaft. Die ersten Beiträge erschienen in Leipzig, in den »Grenzboten«. Autor war Gustav Freytag, seit dem Revolutionsjahr 1848 Mitinhaber der Zeitschrift. Ein von der Breslauer Universität und preußischen Beamten aus politischen Gründen vergraulter Schlesier, der merkwürdigerweise Preußen dennoch liebte.

Leipzig war eine Hauptstadt der Verleger, der Bücher und der Zeitschriften, die sächsische Zensur galt als »milde«. Durch ihre Zensur wollten die fürstlichen Regierungen das Rad der Zeit nach Napoleons Verkündung der »Bürgerrechte« zurückdrehen. Doch das funktionierte nicht. Die Menschen zogen sich zurück – in die Familie, in Vereine. Eine Zeit der scheinbaren Erstarrung, heute verharmlosend als »Biedermeier« bezeichnet. »Alles in den deutschen Verhältnissen erschien haltlos und locker, aber die Ansichten gingen himmelweit auseinander ins Blaue«, schreibt Freytag in seinen Erinnerungen. Unter der Oberfläche gärte es und brodelte, die Vereine waren zum guten Teil Tarnung für politische Aktivitäten. So ließ sich die Zensur umgehen – und die zahlreichen Spitzel reagierten genervt in ihren Berichten nach Wien oder Berlin.

Werbung im »Leipziger Kalender 1907« für das Bierlokal Kitzing in der Schloßgasse (links).

In dieser Situation kam Gustav Freytag nach Leipzig. Im Jahre 1846 war er schon einmal hier, zu Theaterstudien und zur Aufführung seines Stückes »Valentine«. Von Freytags Dramen ist nichts geblieben. Von seiner populärwissenschaftlichen Aufklärungsarbeit eine Menge. Er hat an der Bildung eines gesamtdeutschen Nationalbewusstseins mitgewirkt, das in den zersplitterten Kleinstaaten nicht existierte. Es baute sich mit und gegen Napoleon auf – und schlug mit dem Kaiserreich 1871 in gefährlichen Nationalismus um.

Gustav Freytag befreundete sich bald mit Heinrich Laube, dem Dramatiker und Journalisten, mit dem Historiker Theodor Mommsen, dem Verleger Salomon Hirzel und dem Weltreisenden Friedrich Gerstäcker. Zweimal pro Woche traf sich die Runde als »Kitzinggesellschaft« im Bierlokal Kitzing. Freytag war inzwischen gut situiert, als Ehemann der geschiedenen Gräfin Dyhrn, und wohnte im Sommer in Gohlis, ansonsten in der gutbürgerlichen Königstraße 16. Die Wohnung hat er behalten bis 1870. Dann verließ er den »Grenzboten«, zog ganz nach Siebleben bei Gotha – und war ein über Jahrzehnte gefeierter Schriftsteller.

Modell der nordwestlichen Vorstadt um 1840.

Gustav Freytag (1816 – 1895)

Biedermeier am Rosental

Die Rosentalgasse hat sich bis heute das Flair des 19. Jahrhunderts bewahrt: biedermeierliche Ruhe in der Nähe des Stadtzentrums. Im damaligen Haus Nummer 2 hat Gustav Freytag beim Hutmacher Haugk gewohnt. Erinnerungen an die bürgerliche Aufbruchzeit weckt die Goldschmidtstraße (früher Königstraße) mit der Restbebauung jener Jahre wie zum Beispiel dem Mendelssohn-Haus. In der Nummer 16 besaß Freytag eine Wohnung. Die Schloßgasse existiert noch und verbindet in der Leipziger Innenstadt die Petersstraße mit dem Burgplatz – das Bierlokal »Kitzing« aber ist lange verschwunden.

Christian Fürchtegott Gellert

»Sire, ich bin ein Original …«

Christian Fürchtegott Gellert (1716 – 1769)

Denkmal am Gohliser Schlösschen.

Die Grabstelle des Dichters auf dem Südfriedhof.

Christian Fürchtegott Gellert, der Pastorensohn aus Hainichen, war eine Institution: als Volksdichter, moralische Größe, Sprach-Lehrer der Deutschen. In einer Zeit, als das Französisieren chic war in allen Bereichen – und die junge Aufklärer-Generation ihren Anspruch dagegensetzte. Dabei war Gellerts Werk eher schmal. Manche seiner Fabeln finden sich noch in Schulbüchern, geistliche Lieder in Gesangbüchern. Ein Brief-Roman und einige Lustspiele wären außerdem zu nennen. Und die Anleitungen zum Briefeschreiben. Seine »Ratgeber-Literatur« betraf zum Beispiel die »Lehren eines Vaters für seinen Sohn, den er auf die Akademie schickt«.

Gellert war ein frommer Moralist und didaktischer Erzieher, der in alle Bevölkerungsschichten ausstrahlte, ein Lesepublikum schaffen half, auf Goethe, Lessing und ganze Dichtergenerationen wirkte. Seine Vorlesungen als außerordentlicher Professor an der Leipziger Universität waren ständig überfüllt, halb Deutschland fragte ihn brieflich um Rat oder belagerte ihn in seiner Wohnung im Hof des Großen Fürstenkollegs – bis Studenten eine Wache vor seinem Haus organisierten und nur die dringenden Fälle einließen. Dazu gehörten auch aus Dankbarkeit angelieferte Bierfässer. Oder ein »stilles und gutes« Pferd vom Preußenprinzen Heinrich, und später eins vom sächsischen Kurfürsten. Worauf Gellert jammerte, was er als alter Mann mit so einem jungen Pferd solle. Da war er erst 53 – und ein »Hypochonder«. Gellert hatte Angst vor jedem Wetter, war sehr nervös, übervorsichtig und fand an sich ständig alle Krankheiten dieser Welt. Zu Reichtum verhalf ihm seine Arbeit nicht. Kaum ein Bedürftiger verließ ohne eine Zuwendung Gellerts Wohnung. Reich wurde hingegen sein Leipziger Verleger: Johann Wendler stiftete 1774 ein Denkmal für seinen berühmten Autor nach Adam Friedrich Oesers Entwurf, und später eine Freischule: die »Wendlersche«.

Gellert war sich seiner Bedeutung durchaus bewusst. Während des Siebenjährigen Krieges, als Friedrich II. im »Königshaus« am Markt logierte, bestellte ihn der Preußenkönig zur Audienz – und fragte ihn, ob er nur den Fabeldichter La Fontaine nachahme. Gellerts Antwort: »Sire, ich bin ein Original …«

Christian Fürchtegott Gellert starb am 13. Dezember 1769 in seiner Wohnung. Er wurde auf dem Alten Johannisfriedhof begraben. Und musste nach seinem Tod noch drei Mal umziehen: 1904 in die Gruft der Johanniskirche, 1950 in die Paulinerkirche und schließlich 1968 auf den Südfriedhof.

Schau-Plätze

Denkmale und Grabstelle

Christian Fürchtegott Gellerts Wohnung befand sich in einem Seitengebäude im Hof des Großen Fürstenkollegs, etwa hinter der Toreinfahrt des heutigen Geschwister-Scholl-Hauses in der Ritterstraße. Eine Kopie des von Verleger Johann Wendler gestifteten Denkmals ist in den Parkanlagen an der Schillerstraße zu finden. Auch das Denkmal hinter dem Gohliser Schlösschen erinnert an den Dichter. Wer dessen letzte Ruhestätte auf dem Südfriedhof besuchen will: Das Grab hat den Standort I/10.

Gellerts Wohnhaus im Hof des Großen Fürstenkollegs in der Ritterstraße – und der Innenhof des heutigen Gebäudekomplexes.

FRIEDRICH WILHELM CHRISTIAN GERSTÄCKER

Bücher aus der Hängematte

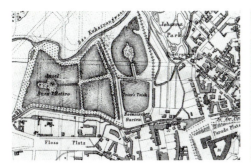

Stadtplan von 1850 mit Schimmelschen Teichen: Die Ausflugsinsel »Buen Retiro« war per Kahn oder über einen Steg erreichbar.

Friedrich Gerstäcker (1816 – 1872)

Abenteuerromane spielen heute zumeist im All oder in Fantasy-Welten. Vor 150 Jahren handelten sie noch von Amerika, dem gelobten Land der Auswanderer. Und mindestens einer der Autoren war auch viele Jahre wirklich dort gewesen: Friedrich Gerstäcker. Nach seiner Rückkehr 1843 ins brave Dresden zur Mutter ist ihm alles zu klein, muffig und wenig abenteuerlich. »In ein geregeltes Leben paßte ich nicht mehr hinein«, wird er knapp drei Jahrzehnte später in einer autobiografischen Skizze für den »Gartenlaube«-Verleger Ernst Keil schreiben. Gerstäcker übersetzt Texte aus dem Englischen und merkt bald, dass er es besser als die Autoren kann – und authentischer. Er zieht 1845 mit seiner frisch angetrauten Ehefrau und ehemaligen Hofschauspielerin Anna Aurora Sauer nach Leipzig, in die Stadt der Verleger, Drucker und Verheißungen. In der Salomonstraße 3 schreibt er »Die Regulatoren in Arkansas« und »Die Flußpiraten des Mississippi«. Als »Buchhändler« lässt er sich im Adressbuch eintragen – eine starke Übertreibung. »Ich sah Gerstäcker, den schon damals vielgereisten, der in seinem Zimmer in einer Hängematte zu liegen pflegte«, erinnert sich der Schriftsteller Alfred Meißner. Otto Wigand druckt die Romane, Gerstäcker wird bekannt.

Leipzig war ihm vertraut seit seiner Nikolaischulzeit, als er die Lehrer peinigte mit seinem Selbstbewusstsein und Freiheitsempfinden. So hielt er zum Beispiel einen Pädagogen bei den Haaren fest, bis der ihm die Fußfessel zur Einübung einer besseren Haltung wieder abnahm.

Blick in die heutige Salomonstraße: Links befand sich das Haus Nummer 3, wo Gerstäcker »Die Regulatoren von Arkansas« schrieb.

In Leipzig trifft er den Dramatiker Heinrich Laube und befreundet sich mit dem Zeitungsredakteur und Literaten Gustav Freytag. Sie verbindet die Opposition gegen die unerträglichen Zustände vor und nach der Revolution von 1848 – und auch das Bierlokal Kitzing in der Schloßgasse.

Zur Entspannung und Ideenfindung soll Gerstäcker sich öfter – in der Hängematte – auf der Insel »Buen Retiro« auf den Schimmelschen Teichen aufgehalten haben. Die Ausflugsinsel mit Gaststätte lag mitten in Leipzig, westlich des Floßplatzes.

Gerstäcker bricht bald wieder auf: nach Australien, Südamerika, in die Südsee. Und auch nach Ägypten mit Herzog Ernst II. von Sachsen-Coburg und Alfred Brehm. Den Kontakt hatte ihm Gustav Freytag vermittelt. 1852 zieht Gerstäcker mit Frau und Kind aufs Dorf, nach Plagwitz. Sein Arbeitszimmer stopft er mit Reise-Reliquien und Trödel voll – und gesteht 1870: »Ich bin ein halbes Menschenalter hindurch einer der größten Herumtreiber gewesen, die es überhaupt gibt.«

Musikviertel und Petersbogen

Wo sich Schimmels Gut mit Teichen und Ausflugsinsel befand, entstand ab den 1880er-Jahren das Musikviertel. Zu den markantesten Bauten des Wohngebietes mit seinen prächtigen Gründerzeit-Häusern gehören heute die Bibliotheca Albertina und das ehemalige Reichsgericht. Gerstäckers Wohnhaus in der Salomonstraße östlich des Stadtzentrums gibt es nicht mehr. Und statt eines Bierlokals findet sich heute an der Schloßgasse das City-Einkaufszentrum Petersbogen mit Kino, Spielbank und Juristenfakultät der Leipziger Universität.

Schau-Plätze

Leipziger Köpfe | 31

Carl Friedrich Goerdeler

Wandel zum Widerstand

Carl Goerdeler (1884 – 1945)

Bronzeglocke mahnt

Gewohnt hat Carl Goerdeler mit seiner Frau und den fünf Kindern in der Villa Rathenaustraße 23 – seit 2004 weist eine Tafel darauf hin. An den früheren Oberbürgermeister erinnern zudem der Goerdelerring und ein außergewöhnliches Denkmal am Neuen Rathaus, geschaffen vom New Yorker Künstlerpaar Jenny Holzer und Michael Glier. In fünf Meter Tiefe schlägt viermal täglich eine Bronzeglocke. Das von den Nazis beseitigte Mendelssohn-Denkmal, das vor dem im Krieg zerstörten Gewandhaus im Musikviertel stand, soll bis 2009 in originalgetreuer Kopie einen neuen Platz nahe der Thomaskirche finden.

Am 2. Februar 1945 starb Carl Friedrich Goerdeler, hingerichtet von den Nationalsozialisten in Berlin-Plötzensee. 60 Jahre später erinnerte Werner Bramke, bis 2003 Professor für Neuere und Neueste Geschichte an der Leipziger Universität und ausgewiesener Goerdeler-Experte, in der LVZ an den einstigen Leipziger Oberbürgermeister, der nach dem Attentat auf Adolf Hitler neuer Regierungschef werden sollte:

»Mit Goerdeler starb der Letzte aus dem inneren Zirkel der Verschwörung, die am 20. Juli 1944 Hitler in die Luft zu sprengen versucht hatte, um den Krieg zu beenden und das mörderische NS-Regime zu beseitigen. Seit 1930 Oberbürgermeister von Leipzig, kein Freund der ihm zu demokratischen Weimarer Republik, sah er im Reichskanzler Hitler zunächst eine Chance auch für seine Ambitionen. Er wollte starke Kommunen, wenig Beschränkung der Befugnisse der Bürgermeister durch Gemeindeparlamente. Er hoffte, seinen Ruf als einer der herausragenden deutschen Kommunalpolitiker

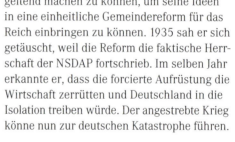

Das Denkmal für den jüdischen Komponisten Felix Mendelssohn Bartholdy – als es die Nazis während einer Auslandsreise des Oberbürgermeisters entfernten, trat dieser zurück.

Goerdeler-Denkmal am Neuen Rathaus.

geltend machen zu können, um seine Ideen in eine einheitliche Gemeindereform für das Reich einbringen zu können. 1935 sah er sich getäuscht, weil die Reform die faktische Herrschaft der NSDAP fortschrieb. Im selben Jahr erkannte er, dass die forcierte Aufrüstung die Wirtschaft zerrütten und Deutschland in die Isolation treiben würde. Der angestrebte Krieg könne nun zur deutschen Katastrophe führen.

Am 8. September 1944 verurteilte der Volksgerichtshof Carl Goerdeler zum Tode.

Goerdeler-Villa in der Rathenaustraße 23.

Der Abriss des Mendelssohn-Denkmals 1936 war für Goerdeler Anlass, sein Amt als Oberbürgermeister niederzulegen. Auf Reisen ins Ausland 1937 bis 1939 warnte er, der Patriot, vor allem die Großmächte vor dem Kriegstreiber Hitler. Im Inland wurde er nicht müde, Gesinnungsgenossen aus verschiedenen politischen Richtungen zusammenzubringen. Vor allem von 1938 bis 1941 trieb er zaudernde Generale immer wieder an, endlich aktiv Widerstand zu leisten.

In der Endphase der Vorbereitungen auf das Attentat stand er fast am Rande der Verschwörung. Claus Schenck Graf von Stauffenberg und seinen Freunden erschien Goerdelers Bild von einem autoritär regierten, aber rechtsstaatlichen Deutschland als zu konservativ. Sie fürchteten zudem wegen seiner Gesprächigkeit um die Konspiration.

Nach dem Attentat, das Goerdeler aus ethischen Gründen nicht guthieß, geriet er durch Denunziation in Haft. Der entschiedenste Kriegsgegner im konservativen Widerstand erlebte das nahe Kriegsende nicht mehr.«

JOHANN WOLFGANG GOETHE

Weltstadt, Wein und Spottgedichte

Durch »Faust I« weltberühmt: Auerbachs Keller mit dem Ritt des Dr. Faustus als Holzplastik an der Decke des historischen Fasskellers.

Denkmal mit jugendlichem Goethe auf dem Naschmarkt.

Johann Wolfgang Goethe (1749 – 1832)

Es war ein Skandal: Eine Clique Studenten der unteren Semester hatte sich erlaubt, den hoch ehrenwerten Professor der Philosophie und zu größten Hoffnungen berechtigenden Dichter Christian August Clodius lächerlich zu machen – in der Öffentlichkeit! Zur Einweihung des Komödienhauses am Ranstädter Tor am 6. Oktober 1766 hatte Clodius eine Rede gehalten, die von Schwulst und »griechischen und römischen Wortsprossen« nur so waberte, und Johann Wolfgang Goethe fand, dass »seine Poesie nicht geeignet« wäre, »den Geist auf irgend eine Weise zu erheben«. Beim Kuchenbäcker Händel nun im Reudnitzer Kuchengarten (heute Ranftsche Gasse 14) nahm das Unheil seinen Lauf. Dort trafen sich die Studenten oft, und Goethe wohnte während der Messen nebenan im Hahnemannschen Gut (heute Kohlgartenstraße 29), ansonsten in der Großen Feuerkugel am Neumarkt (heute Kaufhof). Goethe reimte eine Parodie auf Clodius, die »Ode an den Kuchenbäcker Händel« – und schrieb sie mit Bleistift an die Wand zu den zahllosen anderen Sprüchen. Das bemerkte zunächst keiner. Erst als ein Freund die Parodie erweiterte und mit Abschriften verbreitete, reagierte die feine Gesellschaft bis Dresden sehr ungehalten – und die Clique »wurde höchlich getadelt«.

Goethes Lyrik jener Jahre orientierte sich vor allem an Modeströmungen und war nicht von sonderlicher Bedeutung. Denn als der spätere »Dichterfürst« am 3. Oktober 1765 aus Frankfurt am Main in Leipzig eintraf und zunächst im »Stadt Frankfurt« in der Großen Fleischergasse 223 Quartier nahm, war er nur ein kleiner Teenager von 16 Jahren, der sich über die hohen Häuser und die riesige Stadt wunderte. Sein Vater hatte den eigenen Studienort auch für den Sohn ausgesucht.

Vom Jurastudium aber hat dieser wenig mitbekommen. Eindrücke anderer Art waren es, die ihn faszinierten: Adam Friedrich Oesers Kunstakademie in der Pleißenburg und dessen Töchter, der Kupferstecher Stock im Silbernen Bären, Anna Katharina Schönkopf – die Wirtstocher vom Brühl, sein Kätchen, das auch am Leipziger Goethe-Denkmal verewigt ist – und natürlich die Bier- und Weinlokale. Auerbachs Keller war eines davon. Dort hingen die 1625 aus Marketinggründen um 100 Jahre zurückdatierten großen Tafeln zur Faust-Sage, die ihn zusammen mit den Puppenspielen der Kindheit zu seinem »Urfaust« von 1772 und drei Jahre später auch zu »Faust I« anregten. Das darin enthaltene, berühmte »Mein Leipzig lob ich mir …« aus dem Munde des verkommenen Studenten Frosch war allerdings böse Ironie. Nichtsdestotrotz: Auch nach seiner Studienzeit weilte Goethe noch oft in der Stadt. Und seine Enkel Wolfgang und Walther verlebten ihre letzten Jahre hier und sind 1883 beziehungsweise 1885 in Leipzig gestorben.

Büste im Rektoratsgebäude der Uni.

Ode an den Kuchenbäcker Händel.

Schau-Plätze

Den Keller im Blick

Anstelle der Pleißenburg baute die Stadt das 1905 eröffnete Neue Rathaus. Das Areal des ehemaligen Westflügels mit Adam Friedrich Oesers Wohnung nimmt heute das Standesamt ein. Die Kunstakademie zog 1890 in einen Neubau in der Wächterstraße und nennt sich inzwischen Hochschule für Grafik und Buchkunst. Einen Hauch von Goethes Studentenzeit vermittelt noch Auerbachs Keller: Aus gutem Grund steht ihm Carl Seffners Goethe-Denkmal auf dem Naschmarkt direkt gegenüber.

HENRIETTE GOLDSCHMIDT

Verein, Kindergarten, Hochschule – Frauen machen mobil

Henriette Goldschmidt (1825 – 1920)

Zentrum für Sozialpädagogik

Seit 1991 befindet sich in der ehemaligen Königstraße, der heutigen Goldschmidtstraße 20, das Berufliche Schulzentrum Sozialwesen der Stadt Leipzig mit der Fachschule für Sozialpädagogik »Henriette Goldschmidt«. Die frühere Weststraße heißt heute Friedrich-Ebert-Straße. Das 1921 nach der Frauenrechtlerin benannte Henriette-Goldschmidt-Haus musste trotz zahlreicher Proteste im März 2000 einer Verbreiterung der Magistrale weichen. Henriette Goldschmidts Grabstätte befindet sich auf dem Jüdischen Friedhof an der Berliner Straße, der seit 1999 wieder öffentlich zugänglich ist.

Deutschlands erste Hochschule für Frauen öffnet in der Leipziger Königstraße ihre Pforten: Für die Gründerin Henriette Goldschmidt geht am 29. Oktober 1911 ihr Lebenstraum in Erfüllung. Mehr als 40 Jahre hat die 84-Jährige beharrlich darauf hingearbeitet.

Als Ehefrau des Rabbiners der Israelitischen Religionsgemeinschaft Dr. Abraham Meyer Goldschmidt kommt sie 1859 nach Leipzig und setzt sich fortan für die Rechte der Frauen ein. Unter dem Motto »Leben ist Streben« gründet sie im März 1865 einen Frauenbildungsverein. Im Oktober folgt die erste Frauenkonferenz Deutschlands. Henriette Goldschmidt, Louise Otto-Peters, Auguste Schmidt und Ottilie von Steyber beschließen während dieser Tagung in Leipzig die Gründung des »Allgemeinen Deutschen Frauenvereins« (ADF). Sein Ziel: Gleiche Bildungschancen und gleichberechtigte Teilnahme am öffentlichen Leben für Frauen und Mädchen.

Ebenso engagiert kümmert sich Henriette Goldschmidt um die Kinderfrüherziehung. Auf Friedrich Fröbels Ideen zur Vorschulerziehung

Das Henriette-Goldschmidt-Haus vor dem Abriss.

Inschrift und Büste im Berufsschulzentrum für Sozialpädagogik. Rechts: Eine Tafel erinnert in der Goldschmidtstraße an die Gründung der ersten Hochschule für Frauen.

aufbauend, gründet sie 1871 in der Querstraße den ersten Kindergarten Leipzigs, dem noch zwei weitere folgen. Um der Ausbildung qualifizierter Kindergärtnerinnen und der erzieherischen Bildung von Müttern eine breite öffentliche Basis zu verschaffen, initiiert sie den Verein für Familien- und Volkserziehung. Ihm treten 150 bedeutende Persönlichkeiten als Förderer bei, darunter Architekt Arwed Roßbach, Rechtsanwalt Karl von Zahn und Bankier Jacob Plaut. Gründungsmitglied Henri Hinrichsen hilft auch später: Der Musikverleger stiftet Anfang des 20. Jahrhunderts ein Grundstück mit Gebäude, kauft eine angrenzende Fläche und trägt maßgeblich zum Bau eines zweiten Gebäudes der »Hochschule für Frauen« bei. 1872 führt der Verein ein Kindergärtnerinnen-Seminar mit Referaten zur Weiterbildung ein. Aus diesen Vortragsreihen entwickelt sich unter Henriette Goldschmidts Federführung sechs Jahre später das »Lyzeum für Frauen«, der Vorläufer der Hochschule. 1889 erwirbt der Verein unter großen Anstrengungen und mit Hilfe erheblicher Spenden jüdischer Bürger das Haus in der Weststraße 16 – es wird zu einem kulturellen Mittelpunkt der Stadt.

Als Henriette Goldschmidt 1920 stirbt, löst sich der Verein auf. Die Stadt übernimmt die Bildungsstätte und wandelt sie in ein »Sozialpädagogisches Frauenseminar« um. In den Jahren der DDR befindet sich in dem Gebäude die Pädagogische Fachschule für Kindergärtnerinnen »Henriette Goldschmidt«.

Der Verein für Familien- und Volkserziehung 1903.

Georg Joachim Göschen

Verleger, Drucker, Kaufmann – Werke setzen Maßstäbe

Kramerhaus am Neumarkt, Ecke Kupfergasse – und heutiges Städtisches Kaufhaus.

Georg Joachim Göschen (1752 – 1828)

Ohne Georg Joachim Göschen wäre Friedrich Schiller vermutlich nie nach Leipzig gelangt. Dem jungen Dichter fehlte das nötige Geld, um der Einladung seines »Fanclubs« um Christian Gottfried Körner nachzukommen. Dieser hatte mit seiner stillen Beteiligung von 3 000 Talern Göschens Verlag erst ermöglicht – und bittet ihn nun um die Übernahme von Schillers Zeitschrift »Thalia«. Für mehrere Monate wohnen Göschen und Schiller 1785 Stube an Stube in einem Bauernhaus in der Gohliser Menckestraße. Über deren Zusammenleben der Sohn des Gutsbesitzers zu berichten weiß: »Schiller stand sehr frühzeitig auf, schon um 3 oder 4 Uhr, und pflegte dann in das Freie zu gehen.

Die Wieland-Werke.

Dabei musste ich ihm mit der Wasserflasche und dem Glase folgen. Um 5 oder 6 Uhr kehrte Schiller dann gewöhnlich nach Hause und teilte seine Ideen dem Buchhändler Göschen, der in demselben Hause wohnte, mit, worüber sich dann zuweilen beide stritten.«

Im März hatte Georg Joachim Göschen seine Zelte in Dessau abgebrochen und in Leipzig die »G. J. Göschen'sche Verlagsbuchhandlung« eröffnet. Bereits im Ostermesskatalog der Verleger und Buchhändler zeigt er seine ersten sechs Titel an, darunter ein Schulbuch und Predigten von Theodor Körners Großvater. Schon nach wenigen Jahren liest sich sein Verlagsverzeichnis wie das »Who is who« der deutschen Literatur. Er veröffentlicht Werke von Friedrich Schiller, Christoph Martin Wieland, Gotthold Ephraim Lessing, August Wilhelm Schlegel, Gottlieb Klopstock, Johann Gottfried Seume. Ab 1787 druckt Göschen die Erstausgabe der »Gesammelten Schriften« in acht Bänden von Johann Wolfgang Goethe. Seine Verlagsbuchhandlung gehört inzwischen zu einer der angesehensten in Europa.

Auch kaufmännisches Geschick stellt Göschen unter Beweis. Sein »Noth- und Hilfsbüchlein für Bauersleute« avanciert zum Bestseller. Die erste Auflage verkauft sich 30 000-mal, nach 20 Jahren hat der Titel mehr als eine Million Leser gefunden – die Kasse klingelt. Göschen, der Verleger, Buchdrucker und Kaufmann, betätigt sich auch als Schriftsteller. In verschiedenen Zeitungen veröffentlicht er anonym Erzählungen. Seine einzige selbstständige Schrift »Reise von Johann« gibt er 1793 im Eigenverlag ebenfalls anonym heraus. Mehr noch: Seine legendäre Ausgabe von Wielands »Sämtlichen Werken« in 36 Bänden gilt als das erste Meisterwerk klassizistischer Typografie in Deutschland. Auch in der Gestaltung und Lesbarkeit von Büchern setzt Göschen so neue Maßstäbe für die gesamte Zunft.

Göschenhaus in Grimma-Hohnstädt – »eine der schönsten Gegenden der Welt«.

Offene Türen

Im Kramerhaus Nummer 633 am Neumarkt, Ecke Kupfergasse hatte Georg Joachim Göschen seine Verlagsbuchhandlung eröffnet. Auf dem Areal befindet sich heute das Städtische Kaufhaus. Das Bauernhaus in der Gohliser Menckestraße, in dem Göschen mit Friedrich Schiller unter einem Dach lebte, gehört als Schillerhaus zum Stadtgeschichtlichen Museum. Auch sein Landsitz im nahen Grimma-Hohnstädt, wo der Verleger ab 1812 bis zu seinem Tod 1828 ständig wohnte, steht heute als Göschenhaus für interessierte Besucher offen.

Schau-Plätze

JOHANN CHRISTOPH GOTTSCHED

Großer Geist – mit großer Überheblichkeit

Johann Christoph Gottsched (1700 – 1766)

Grab von St. Pauli

Die heutige Universitätsstraße war der Alte Neumarkt. Dort besaß der Verleger Breitkopf den »Goldenen Bären«, wo Gottsched die erste Etage belegte, gegenüber der Einmündung zur Kupfergasse. Eine Kupferplatte erinnert daran. Zuvor hatte der Gelehrte zehn Jahre am Nikolaikirchhof gewohnt, nahe an seinen Arbeitsstätten: dem »Frauenkolleg« am östlichen Brühl und den Uni-Gebäuden in der Ritterstraße. Über seiner Grabstätte in der 1968 gesprengten Paulinerkirche erhebt sich ab 2009 ein neuer Kirchen-Aula-Erinnerungsbau nach Plänen des holländischen Architekten Erick van Egeraat.

»Kommt da hinter dem armen Kochen/Crocodillich einhergekrochen«, heißt es in einem Spottgedicht von 1752. Gemeint war der »garstige Riese« Johann Christoph Gottsched, der den unbotmäßigen Theaterdirektor Heinrich Gottfried Koch verfolgte. Seit einem Vierteljahrhundert herrschte Gottsched über deutsche Sprache und Dichtung, über Theater und Zeitschriften und die Philosophievermittlung von Gottfried Wilhelm Leibniz und Christian Wolff. Er tat dies mit unerhörtem Engagement, enormen Kenntnissen – und mit großer Überheblichkeit. Gemeinsam mit Caroline Friederike Neuber begann er, die Jahrmarktsbelustigungen der umherziehenden Schauspielertruppen zu aufklärerischem Theater umzuwandeln: zur »moralischen Anstalt«. Ein Spielort war Zotens (später Quandts beziehungsweise Oelsners) Hof in der Nikolaistraße. Dort verbannte Gottsched im Oktober 1737 den »Hanswurst« von der Bühne. Das blieb hängen im Bewusstsein bis heute – seine tatsächliche Kulturleistung hingegen kaum.

Gottscheds »Critische Dichtkunst« mit »allgemeinen Regeln der Poesie«.

»Goldener Bär« am Alten Neumarkt.

Das 18. Jahrhundert entwickelte sich zum Jahrhundert des deutschen Theaters – und Deutschland zu einer selbstbewussten Kulturnation. Auch auf Gottscheds Wirken bauen die Genieleistungen von Lessing, Klopstock, Goethe oder Schiller auf. Die jungen Dichter konnten allerdings mit Gottscheds Regelwerk und Anmaßungen nichts mehr anfangen – und er nichts mit ihnen. Er ging bald mit allen Mitteln gegen Selbstdenker vor, auch mit Zensur und Beziehungen. Die hatte er aufgebaut seit seinem Eintreffen in Leipzig 1724. Der einflussreiche Johann Burkhard Mencke, bei dem er zwei Jahre wohnte, vermittelte ihm den Zugang zur »Deutschübenden Gesellschaft« und die Bekanntschaft mit dem Hofdichter Johann Ulrich König. Gottsched erhielt 1725 eine Kollegiatur am »Frauenkolleg«, 1730 eine außerordentliche Poetikprofessur, vier Jahre später die ordentliche Professur für Logik und Metaphysik. Graf Ernst Christoph von Manteuffel, der auf Gut Lauer bei Leipzig lebte und zu den »Alethophilen« gehörte, den Wolffianern, erwies sich als wichtiger Förderer. Gottsched hatte es geschafft und wohnte nun drei Jahrzehnte beim Verleger Johann Gottlob Immanuel Breitkopf im »Goldenen Bären«.

Am 12. Dezember 1766 starb Johann Christoph Gottsched und wurde in der Universitätskirche begraben. Die Gebeine von ihm und seiner Frau waren vermutlich unter den Skeletten, die 2007 bei Fundamentarbeiten

Eine Kupferplatte in der Universitätsstraße erinnert an Gottscheds Wohnstätte.

für den Uni-Neubau am Augustusplatz ans Licht kamen – und gleich wieder unter einer dicken Betondecke verschwanden.

Im »Georgenhaus« am östlichen Brühl war das »Frauenkolleg« untergebracht.

36 | Leipziger Köpfe

Erste Suite, zweite Heimat und drei gute Freunde

Die Peer-Gynt-Suite wurde oft adaptiert – auch von der finnischen Cello-Rockband Apocalyptica.

Eine Tafel erinnert am ehemaligen Musikverlagshaus Peters an den norwegischen Komponisten.

Edvard Grieg (1843 – 1907)

In einer Dachwohnung des Musikverlages C. F. Peters brachte Edvard Grieg 1888 die erste Peer-Gynt-Suite zu Papier. Noch im selben Jahr erlebte das bis heute populärste Werk des norwegischen Nationalkomponisten im Gewandhaus seine Uraufführung. Leipzig war für Grieg zur zweiten Heimat geworden. Besonders das reiche Musikleben der Stadt zog ihn an – und ließ ihn sein Leben lang nicht mehr los.

1858 war das Talent nach Leipzig gekommen. Der 15-Jährige studierte Klavier und Komposition am Konservatorium, das Felix Mendelssohn Bartholdy wenige Jahre zuvor gegründet hatte. Hier bestand die Möglichkeit, sich von ausgezeichneten Lehrern wie Ignaz Moscheles, Louis Plaídy, Ernst Ferdinand Wenzel oder Carl Reinecke ausbilden zu lassen. Letzterer stieg bald zum Gewandhauskapellmeister auf. Grieg bot noch als Student seine frühen Kompositionen dem Musikverleger Max Abraham an. Der Leiter des Peters-Verlages erkannte die ungewöhnliche Begabung und druckte die Musikstücke des jungen Mannes. Auch in späteren Jahren nutzte Grieg bei seinen Konzertreisen durch Europa jede Möglichkeit, in Leipzig längere Aufenthalte einzulegen. Manchmal dauerten sie ein halbes Jahr. So lernte Grieg auch Johannes Brahms und Peter Tschaikowski kennen.

Weilte der Norweger in der Messestadt, konnte er sich der Gastfreundschaft seines Verlegers sicher sein. Bei Max Abraham stand immer eine Wohnung für Edvard Grieg und seine Frau Nina Hagerup bereit. Grieg musste sich um nichts kümmern. Sein Herausgeber besorgte Karten für Opernaufführungen und Konzerte, oder er organisierte Zusammenkünfte mit Komponisten und Interpreten. Er lud Grieg zur ersten Gesamtaufführung von Richard Wagners »Ring« nach Bayreuth ein und übernahm das Management seiner Konzertauftritte in den europäischen Musikmetropolen. Zwischen Max Abraham, dessen Nachfolger Henri Hinrichsen und Edvard Grieg entwickelte sich eine feste, lebenslange Freundschaft. Und so war es auch nicht verwunderlich, dass der norwegische Nationalkomponist 1889 einen Vertrag schloss, der dem Leipziger Musikverlag C. F. Peters das alleinige Recht der Publikation seiner Werke zusicherte.

Die Gedenk- und Begegnungsstätte in der Talstraße mit Griegs Dachgeschosswohnung und seinem Klavier.

Schau-Plätze

Originale Schönheit

Das eindrucksvolle Gebäude des Musikverlages Peters ist in der Talstraße 10 zu finden. Max Abraham ließ es vom Architekten Otto Brückwald, dem Baumeister des Bayreuther Festspielhauses, errichten. 2005 öffnete hier die Edvard-Grieg-Gedenk- und Begegnungsstätte mit Ausstellung und Musiksalon. Auch der Grieg-Verein und die Deutsch-Norwegische Gesellschaft treffen sich in den aufwändig sanierten Räumlichkeiten. Die Holztäfelung ist noch in originaler Schönheit erhalten, die Tapete stammt stilecht aus England.

ERICH HAGEN

»Phantom« bringt Belgier zum Verzweifeln

Erich Hagen (1936 – 1978)

Sportclub und Stadion

Die 1954 gegründete Sektion Radsport des SC DHfK Leipzig existiert nach wie vor. Sie gilt als Talentestützpunkt, hat ihre Geschäftsstelle am Sportforum und verfügt jetzt auch über eine Profimannschaft: das Team Wiesenhof. Das Zentralstadion, wo Erich Hagen seinen ersten Friedensfahrt-Etappensieg holte, hat sich vor der Weltmeisterschaft 2006 zu einer modernen Fußball-Arena verwandelt. Auch im Bruno-Plache-Stadion in Probstheida, in dem Täve Schur 1955 seine erste Etappe gewann, rollt vor allem das runde Leder.

Leipzig, 14. Mai 1960, Nachmittag: Wie gebannt starren Zehntausende Zuschauer zur Einfahrt des Zentralstadions. Die elfte Etappe der XIII. Internationalen Friedensfahrt führt von Dresden nach Leipzig – und alle hoffen, dass ein Radsportler vom heimischen SC DHfK gewinnt. Jubel brandet auf. Erich Hagen spurtet dem Zielstrich entgegen – und holt nach 5 Stunden, 13 Minuten und 20 Sekunden seinen ersten Etappensieg bei der »Tour de France des Ostens«.

1958 durfte der Schkeuditzer erstmals beim größten Amateur-Radrennen der Welt in die Pedale treten. Bereits zwei Jahre zuvor hatte er überraschend die DDR-Meisterschaft gewonnen und bei Olympia in Melbourne mit seinem 22. Platz ein Achtungszeichen gesetzt. Den größten Erfolg aber feiert Hagen 1960 – bei jener Friedensfahrt, deren dramatische Schlussetappe nach Berlin in die Annalen eingeht.

Der Krimi beginnt am Kilometer 18. Egon Adler, der Führende in der Gesamtwertung, stürzt. Der Materialwagen eilt zu Hilfe, reicht dem Gaschwitzer ein Ersatzrad, doch das blockiert und Adler stürzt erneut. Der Abstand zum Hauptfeld wächst, der vergebliche Kampf um den Anschluss beginnt. »Da fuhren Egon Adler im gelben Trikot, wenige Stunden vorher noch den größten Erfolg vor Augen, Gustav Adolf Schur, der großartige und selbstlose Kapitän, und der vierfache Etappensieger Manfred Weißleder«, berichtet die LVZ am Tag darauf. »Die Belgier wußten, daß ihre Chance gekommen war.« Nur Erich Hagen kann ihnen den Sieg noch nehmen. Willy Vandenberghen, am Ende Dritter, erinnert sich: »Mir rann der Schweiß in Strömen vom Körper. Ich fuhr Attacke auf Attacke. Aber Hagen ließ sich nicht abschütteln. Dieses zu Fleisch und Blut gewordene Phantom kannte genau die Einfahrt zum Zielstadion. Er stürmte rechtzeitig los und gewann.« Das Gesamtergebnis: Einzelsieg für Erich Hagen, Mannschaftssieg für die DDR. Bei den Olympischen Spielen im Sommer in Rom folgt die Silbermedaille im Mannschaftszeitfahren, zuvor

Erich Hagen (3. v. l.) mit der Nationalmannschaft bei seiner ersten Friedensfahrt 1958.

Der »fahrende Übertragungswagen« mit einem tollkühnen Kameramann.

Die glorreichen Sechs von 1960: Bernhard Eckstein, Lothar Höhne, Egon Adler, Günter Lörke, Erich Hagen, Täve Schur.

gewinnt Bernhard Eckstein vor Täve Schur die Weltmeisterschaft auf dem Sachsenring – Erich Hagen wird Fünfzigster. Im Jahr darauf gelingt ihm bei der Friedensfahrt noch einmal der Etappensieg in Berlin und der neunte Platz in der Gesamtwertung.

Auf den Lorbeeren ausruhen kann er sich nicht. Nach Ende der Radsport-Karriere verdient Erich Hagen seinen Lebensunterhalt als Taxifahrer. Im Mai 1978, genau 18 Jahre nach seinem größten Triumph, stirbt er bei einem Unfall an einer Leipziger Autobahnbrücke. Der Mythos von 1960 aber lebt weiter.

CHRISTIAN FRIEDRICH SAMUEL HAHNEMANN

Heilkraft der Natur: Ähnliches hilft Ähnlichem

Sie haben ihn nicht geliebt, den Arzt Samuel Hahnemann, versuchten ihn mit Verleumdungen, Prozessen, Intrigen loszuwerden. Er untergrub mit seiner ketzerischen Medizin die Autorität der zünftlerischen Apotheker, der Ärzte, der Medizin-Professoren. Immer wieder musste Hahnemann umziehen. In gut 18 deutschen Städten, Städtchen und Dörfern hat er gewohnt. Leipzig aber war ihm wichtig. Hier hatte er eine Kaufmannslehre begonnen und ab 1775 die ersten vier Semester Medizin studiert. Im September 1789 zog er wieder in die Stadt, mit Familie und zunächst in ein Haus am Markt.

Das Leben in Leipzig war teuer, die Praxis brachte nichts, »weil sie mir mehr Aufwand gekostet, als Einnahmen gebracht und gewöhnlich mich mit Undank belohnt hat«. Also ging es weiter nach Stötteritz in ein winziges Bauernhaus. Hier forschte Hahnemann in einer abgetrennten Zimmerecke, schrieb,

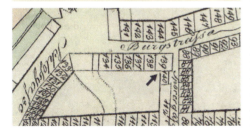

Hahnemanns Wohnort im Adressbuch und auf einem historischen Stadtplan.

Homöopathische Arznei im Apothekenmuseum.

übersetzte in Lohnarbeit: Für den Lebensunterhalt brachte das nur wenig. Bis ihn 1792 Herzog Ernst von Coburg-Gotha aus der Armut ins Schloss Georgenthal holte, als Leiter einer »Heilanstalt für wahnsinnige Standespersonen«. Hahnemann hatte allerdings nur einen Patienten. 1811 kehrte er zurück nach Leipzig, zunächst an den Brühl 452. Sein »Apotheker-Lexikon« war inzwischen erschienen und das »Organon der rationellen Heilkunde«. In der Burgstraße 139, dem Eckhaus Sporergäßchen und ehemaligem Pflugkschen Freihaus, fand er Wohnung und Praxisräume und arbeitete als praktischer Arzt und Privatdozent an der Universität. Die Praxis lief gut, die Apotheker wurden immer trauriger, und die Kollegen Professoren zu Feinden. Deren einseitige mittelalterliche Behandlungsmethoden – Blutegel, Schröpfköpfe, Aderlässe, Klistiere gegen »zu dickes Blut« – kritisierte Hahnemann zuweilen rabiat und setzt seine Erkenntnisse dagegen: hygienische Vorkehrungen, Kräuterumschläge, Bäder. Und den bei Experimenten mit China-Rinde gefundenen Grundgedanken der Homöopathie: Ähnliches mit Ähnlichem heilen. »Fast all unsere Kenntnisse von den Heilkräften der Natur verdanken wir dem unverschnörkelten Wissen des gemeinen Mannes«, sagt Hahnemann. Als aber der österreichische Fürst Karl von Schwarzenberg trotz seiner Behandlung am 15. Oktober 1820 im »Thomäischen Haus« (Königshaus) am Markt stirbt, gilt Hahnemann als der Schuldige. Dabei war dem Fürsten mit seiner problematischen Lebensweise nicht mehr zu helfen gewesen. 1821 zog Hahnemann, der Begründer der Homöopathie, mit elf Pferdewagen weiter nach Köthen.

Denkmal am Richard-Wagner-Platz.

Eckhaus Burgstraße/ Sporergäßchen.

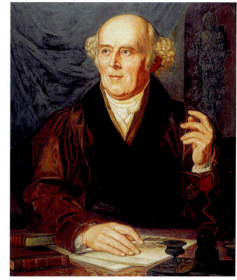

Samuel Hahnemann (1755–1843)

Schau-Plätze

Thüringer Hof und Denkmal

Hahnemanns Domizil in der Burgstraße befand sich in der Sporergäßchen-Ecke des heutigen Lokals »Thüringer Hof«. Die Wohnung am Brühl lag dem heutigen Bildermuseum gegenüber, das Stötteritzer Bauernhaus ist unbekannt. Das Apothekenmuseum am Thomaskirchhof erinnert an den Begründer der Homöopathie. Ebenso das Hahnemann-Denkmal am Richard-Wagner-Platz, 1851 eingeweiht und gestiftet vom »Homöopathischen Zentralverein Deutschlands« – mit einem Originaldokument im Sockel: eine Verteidigungsschrift Hahnemanns gegen die Leipziger Apotheker.

Jürgen Hart

Pfiffig, kauzig, kantig: Urgestein mit Ausrutscher

Auftritt mit Gunter Böhnke 1975.

Jürgen Hart (1942–2002)

Die Langspielplatte »Hart auf hart« mit dem Superhit »Sing, mei Sachse, sing«.

Eine harmlos scheinende Schwellung am Bein erwies sich als bösartige Krankheit – nach einem halben Jahr hatte sie den 59-Jährigen besiegt: Als Jürgen Hart am Mittag des 9. April 2002 starb, war die Kabarett-Szene geschockt. Der langjährige LVZ-Kulturredakteur Bernd Locker, der Leipzigs Kleinkunstbühnen wie seine Westentasche kennt, musste rasch die richtigen Worte finden. Sein Text in der Zeitung berührte am Tag darauf die Leser:

»Millionen ostdeutscher Kabarettzuschauer und Hunderte seiner Kollegen schätzen Jürgen Hart als außergewöhnlichen, hervorragenden Kabarettisten. Zu einer schillernden Szenepersönlichkeit, einer ›Legende‹ wurde er trotzdem nie. Das entsprach nicht seinem Wesen, das hätte er sich auch verbeten. Höchstens ›Kabarett-Urgestein‹ ließ er gerade noch gelten.

So gewitzt, so schlitzohrig, so treffend er seine Figuren auf die Bühne stellte, so bedächtig, überlegt und zurückhaltend war der gebürtige Vogtländer, ein erklärter Naturfreund, im Privaten. Nach den Vorstellungen im academixer-Keller rissen meist andere die Witze am Künstler-Stammtisch. Hart hörte leise lächelnd und vor sich hin brummelnd zu. Um dann irgendwann mit einer wie unabsichtlich eingeworfenen Pointe für den Riesenlacher des Abends zu sorgen.

Im Beruf war der Mitbegründer und langjährige Direktor der academixer eine der wenigen großen Ausnahmen der Szene – als Texter, Darsteller, Komponist und Regisseur in einer Person. Auch deshalb wohl stieg das 1966 gegründete Studentenkabarett rasch zu einem der führenden Profikabaretts der DDR auf, ebenso hoch angesehen in Leipzig und permanent ausverkauft wie die Pfeffermühle.

In seiner rund 35-jährigen Laufbahn hat Hart mehr als 40 Programme und 300 Lieder geschrieben. Dazu mehrere satirische Bücher und Theaterstücke. Und natürlich die Sachsenhymne ›Sing, mei Sachse, sing‹. Über die er immer ein wenig verlegen grinste. Er habe nie gedacht, dass sich der witzige ›Ausrutscher‹ mehr als eine Million Mal als Schallplatte verkaufen würde. Ihn interessierten andere Projekte mehr. So gestaltete er 1983/84 nach einer Überlieferung des dänischen Stückeschreibers Ludvig Holberg die Geschichte des Trojanischen Krieges in ›Einmal Troja und zurück‹ und bearbeitete 1987 Majakowskis ›Schwitzbad‹ zum Kabarettprojekt ›Geisterfahrer‹ – maßstabsetzende Inszenierungen, mit denen er das Genre des satirischen Theaters vor der Vergessenheit bewahrte.

Eigentlich hat Jürgen Hart in den 1960er-Jahren in Leipzig Lehrer studiert. Vielleicht wäre er ein guter Pädagoge geworden: pfiffig, aber auch kauzig und kantig. Und wahrscheinlich hätten die Schüler ihn so akzeptiert. Aber dafür saß ihm zu sehr der Schalk im Nacken und ein fröhlicher Widerspruchsgeist im Herzen. Also wurde er Kabarettist – pfiffig, kauzig, kantig. So wie ihn ein Millionenpublikum in Erinnerung behalten wird.«

Schau-Plätze

Kabarett und Matinee

Der academixer-Keller samt uriger Kneipe befindet sich in der Kupfergasse 2 unweit der Universität. Jürgen Harts Ehefrau Katrin, seit 1969 Mitglied im academixer-Ensemble, begeistert dort nach wie vor das Publikum. Gemeinsam mit ihren Kollegen brachte sie im Herbst 2007 das Best-of-Programm »Hart bleibt Hart!« auf die Bühne. Zudem heißt die Abschlussveranstaltung der alljährlichen internationalen Lachmesse in Erinnerung an das Kabarett-Urgestein seit 2002 Jürgen-Hart-Satire-Matinee.

Privat und auf der Bühne ein Paar: Katrin und Jürgen Hart 2000 in »Lachende erben«.

Die academixer beim 30-jährigen Bühnenjubiläum mit ihrer Revolutionsnummer von 1984.

ERNST CARL ERDMANN HEINE

Talent, Mut und ein gigantisches Lebenswerk

Der nach seinem Erbauer benannte Kanal. Links: Heines Villa in der Könneritzstraße.

In Hochwasserzeiten waren die Dörfer westlich von Leipzig bis ins 19. Jahrhundert meist abgeschnitten von der Stadt. Elster und Pleiße suchten sich ständig neue Wege: Flusswiesen und Auwaldbereiche waren sumpfig und unpassierbar. Das hatte wirtschaftliche Folgen – und gesundheitliche: Mücken verbreiteten Malaria. Die meisten Einwohner nahmen das als scheinbar gottgegebenes Ereignis hin. Bis auf einen: »Wenn keiner was dagegen tut, dann tu ich es«, dachte sich Carl Heine und entwickelte 1841 einen Plan zur Trockenlegung und Bebauung der westlichen Vorstadt bis zum Dorf Plagwitz. Da hatte er gerade zwei Studienjahre Jura und Volkswirtschaft hinter sich und soeben Reichels Garten (vormals Apels Garten) geerbt.

Kaufmännisches Talent und Mut zum Risiko lagen Heine in den Genen, Geld und bedeutender Grundbesitz noch dazu in der Wiege. Seine Mutter war die Kaufmannstochter Christiane Dorothea Reichel, sein Vater Johann Carl Friedrich Heine handelte mit englischen Manufakturwaren am Brühl 356, gegenüber von Richard Wagners Geburtshaus. Fünf Jahre nach der Geburt des Sohnes kaufte der inzwischen vermögende Vater das Gut Gundorf-Neuscherbitz. Carl Heine ist also durchaus nicht – wie oft behauptet – als Rittergutsbesitzersohn auf die Welt gekommen. Und auch nicht mit »K« im Vornamen – diese Schreibweise verursachte erst später eine Rechtschreibreform. Um Verwirrung zu vermeiden, steht am Carl-Heine-Denkmal in der Karl-Heine-Straße auch nur schlicht: Dr. Heine.

1843, nach dem Studium, lässt sich Carl Heine als Rechtsanwalt nieder, in Reichels Garten. Er baut Firmen auf und entwickelt seinen großen Plan weiter. Der Freimaurerloge »Apollo« tritt er 1854 bei, zwei Jahre später wird er Stadtverordneter und beginnt mit dem Kanalbau an der Abzweigung Nonnenstraße. Der Aushub, vor allem Grauwacke, dient zur Aufschüttung des feuchten Untergrunds zum Beispiel im Waldstraßenviertel. Die trockengelegten und aufgekauften Grundstücke bis Plagwitz veräußert er an Unternehmer als Bauland. Heine lässt Straßen anlegen, Dämme und Eisenbahnanschlüsse. Die neue Infrastruktur inklusive Kanal ermöglicht preiswerte Transporte. Carl Heine wird Reichstagsabgeordneter und baut sich 1874 die prächtige Villa an der Könneritzstraße »auf der Halbinsel in Neu-Schleußig«. Mit 62 Jahren gründet er noch den Elster-Saale-Kanal-Verein und leitet die ersten Bauabschnitte. Am 25. August 1888 stirbt Carl Heine – und hinterlässt ein gigantisches Lebenswerk: eine innovative Firmenlandschaft, die Sachsen zu einem der bedeutendsten Industriestandorte Deutschlands machte.

Carl Heine (1819 – 1888)

Matrikel-Eintrag der Freimaurerloge »Apollo«.

Denkmal am Clara-Zetkin-Park.

Schau-Plätze

Villa und Landschaften

Carl Heines Villa an der Grenze zwischen Plagwitz und Schleußig ist komplett restauriert in der Könneritzstraße 1 zu finden. Nicht weit entfernt, am Rand des Clara-Zetkin-Parkes, steht das Heine-Denkmal. Der Reichelsche Garten lässt sich zumindest noch an der Straßenführung und den Kopien barocker Skulpturen im Kolonnadenviertel erahnen. Geblieben sind die Kanal- und Industrielandschaften des Leipziger Westens, neu belebt durch Kunst, Kreativität und junge Bewohner.

Leipziger Köpfe | 41

Pikante Blätter, beißende Satire und warten auf Wunder

Thomas Theodor Heine (1867–1948)

Bebel unterm Dach

Nicht weit von Heines großem Spielplatz der Kindheit, dem Rosental, steht noch sein Geburtshaus in der Gustav-Adolf-Straße 14. An diesem befindet sich eine Tafel – allerdings für Arbeiterführer August Bebel, der 1866 bis 1868 im Dachgeschoss wohnte, also genau zu jener Zeit, als der kleine Thomas Theodor zur Welt kam. Die Gummiwarenfabrik von Heines Vater in der Reichsstraße 38 existiert nicht mehr. Und dort, wo der umtriebige Leopold Ritter von Sacher-Masoch wohnte, in der heutigen Arndtstraße 26, stehen Neubauten.

Seine Vaterstadt Leipzig ist dem Maler und Karikaturisten Thomas Theodor Heine nicht eben freundlich in Erinnerung geblieben. Als Sohn eines mittleren Fabrikanten musste er die Thomasschule besuchen. Dort lernten vor allem Großbürgersöhne, nach neuester englischer Mode gekleidet, aber das nicht sehr vorteilhaft. Thomas Theodor musste es wissen: Seine Mutter war Engländerin, auch er kannte das Land.

Heine zeichnete treffende Karikaturen auf die Gecken, der Schriftsteller Leopold Ritter von Sacher-Masoch aus der Arndtstraße 40 druckte sie anonym in seiner »illustrirten humoristisch-satyrischen Wochenschrift«, den »Leipziger Pikanten Blättern« – und der Skandal nahm seinen Lauf, zumal die Eltern der Bloßgestellten ihre Söhne wiedererkannten. Sacher-Masoch verpfiff Heine, der daraufhin von der Schule flog. Natürlich war noch mehr vorgefallen: Miserable Zensuren, auch im Turnen und im Zeichenunterricht, und das Kapitalverbrechen öffentliches Rauchen in der Grimmaischen Straße. Vater Heine in der Gustav-Adolf-Straße war das alles furchtbar peinlich. Er schickte den missratenen Sohn umgehend weit weg – an die Düsseldorfer Kunstakademie.

Fünf Jahre später zog der begabte junge Künstler nach München und landete 1892 als Mitarbeiter beim berühmt-berüchtigten Satireblatt »Simplicissimus«. Nicht lange, und er versuchte sich an einer Karikatur auf Wilhelm II., deutscher Kaiser »von Gottes Gnaden«. Eine Anklage wegen Hochverrats folgte. Die bayerische Polizei nahm das naturgemäß nicht so tragisch. Wohl aber der eigens entsandte, pingelige preußische Kriminalkommissar, der Belege der Autorschaft Heines fand. Es folgten sofortige Untersuchungshaft in Leipzig als Druckort des Blattes und ein Hochverratsprozess, auch gegen den Texter Frank Wedekind.

Vater Heine, dem Kaiserfreund, war die Sache wieder über alle Maßen unangenehm. Er weigerte sich, die Kaution für seinen Sohn zu stellen. Als die Münchner Künstler eine Petition verabschiedeten und die Leipziger sich anschlossen, zahlte er schließlich doch.

Karikatur der Thomasschüler.

Geburtshaus in der Gustav-Adolf-Straße 14.

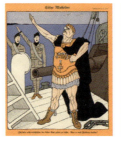

Karikaturen auf »Cäsar Mussolini« und die Beerdigung des deutschen Schulgesetzes.

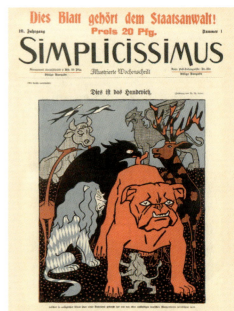

Heines berühmter roter Hund auf dem Titelblatt.

Der bekannte Maler Max Klinger ließ sich demonstrativ zusammen mit dem Delinquenten in allen einschlägigen Cafés und Kneipen sehen, vor allem im »Café Merkur« gegenüber der Thomaskirche.

Das Gericht verurteilte Thomas Theodor Heine dennoch, aber »milder«: ein halbes Jahr Festungshaft auf dem sächsischen Königstein. Keine guten Voraussetzungen, um seine Heimatstadt zu lieben. Nach einer langen Flucht vor den Nationalsozialisten starb Heine schließlich 1948 im Exil in Stockholm. »Ich warte auf Wunder«, heißt sein autobiografischer Roman.

Mehr als tanzende Hände: Gehörlose lernen sprechen

Die Samuel-Heinicke-Schule am Friedenspark von außen und innen.

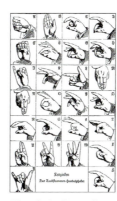

Historische Darstellung des Handalphabets.

Samuel Heinicke (1727 – 1790)

Der 24-jährige Samuel Heinicke weigerte sich, eine reiche Bauerntochter zu heiraten. Lieber verzichtete er auf den elterlichen Hof bei Weißenfels und verdingte sich als Soldat der kurfürstlichen Leibgarde in Dresden. Während seine Kameraden ihre Freizeit bei Wein, Karten- und Würfelspielen verbrachten, büffelte der Autodidakt Fremdsprachen, befasste sich mit verschiedenen Wissenschaften und der Musik. Sein spärliches Dienstsalär besserte er nebenbei als Musiker und Lehrer für Schreiben auf.

Der frisch verheiratete Heinicke war mit seinem Leben gerade recht zufrieden, da platzte mitten in das junge Familienglück der Siebenjährige Krieg: Preußens Friedrich II. besetzte Sachsen. Die einfachen Soldaten sollten nach der sächsischen Niederlage bei Pirna in die preußische Armee eingegliedert werden. Doch Heinicke, der das Soldatendasein satthatte, verkleidete sich als Musikant, verklebte ein Auge mit einem Pflaster, nahm sich eine Fidel und floh nach Jena. Dort studierte er Philosophie, Mathematik und Naturlehre. Seinen Lebensunterhalt verdiente er sich nachts – indem er zum Tanz aufspielte. Aus Angst, als ehemaliger preußischer Soldat erkannt und als Deserteur bestraft zu werden, zog er mit seiner Familie weiter nach Hamburg. An der Johanniskirche in Eppendorf fand er eine Beschäftigung als Schulmeister und Kantor. In der Dorfschule unterrichtete Heinicke bald auch den tauben jüngeren Bruder des dortigen Müllers – mit Erfolg: Er brachte dem Kind die Sprache in ihrer schriftlichen Form bei. Was sich schnell herumsprach. Immer mehr taube Schüler klopften an Heinickes Tür. Öffentliche Anerkennung erlangte er durch die Sprach-Lern-Erfolge der tauben Baronesse Dorothea von Vietinghoff, der Tochter eines der reichsten Männer Russlands.

Heinicke wollte zurück nach Sachsen.

Samuel Heinicke auf einer Briefmarke von 1978 zum 200-jährigen Bestehen seiner Gehörlosenschule.

In einer Bittschrift wandte er sich an den Kurfürsten. Der gestattete ihm, mit seinem Institut nach Leipzig überzusiedeln. 1778 zog Samuel Heinicke samt Familie und neun Schülern um. Mit dem »Chursächsischen Institut für Stumme und andere mit Sprachgebrechen behaftete Personen« gründete er hier die erste Gehörlosenschule der Welt. Von Leipzig aus revolutionierte Samuel Heinicke die Sprechausbildung, damit sich Taube und Sprachbehinderte mit Menschen verständigen können, welche die Gebärdensprache der tanzenden Hände nicht verstehen. Bis heute lernen die Schüler nach seiner Methode: Sie sehen und unterscheiden Sprechbewegungen und ahmen diese anschließend stimmlich nach.

Tafel an der Grabstätte auf dem Südfriedhof.

Schule am Friedenspark

Seit 1915 befindet sich das Schulgebäude in der Karl-Siegismund-Straße 2 am östlichen Rand des Friedensparks. Heute lernen an der Sächsischen Landesschule für Hörgeschädigte Leipzig, Förderzentrum Samuel Heinicke, mehr als 150 Schülerinnen und Schüler. Neben der Grund- und Mittelschule mit Ganztags- und Heimbetreuung befindet sich im Gebäudekomplex auch eine sonderpädagogische Kindertagesstätte. Samuel Heinickes Grabtafel ist an einer Wand in Abteilung I des Südfriedhofes in Probstheida zu finden.

Werner Karl Heisenberg

Nobelpreis und Nazis: Kernphysik in schwieriger Zeit

Werner Heisenberg (1901 – 1976)

Schau-Plätze

Fakultät und Gästehaus

Werner Heisenberg wohnte mit seiner Familie in Stötteritz im Bozener Weg, jetzt Lichtenbergweg. In unmittelbarer Nachbarschaft zum heutigen Institut für Theoretische Physik eröffnete die Universität 1998 Vor dem Hospitaltore am Friedenspark das Internationale Begegnungszentrum »Werner-Heisenberg-Haus« mit 24 Gästewohnungen für Wissenschaftler aus aller Welt. Ein Gymnasium in Möckern trägt ebenfalls seinen Namen. Zum 90. Geburtstag Heisenbergs enthüllte seine Frau Elisabeth ein Relief im Foyer der Fakultät für Physik und Geowissenschaften in der Linnéstraße 5.

Mit ihm beginnen die goldenen Jahre der Leipziger Physik: 1927 beruft die Universität Werner Heisenberg als Direktor an das Theoretisch-Physikalische Institut. Hier erkennt er »die einzigartige Möglichkeit, eine Schule der Atomphysik zu begründen«. Der mit 25 Jahren jüngste deutsche Professor zieht mit seinen Forschungen viele Studenten und Wissenschaftler an. Die Seminare »Heisenberg mit Hund« – gemeinsam mit seinem Kollegen Friedrich Hund – erlangen Kultstatus. Ebenso seine Vorlesungen in Turnschuhen. Im Keller des Institutes hat Heisenberg einen Tischtennis-Raum eingerichtet, wo er Studenten und Kollegen zum Wettkampf herausfordert.

Noch 1927 erscheint die »Heisenbergsche Unschärferelation«, wonach es unmöglich ist, Ort und Impuls eines Teilchens für den gleichen Zeitpunkt mit absoluter Genauigkeit zu bestimmen – eine der größten Entdeckungen der Quantentheorie. 1933 erhält der

Werner und Elisabeth Heisenberg 1937.

Schaukästen in der heutigen Fakultät.

Beim Tischtennis im Institutskeller.

32-Jährige den Nobelpreis für Physik. Doch mit der Machtergreifung der Nationalsozialisten verlieren die goldenen Leipziger Jahre ihren Glanz. Jüdische Gelehrte müssen emigrieren, Heisenberg protestiert und weigert sich, eine Ergebenheitsadresse an Hitler zu unterschreiben. Er wird von den Nazis als »weißer Jude« beschimpft, der als »Statthalter Einsteins in Deutschland« die arische Wissenschaftstradition beschmutze. Der Professor erwägt, von seiner Stellung an der Universität zurückzutreten »und möglichst viele Kollegen zu dem gleichen Schritt zu veranlassen«. Doch Heisenberg will nicht weg aus Leipzig. Er liebt die Arbeit am Institut, fühlt sich verantwortlich für seine Studenten und Mitarbeiter. Außerdem lernt er bei einem Kammermusikabend die Buchhändlerin Elisabeth Schumacher kennen. Die beiden treffen sich öfter zum Musizieren: Sie singt, er spielt dazu Klavier. Schließlich heiratet das Paar und schenkt sieben Kindern das Leben.

Nach Kriegsausbruch 1939 erhält Werner Heisenberg den Einberufungsbefehl. An die

Im Kreis der Jungphysiker von 1930.

Front muss er nicht: Das Heereswaffenamt interessiert sich für seine »Uranmaschine«. In Berlin soll er mit anderen Wissenschaftlern eine deutsche Atombombe bauen. Heisenberg stellt das Projekt als extrem kostspielig und in Kürze nicht realisierbar dar. »Ich glaube, es ist uns nicht gelungen, weil alle Physiker aus Prinzip gar nicht wollten. Wenn wir alle gewollt hätten, dass Deutschland den Krieg gewinnt, hätte es uns sicherlich gelingen können«, erinnert sich später Carl Friedrich von Weizsäcker. 1942 wechselt Heisenberg als Ordinarius nach Berlin, Frau und Kinder bleiben vorerst in Leipzig. Im April 1943 evakuiert er sie aus der von Luftangriffen bedrohten Stadt in sein Haus am Walchensee.

Relief im Foyer in der Linnéstraße 5.

Späte Jahre in Leipzig – neues Ansehen für Institut

Hertz und Heisenberg bei der Leipziger Tagung 1958.

Institutsausflug nach Höfgen und Grimma.

Gustav Hertz (1887–1975)

Er war der einzige Nobelpreisträger in der DDR, lehrte und forschte an Leipzigs Universität: Doch als Gustav Hertz 1954 die Leitung des Physikalischen Instituts übernahm, war er bereits 67 Jahre alt. Und die höchste wissenschaftliche Ehrung hatte er mit seinem Kollegen James Franck für die experimentelle Bestätigung des Atommodells schon 1925 erhalten. Dennoch erlebte Hertz in Leipzig noch sieben erfolgreiche Jahre. Dem Physikalischen Institut, das unter den Nobelpreisträgern Werner Heisenberg und Peter Debye vor dem Zweiten Weltkrieg eine glanzvolle Zeit erlebt hatte, verhalf er durch sein Renommee zu neuem Ansehen. Nur so war es beispielsweise möglich, dass im Frühjahr 1958 zu einer Tagung der Physikalischen Gesellschaft der DDR berühmte Wissenschaftler aus aller Welt nach Leipzig kamen – darunter auch der frühere Institutsdirektor Heisenberg. Die Amerikaner hatten ihn und sein Know-how nach Kriegsende als »wissenschaftliche Beute« betrachtet, die Sowjets ihrerseits Hertz. Von einer Spezialeinheit der Roten Armee nach Suchumi ans Schwarze Meer gebracht, sollte er die Erzeugung waffentauglichen Urans ermöglichen. Das atomare Wettrüsten der Großmächte begann …

1954 durfte der gebürtige Hamburger zurückkehren – in den Osten Deutschlands. Bis 1935 hatte er bereits als Professor an den Universitäten in Halle und Berlin gewirkt, dann entzogen ihm die Nationalsozialisten wegen der jüdischen Abstammung seines Großvaters die Lehrerlaubnis. Gustav Hertz wechselte ins Forschungslabor von Siemens und befasste sich mit Trennanlagen für leichte Isotope – später eine zentrale Technologie bei der Herstellung von Kernsprengstoff. In der DDR leitete er den »Wissenschaftlichen Rat für die friedliche Anwendung der Atomenergie beim Ministerrat«, gehörte der Akademie der Wissenschaften und dem Forschungsrat der DDR an, erhielt den Nationalpreis und andere hohe Auszeichnungen. In Leipzig etablierte er die Halbleiter- und nukleare Festkörperforschung als wesentliche neue Gebiete der Experimentalphysik. Außerdem verfasste er hier sein dreibändiges Lehrbuch der Kernphysik. Seinen Studenten, die regelmäßig zusammen musizierten, schenkte Gustav Hertz einen Flügel – und gab damit den Anstoß für die Gründung einer Kammermusikgruppe am Institut.

Nach seiner Emeritierung 1961 kehrte Hertz nach Berlin zurück, hielt aber bis kurz vor seinem Tod noch Gastvorträge in Leipzig. Seine letzte Ruhestätte fand er 1975 im Hamburger Familiengrab – neben seinem Onkel Heinrich, durch den der Name Hertz als Maßeinheit allgegenwärtig bleibt: Ein Hertz entspricht einer Schwingung pro Sekunde.

Büste im Foyer des Fakultätsgebäudes.

Mit Sohn Johannes und Enkeln 1968 beim Besuch des Deutschen Museums in München.

Bau, Büste, Preis

Das Physikalische Institut befindet sich seit 1905 in der Linnéstraße 5. Im Zweiten Weltkrieg schwer zerstört, begann 1952 der schrittweise Neubau des Instituts. Vier Jahre später konnte ihn Gustav Hertz eröffnen. Eine Büste im Foyer der heutigen Fakultät für Physik und Geowissenschaften erinnert an den einstigen Direktor. Die Deutsche Physikalische Gesellschaft verleiht jährlich an herausragende Nachwuchswissenschaftler den Gustav-Hertz-Preis. Auch ein Gymnasium in Paunsdorf und eine Straße in Heiterblick tragen seinen Namen.

JOHANN ADAM HILLER

Hi statt Hü – der erste Kapellmeister im Gewandhaus

Johann Adam Hiller (1728 – 1804)

Schau-Plätze

Kirche und Kaufhaus

Das von Veit Hanns Schnorr von Carolsfeld entworfene und 1832 errichtete Denkmal für Hiller befand sich hinter der alten Thomasschule. Der Rest davon, ein Relief, hat seinen Platz an der Nordwestseite der Thomaskirche gefunden. Im »Goldenen Hirsch«, an dessen Stelle sich heute Stentzlers Hof befindet, wohnte Joahnn Adam Hiller mit Familie ab 1771. Das Thomäische Haus (Apels Haus) am Markt, jetzt Königshaus genannt, verfügte in den Hintergebäuden über einen Saal, den Hiller mit seiner Musikübenden Gesellschaft nutzte. An Leipzigs erstes Gewandhaus erinnert ein Relief am heutigen Städtischen Kaufhaus.

»Zum Henker mit Ihren Grillen! Sie müssen ins Theater! Wie Sie sind, im Flausrock! Ich garantiere Ihnen ein langes Leben.« Johann Adam Hiller war wie seine berühmten Zeitgenossen Christian Fürchtegott Gellert, Voltaire und zahllose andere ein begnadeter »Hypochonder«: hochgradig ängstlich und angeblich von allen Krankheiten gehetzt. Bis ihn 1770 ein Freund und sein Arzt im schäbigen Hausmantel ins Theater zerrten. Fortan ging es Hiller besser. Das Ensemble spielte »Die Jagd«, von ihm komponiert, von Christian Felix Weiße getextet. Solcherart heitere Singspiele, »Operetten« genannt, beeinflussten die Entstehung der deutschen Oper von Wolfgang Amadeus Mozart bis Albert Lortzing.

Schon 1751 war der musikbegeisterte Schulmeistersohn Johann Adam Hüller aus Wendisch-Ossig nach Leipzig gekommen – zum Jurastudium. Er hörte Vorlesungen bei Gellert und Johann Christoph Gottsched, spielte und sang nebenbei in Konzerten, komponierte

»Fabers Haus« am Markt, an der Ecke zur Petersstraße, später Steckner-Passage. Hier wohnte ab 1763 auch Christian Felix Weiße.

kleine Stücke, schrieb musiktheoretische Abhandlungen. Dann unterrichtete er als Hauslehrer den jungen Grafen von Brühl in Dresden – und begleitete ihn 1758 zum Studium nach Leipzig.

Heinrich Adolph von Brühl zog in »Fabers Haus« am Markt, in dem die Familie des Grafen seit 1757 ein Quartier gemietet hatte. Und mit ihm wohnte dort wohl sein Hofmeister Hüller, der sich ab 1763 Hiller nannte, als er zum Musikdirektor des »Großen Concerts« aufstieg. Gegründet schon zwei Jahrzehnte zuvor von wohlhabenden jungen Kaufleuten der ersten Leipziger Freimaurerloge, war es von Beginn an eine öffentliche Einrichtung, nicht auf Gewinn bedacht und unabhängig von Hof und Kirche.

Das »Große Concert« hatte sein Domizil im Hof der »Drey Schwanen« am Brühl, wo Kaufmann, Mäzen und Logenmitglied Gottlieb Benedict Zemisch einen Saal hatte ausbauen lassen. Als Zemisch sich 1778 wirtschaftlich völlig verausgabt hatte, sein Haus in der Katharinenstraße und das von ihm erbaute Theater an der Ranstädter Bastei abgeben musste, war auch das »Große Concert« am Ende. Erst der Bürgermeister und Logenbruder Carl Wilhelm Müller belebte es wieder. Er ließ 1781 im Zeughausflügel am Alten Neumarkt einen neuen Konzertsaal einbauen – und Hiller dirigierte als erster Kapellmeister im Gewandhaus. 1789 löste er Johann Friedrich Doles als Thomaskantor ab. Beider Gräber auf dem Alten Johannisfriedhof wurden schon Mitte des 19. Jahrhunderts eingeebnet.

Hiller-Denkmal hinter der einstigen Thomasschule – und der Rest davon als Gedenkplatte an der Nordwestseite der Thomaskirche.

Das erste Gewandhaus im Modell: Von 1781 bis 1884 erklangen hier die »Großen Concerte«.

Unternehmer, Kunstfreund, Mäzen – in Auschwitz ermordet

Am ehemaligen Verlagshaus in der Talstraße erinnert eine Tafel an Henri Hinrichsen und Max Abraham.

Henri Hinrichsen (1868 – 1942)

In der Nacht vom 9. zum 10. November 1938 verwüsten SA-Leute Geschäftsräume und Wohnung des jüdischen Musikalienhändlers Henri Hinrichsen in der Talstraße. Der Verlag C. F. Peters wird enteignet. In einem Brief fordert der Verleger und Mäzen Auskunft im Zusammenhang mit seinen Auswanderungsvorbereitungen »in Berücksichtigung meines jahrzehntelangen Wirkens für die Weltgeltung deutscher Musik und meiner Stiftungen für die Allgemeinheit«. Hinrichsen – deutsch-national eingestellt und kein bekennender Jude – konnte sich zu jenem Zeitpunkt nicht vorstellen, dass ihn die Nationalsozialisten nach Auschwitz deportieren und umbringen würden. Der Sohn eines Hamburger Korsettfabrikanten und gelernte Buchhändler hatte im Jahr 1900, nach dem Tod seines Onkels Max Abraham, die traditionsreiche Firma übernommen – gegründet ein Jahrhundert zuvor als »Bureau de Musique« vom Wiener Kapellmeister Franz Anton Hoffmeister und dem Organisten und kurzzeitigen Gewandhausmusiker Ambrosius Kühnel. Dann gelangte sie über Carl Friedrich Peters und weitere Inhaber 1863 an Max Abraham. Vier Jahre später entstand die »Edition Peters«.

Abraham nahm auch die Verbindung zu Edvard Grieg auf. Der Norweger komponierte bei seinen Leipzig-Aufenthalten im »Arbeitszimmer mit Cerberus« des Verlagsgebäudes in der Talstraße. Henri Hinrichsen, der 1887 zu seinem Onkel Abraham kam und ab 1891 für ihn als Prokurist arbeitete, führte die freundschaftliche Beziehung zu Edvard Grieg fort, auf den er wie »der leibhaftige wiedererstandene Dr. Abraham« wirkte.

Hinrichsen gab 1906 dem Leipziger Bildhauer Carl Seffner eine Büste des Komponisten in Auftrag und stiftete sie dem Gewandhaus. Er ermöglichte mit einer großen Summe die Gründung der »Hochschule für Frauen« durch Henriette Goldschmidt. Er stiftete 200 000 Mark zum Ankauf der Heyerschen Sammlung für das Musikinstrumentenmuseum. Und 1901 erhielt die Stadt, von Abraham verfügt, die Buch-, Autografen- und Musikaliensammlung »Musikbibliothek Peters«. Im Leipziger Kulturleben war Hinrichsen unter anderem präsent als Mitglied der »Leipziger 99«, dem Leipziger Bibliophilen-Abend. Hier traf er sich bei den Herren-Abenden mit Georg Witkowski, Ernst Reclam oder Karl Straube. Die Stadt Leipzig würdigte ihn mit einem Ehrendoktortitel für seine »unvergänglichen Verdienste« um die »Weltgeltung der deutschen Musik«. Es hat ihm nichts genützt: Am 28. Juli 1939 setzten die Nazis neue Geschäftsführer in Henri Hinrichsens Verlag ein. Und die als »Entschädigung« bezeichnete, lächerliche Summe von 12 000 englischen Pfund musste er auch noch als »Judenfluchtsteuer« dem Staat überlassen.

Werbung von 1925.

Das Arbeitszimmer des Verlegers um 1900.

Gedenkstätte in der Talstraße

Die lange Geschichte des Musikalien-Verlages begann in der Grimmaischen Straße – im Fürstenhaus, von dem noch der verzierte Erker auf der anderen Straßenseite zeugt. Bis 1874 befand sich das Unternehmen im Mendelssohnhaus in der Königstraße (heute Goldschmidtstraße). Danach wurde das Gebäude in der Talstraße 10 – heute Edvard-Grieg-Gedenkstätte – Firmensitz und Wohnort für Max Abraham und Henri Hinrichsen mit ihren Familien. Eine Tafel am Eingang erinnert daran.

ERNST THEODOR AMADEUS HOFFMANN

Im »Goldenen Herz« der »Goldene Topf«

Selbstporträt als Kranker im »Goldenen Herz«.

E. T. A. Hoffmann (1776 – 1822)

Schau-Plätze

Kaffeehaus und Fleischergasse
Die Große Fleischergasse mit »Goldenem Herz« und »Goldenem Schiff« war das Wohnumfeld E.T.A. Hoffmanns. Ein paar Schritte weiter, am Brühl, befand sich seine Arbeitsstätte: das Comödienhaus auf der Ranstädter Bastei (heute Haltestelleninsel Goerdeler-/Tröndlinring). Von Hoffmanns Lieblingslokalen hat nur »Coffe Baum« an der Kneipenmeile Drallewatsch in der Kleinen Fleischergasse überlebt. Neben dem historischen Restaurant beherbergt es auch ein Kaffeemuseum. Die berühmte »Kalte Wurst« neben dem heutigen LVZ-Gebäude am Peterssteinweg musste späteren Neubauten weichen.

»Meinen brennenden Cigarro im Munde wandle ich gemüthlich hin, wo mich meine Pflicht hinruft oder auch das Vergnügen, nachdem ich Morgens mein gutes Gläschen Aechten Jamaica Rum genossen …« Ernst Theodor Amadeus Hoffmann wandelte in seinem »ganz kleinen Logis« im »Goldenen Herz« an der Fleischergasse, »1 Treppe hoch«. Hier, beim »Schauspielervater«, war er am 24. Mai 1813 mit seiner Frau »Mischa« eingezogen. Nachdem er nur eine Nacht ein paar Häuser weiter im »Hôtel de France«, dem früheren »Goldenen Schiff«, gewohnt hatte: »Ein schreckliches Loch zum Hofe heraus«.

E.T.A. Hoffmann, der aus Verehrung für Mozart seinen Vornamen Wilhelm gegen Amadeus tauschte, war vom Königlich-Sächsischen Operndirektor Joseph Seconda aus Bamberg gerufen worden: als Kapellmeister. »Seconda – ein lieber, ehrlicher dummer Mann«, notierte er im Tagebuch. Die Truppe spielte abwechselnd in Dresden und Leipzig. Aber es herrschte Krieg: Die Verbündeten

Karikatur Hoffmanns auf Napoleon.

kämpften gegen Napoleons Große Armee – mit wechselnden Schauplätzen und Erfolgen. Nicht sonderlich günstig auch für das Theater. Trotzdem dirigierte Hoffmann »wie ein Fisch im Wasser« Dalayrac, Mozart, Weber – kurzum alles, was Zuschauer in den Saal brachte. Nach den Vorstellungen zog es ihn in die Kneipen. Reichardts Kaffeehaus, Coffe Baum, Boses Garten, das »Goldene Herz« waren die Lokalitäten. Und die »Grüne Linde« am Peterssteinweg, auch die »Kalte Wurst« genannt. Hier diskutierte er oft mit den Schauspielern und dem gelehrten Adolph Wagner bis in die Nacht. »Adolph Wagner spricht 1700 Sprachen – aber es will nicht recht passen«. Dessen Bruder, der sehr unterhaltsame Polizeiaktuarius Carl Friedrich Wagner, saß auch immer dabei, obwohl sein Sohn Richard erst ein paar Tage zuvor am Brühl zur Welt gekommen war.

E.T.A. Hoffmann musste seinem Chef bald wieder nach Dresden folgen, doch im Dezember kehrte er zurück ins »Goldene Herz«. Er schrieb nebenbei Kritiken für die »Allgemeine

Das Hauszeichen vom »Goldenen Schiff«.

musikalische Zeitung« von Friedrich Rochlitz, das Märchen »Der goldene Topf«, den ersten Teil von »Die Elixiere des Teufels« – und meinte, dass er anstatt bei Seconda eine bessere »Existenz in der literarischen und künstlerischen Welt« finden sollte. Der Operndirektor kündigte seinem eigensinnigen Kapellmeister am 26. Februar 1814. Hoffmann saß krank und frierend, aber sonst guter Dinge, in seinem Gasthofzimmer und zeichnete gut verkäufliche Karikaturen auf Napoleon. Im September, nach dem Sieg Preußens über die Franzosen, ging er als Staatsbeamter nach Berlin – mit sicherem Gehalt und viel Zeit zum Schreiben.

Zum Arabischen Coffe Baum, eines der ältesten Kaffeehäuser Europas.

ULRICH VON HUTTEN

Küchenlatein und Dunkelmänner

Alte Bayernburse am Nikolaikirchhof und heutiger Plattenbau.

Ein Jahrzehnt vor Martin Luthers Thesen erreichte der Student Ulrich von Hutten die Stadt. Da war Leipzigs Universität schon alt – und mit ihr die Professoren und Magister: alt im Denken, in der Lehrmeinung, in der Methodik. Scholastiker eben, Mittelalterliche. Die benachbarten Dominikaner, die Ketzerjäger und Ablasshändler, prägten die allgemeine Stimmung: So wenig Bildung wie möglich, keine Zweifel zulassen, der Papst hat immer recht.

»Domini canes«, die »Hunde des Herrn«, übersetzten die an der italienischen Renaissance geschulten Jungen der Humanisten-Bewegung spöttisch den Namen – ganz im Stile jenes »Küchenlateins«, das die Mönche und ein großer Teil der alten Hochschulgarde benutzten, zusammengestoppelt aus deutschen und lateinischen Brocken.

Der 18-jährige Hutten war 1507 seinem Lehrer Johannes Rhagius Aesticampanus, der eigentlich Rak hieß und aus Sommerfeld stammte, nach Leipzig gefolgt. Alle latinisierten ihre Namen – Ulrich von Hutten nicht. Er war

stolz auf seine reichsritterliche Herkunft und schrieb sich als »pauper«, als unbemittelter Student, bei den Philosophen der »Artistenfakultät« ein. Diese bildete nicht etwa Jongleure und Seiltänzer aus, sondern lehrte die »septem artes«, die »Sieben freien Künste«: Grammatik, Rhetorik, Dialektik, Arithmetik, Geometrie, Musik und Astronomie.

Hutten lebte am Nikolaikirchhof in der »Bursa bavarica«, einem Studentenheim aus der Mitte des 15. Jahrhunderts. Dort wohnten auch die Lehrer. Es gab vier »Nationen«, Landsmannschaften, gegliedert nach den Himmelsrichtungen. Die »Bayrische Nation« umfasste all jene mit süd- oder westdeutscher Herkunft. Und Hutten stammte von der Steckelburg bei Fulda. Da er schon in Erfurt, Köln und Frankfurt an der Oder studiert hatte und graduiert war, durfte er Unterricht geben, der gut ankam.

Seine Leipziger Universitätserfahrungen waren auch der Stoff, aus dem später die von ihm und zwei Humanisten-Freunden verfassten, anonym erschienenen »Dunkelmännerbriefe« entstanden: Magisterschmäuse, absurde und sinnfreie Disputationen, weltferne Betrachtungen in jenem haarsträubenden

»Küchenlatein« eben. Eine große Satire – von den Parodierten zunächst gar nicht als solche erkannt ... Doch Hutten hat aus Leipzig nicht nur einiges Wissen und viel Erfahrung mitgenommen, was ihm später für seine reformatorischen Schriften nützte, sondern auch die »Franzosenkrankheit«, die Syphilis. Ulrich von Hutten liegt auf der Insel Ufenau im Zürcher See begraben.

Ulrich von Hutten (1488–1523)

Stadtansicht von 1547 mit Universitätsgebäuden und Uni-Campus der Zukunft.

Plattenbau am Kirchhof

Anstelle der alten »Bursa bavarica« entstand 1836 zwischen Großem und Kleinem Fürstenkolleg die Buchhändlerbörse, heute ein Plattenbau am Nikolaikirchhof. Das Uni-Areal zwischen Grimmaischer Straße und Universitätsstraße gehörte bis zur Reformation in Sachsen dem Dominikanerkloster. Hier lebte und starb Ablasshändler Johannes Tetzel, der in der 1968 gesprengten Paulinerkirche beerdigt wurde. Bis zur 600-Jahr-Feier der Universität 2009 entsteht ein neuer Campus mit modernem Kirchen-Erinnerungsbau.

Johann Paul Friedrich Richter – Jean Paul

Flucht vor Gläubigern – Rückkehr als Star

Jean Paul (1763 – 1825)

Brennpunkt Petersstraße

Jean Pauls Leipziger Zeit konzentriert sich in der Petersstraße: Im Gasthof »Zu den drei Rosen« neben dem »Hotel de Baviére« rechts vom Preußergäßchen (heute Karstadt-Warenhaus) bewohnte Jean Paul im zweiten Stock das Zimmer Nummer 2. Gegenüber lag der »Goldene Arm«, der viele Jahre mit einer Gedenktafel an des Dichters angebliche Wohnung erinnerte. Und an der Stelle von Hohmanns beziehungsweise Breunickes Hof befindet sich heute die Messehof-Passage zum Neumarkt.

An einem Abend im Spätherbst 1784: Eine Gestalt huscht in einen Mantel gehüllt, mit falschem Zopf, großem Hut und falschem Pass aus dem Gasthof »Zu den drei Rosen« in der Petersstraße zum Stadttor, steigt in die Postkutsche und entschwindet Richtung Hof. Der Theologiestudent Johann Paul Friedrich Richter flüchtet vor seinen Gläubigern. Arm war er schon zu Studienbeginn 1781, aber anpassen wollte er sich auch nicht an die Umgangsformen der großen Stadt. Keine Kompromisse. Für ihn sind alle nur Schmarotzer, Schmeichler, Dilettanten. Er beschließt, als Schriftsteller reich und berühmt zu werden – mit 18 Jahren und sofort. Dabei werden in Leipzig etwa 80 Verleger von knapp 200 ansässigen Schriftstellern bedrängt. Der Student setzt sich in seine Kammer, beginnt mit Satiren im Stile großer Vorbilder. Keiner will sie haben. Schließlich findet er sie selbst nicht mehr gut und beginnt Neues: die

Gasthaus »Goldener Arm«.

»Grönländischen Prozesse«. Und wie es der Zufall will: Ein paar Meter weiter steht das Haugksche Haus, bis heute unter dem Namen »Der Grönländer« bekannt.

Der Berliner Buchhändler Christoph Friedrich Voß druckt die Texte, zahlt 200 Taler dafür – und bleibt auf den Büchern sitzen. »Die Sucht, witzig zu sein, reißt den Autor zu sehr hin«, meint der einzige Rezensent. Friedrich Richter begleicht mit dem Honorar einen Teil seiner Schulden, borgt weiter und schreibt gelegentlich im Gasthaus gegenüber, im »Goldenen Arm«. Weil es dort warm ist. Und weil er sich mit seinem Vermieter angelegt hat. Und den Nachbarn. Und der halben Stadt. Ungekämmte, wild wachsende Haare und ein offenes Hemd bis zum Bauchnabel waren damals eher ungewöhnlich im Stadtbild.

13 Jahre nach seiner Flucht kehrt er nach Leipzig zurück – als bekannter Autor, der aus Verehrung für Jean Jacques Rousseau inzwischen Jean Paul heißt. Nun hat er Zugang

Handschrift von 1802.

zu den »besten Häusern«, ist bei Christian Felix Weiße zu Gast und Ernst Platner. Jean Paul wohnt zunächst in Hohmanns Hof an der Petersstraße, ein halbes Jahr später bei einem Buchbinder neben der Nikolaikirche. Den Sommer verbringt er in Gohlis oder auf dem Stötteritzer Landgut von Weiße. Amouröse Abenteuer stellen sich ein – in Gestalt der nicht nur körperlich ausufernden »Dichterin« Emilie von Berlepsch, die ihn regelrecht verfolgt, bis sein »grönländisches Eis« schmelzen muss. 1798 zieht Jean Paul weiter nach Weimar.

Hohmanns Hof – heute Messehof-Passage.

Petersstraße heute und einst mit den »Drei Rosen«.

Die fliegenden Redakteure

Dreharbeiten im Winter 2002 auf dem Thomaskirchhof für »Das fliegende Klassenzimmer«.

Sondermarke zum 100. Geburtstag.

> Du meine neunte Sinfonie!
> Wenn du das Hemd an hast mit rosa Streifen…
> Komm wie ein Cello zwischen meine Knie,
> Und laß mich zart in deine Seiten greifen!
> *Aus »Abendlied des Kammervirtuosen«, 1927*

Erich Kästner (1899–1974)

An der Leipziger Universität studiert er ab 1919 Geschichte, Philosophie, Germanistik und Theaterwissenschaften. Nebenbei veröffentlicht er kleine Stimmungsbilder, allerlei Gereimtes und Kurzgeschichten. Mitte der 1920er-Jahre legt Erich Kästner seine Doktorarbeit über Friedrich den Großen und die deutsche Literatur vor. Die Gutachter bestätigen ihm eine ungewöhnliche Sicherheit in der Anwendung wissenschaftlicher Methoden. Die akademische Laufbahn steht Kästner offen.

Doch der frisch gebackene Herr Doktor wägt ab zwischen Forschung, Lehre und seiner zweiten Liebe: dem freien Schreiben. Er entscheidet sich für Letzteres und arbeitet ab 1925 als Redakteur bei der »Neuen Leipziger Zeitung«. Für das Feuilleton schreibt er sachkundig-ironische Kritiken über Theateraufführungen, rezensiert literarische Neuerscheinungen und bekrittelt augenzwinkernd Ausstellungen der Künste. Dabei entwickelt Kästner sein publizistisches Talent. Aber nicht lange bieten sich in Leipzig berufliche Perspektiven. Denn ausgerechnet im Beethoven-Jahr 1927 verknüpft Erich Kästner in seinem Gedicht »Abendlied des Kammervirtuosen« die neunte Sinfonie mit erotischen Assoziationen eines Musikers. Und Erich Ohser – später unter dem Pseudonym E. O. Plauen durch die illustrierten Geschichten über Vater und Sohn berühmt – liefert die freizügige Illustration dazu. Das ist zu viel: Die beiden Erichs werden als »erbefeindliche Tempelschänder« verunglimpft und fliegen aus der Redaktion. Kästner geht nach Berlin, berichtet aber noch bis Anfang der 1930er-Jahre unter verschiedenen Pseudonymen wie Melchior Kurz, Peter Flint oder Robert Neuner für die »Neue Leipziger Zeitung« von der hauptstädtischen Kulturszene. Mit »Emil und die Detektive«, »Pünktchen und Anton« und »Das fliegende Klassenzimmer« schreibt er – neben Gedichten, Glossen und Reportagen für die »Weltbühne« – einige der schönsten deutschen Kinderbücher, bevor die Nationalsozialisten seine Werke »wider den deutschen Geist« im Mai 1933 verbrennen.

Das Kaffeehaus Felsche (rechts) am Augustusplatz.

Kästners Wohnhäuser Hohe Straße 51 und Czermaks Garten 7 (rechts).

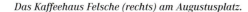

Alte Adressen, neues Felsche

Erich Kästner bezog zu Studienbeginn – ausgestattet mit Kriegsabitur und »Goldenem Stipendium der Stadt Dresden« – im Herbst 1919 seine erste Studentenbude in der Senefelder Straße 3. Später wohnte er in Czermaks Garten 7, dann mietete er ein möbliertes Zimmer in der Hohen Straße 51. Die »Neue Leipziger Zeitung« arbeitete in der Johannisgasse 8. Das kriegszerstörte Café Felsche am Augustusplatz, in dem Kästner oft seine Artikel schrieb, entsteht mit dem Uni-Campus bis 2009 wieder neu.

Schau-Plätze

Leipziger Köpfe | 51

Verlorener Sohn ohne deutschen Pass

Bernard Katz (1911 – 2003)

Nobelpreisträger lernten und lehrten in Leipzig viele, doch nur ein einziger wurde hier auch geboren: Bernard Katz. Als er am 10. Dezember 1970 in Stockholm aus den Händen von König Gustav Adolf von Schweden die höchste wissenschaftliche Auszeichnung für seine neurophysiologischen Forschungen erhielt, war er in seiner Heimatstadt weitestgehend vergessen. Erst nach dem Ende der DDR erinnerte sich die Universität ihres verlorenen Sohnes und verlieh ihm 1990 die Ehrendoktorwürde.

Am 26. März 1911 kam Katz in der Jakobstraße 11 zur Welt. Er wuchs in der König-Johann-Straße 13 auf, im Eckhaus mit der Konditorei von Paul Kindermann. Dessen Tochter Käte wurde drei Jahre nach Bernard geboren und trug dessen Kleidung ab. Vater Max, ein Einwanderer aus Russland, handelte in der Nikolaistraße 31 mit Pelzen – doch die Geschäfte liefen nicht sonderlich gut. Die jüdische Familie mit der deutschen Mutter Eugenie Rabinowitz zählte bis 1917 zu den

König Gustav Adolf von Schweden und Prinzessin Margareta von Dänemark gratulieren Sir Bernard Katz (2. v. r.) zum Nobelpreis für Medizin und Physiologie.

Untertanen des Zaren, nach der russischen Revolution war sie auf einmal staatenlos. Ein deutscher Pass blieb Bernard Katz verwehrt – die Folgen bekam er erstmals mit 12 Jahren zu spüren: Das national geprägte Schiller-Gymnasium wollte ihn trotz bester Noten nicht aufnehmen. So musste er das König-Albert-Gymnasium besuchen, an dem ihm der naturwissenschaftliche Unterricht fehlte. Dennoch schrieb sich Katz 1929 als Medizinstudent am weltberühmten Physiologischen Institut von Paul Flechsig an der Leipziger Universität ein. Bereits drei Jahre später holte er einen Wissenschaftspreis, musste sich aber wegen seiner jüdischen Herkunft als Johann Müller ausgeben.

Die Nationalsozialisten gewannen immer mehr an Einfluss, die Schikanen nahmen zu. 1934 promovierte Bernard Katz noch unter – wie er später schrieb – »entwürdigenden Umständen« zum Doktor der Medizin. Kurz

So fand Katz sein Wohnhaus nach der Wende vor.

Der Wissenschaftler bei einem Nobelpreisträger-Treffen 1993.

darauf ergriff er die Flucht und folgte einem Ruf ans Londoner University College – mit vier Pfund Sterling in der Tasche auf der Fähre nach England. Noch bevor der Zweite Weltkrieg ausbrach, holte er seine Eltern nach. Die Familie zog nach Sydney, Katz arbeitete in einem Krankenhaus und kämpfte als Radar-Offizier für die Alliierten. »Mein größter Erfolg in Australien war, dass ich eine Australierin geheiratet habe«, sagte der Mediziner – und kehrte nach Kriegsende in die englische Hauptstadt zurück.

Unter seiner Leitung entwickelte sich am University College London ein Mekka der Physiologie und Biophysik. 1969 erhob ihn die englische Königin in den Adelsstand. Seine Heimatstadt aber besuchte Sir Bernard Katz erst nach mehr als 50 Jahren wieder – im Wendeherbst 1989: »Bekannte aus meiner Jugendzeit habe ich leider nicht getroffen.«

Gedenkstein im Park des Uni-Klinikums.

Schau-Plätze

Gedenkstein im Klinik-Park

Die König-Johann-Straße heißt heute Tschaikowskistraße. Dort ist auch das Haus mit der Nummer 13 zu finden. Das König-Albert-Gymnasium fiel den Luftangriffen auf Leipzig im Zweiten Weltkrieg zum Opfer. Es befand sich gegenüber vom Zoo, wo heute die Autos der Besucher parken. Auf Initiative der Albertiner, einer Vereinigung ehemaliger Schüler des Gymnasiums, steht seit dem Jahr 2000 im Park des Uni-Klinikums an der Liebigstraße ein Gedenkstein mit Bronzetafel für den einzigen in Leipzig geborenen Nobelpreisträger.

ANTON HERMANN FRIEDRICH KIPPENBERG

Reihe mit Rilke, Skat mit Strauss, Geduld mit Goethe

Anton Kippenberg und seine Mitarbeiter 1937 auf einem Belegschaftsfoto vor dem Verlagsgebäude in der Kurzen Straße 7 – und Neubauten an gleicher Stelle in der heutigen Spohrstraße.

Anton Kippenberg (1874 – 1950)

Auf was kommt es bei einem Buch an? Verleger Anton Kippenberg beantwortete die Frage kurz und knapp: »Ich will Ihnen sagen, worauf es bei einem Buch ankommt: auf Preis, Einband, Verlag.« Und nach dieser Maxime handelte er. 1906 übernahm Kippenberg den Inselverlag in der Kurzen Straße. Sechs Jahre später hob er mit Rilkes »Die Weise von Liebe und Tod des Cornets Christoph Rilke« die Insel-Bücherei aus der Taufe. Schon zwei Jahre nach ihrem Start hatte die Reihe mehr als eine Million Leser gefunden. Die Bände waren klein, aber fein – und daher auch nicht gerade die preiswertesten. Mit ihren farbigen Überzugspapieren und Titelschildchen gehören sie aber bis heute zu den am schönsten gestalteten Taschenbüchern.

Zwei Herzen schlugen in Anton Kippenbergs Brust: Das eine für den Verlag, das andere für Goethe. Seit 1919 gehörte Kippenberg dem Vorstand der Weimarer Goethe-Gesellschaft an. Geduldig sammelte er alles, was mit dem Dichter in Verbindung stand: Handschriften, Bilder, Zeichnungen, Manuskripte, Büsten, Noten, Bücher ... Später erweiterte Kippenberg seine Sammlung auf andere Personen der Goethezeit wie den Musiker und Komponisten Carl Friedrich Zelter, den Dichter Johann Peter Eckermann, das Fürstenhaus zu Weimar, um Ansichten von Alt-Weimar, Plastiken und Keramiken. So entstand in der Kippenberg-Villa in der Gohliser Richterstraße 27 die größte private Goethe-Sammlung in der Welt. 1928 umfasste sie mehr als 8 000 Stücke.

Während Anton Kippenberg sich in seiner Sammlerleidenschaft mit Dichtern aus vergangener Zeit beschäftigte, kümmerte sich vor allem seine Frau Katharina um die Betreuung der lebenden Verlagsautoren wie Hugo von Hofmannsthal, Stefan Zweig oder Rudolf Alexander Schröder. Über den ersten Besuch Rainer Maria Rilkes in Leipzig schrieb sie: »Im Januar 1910 war es, daß Rilke mit den Niederschriften für seinen Malte Laurids Brigge im Koffer nach Leipzig kam, um ihn bei uns für das Druckmanuskript zu diktieren. Das geschah im sogenannten Turmzimmer, einem kleinen ruhig gelegenen Raum über den Baumwipfeln des Gartens.« Johannes R. Becher wiederum, der 20 Jahre lang all seine Werke im Verlag herausgeben ließ, erhielt von Katharina Kippenberg monatlich 200 Reichsmark Rente. Und wenn der Komponist Richard Strauss in Leipzig dirigierte, ließ er sich gern von Kippenberg zu einem zünftigen Skat in die Richterstraße einladen. Der Verleger war Mitglied im Gewandhaus-Direktorium, ab 1938 dessen Erster Vorsitzender.

Im Dezember-Bombenhagel von 1943 wurde das Verlagshaus in der Kurzen Straße 7 zerstört, mit ihm mehr als eine Million Bücher. Im Februar 1945 traf es auch noch die Kippenberg-Villa. Seine Sammlung hatte der Verleger gerade noch rechtzeitig in Sicherheit gebracht.

Die Nummer 1 der Insel-Bücherei.

Die Villa in der Gohliser Richterstraße.

Grünfläche und Blöcke

Schau-Plätze

Nach der Zerstörung ihrer Villa in der Richterstraße (heute eine Grünfläche) fanden die Kippenbergs kurzzeitig in der Huberstraße 8 in Schleußig Unterkunft. Für wenige Monate bezog der Inselverlag nach Kriegsende Räume im Kroch-Haus am Augustusplatz, danach in einer Villa in der Gohliser Luisenstraße (heute Mottelerstraße). Wo sich der Inselverlag in der Kurzen Straße (heute Spohrstraße) befand, stehen Wohnblöcke. Kippenbergs Sammlung bewahrt das Goethe-Museum in Düsseldorf.

MAX KLINGER

Leiden an der Welt: »Meschugge ist Trumpf«

Max Klinger (1857 – 1920)

»Fast 11 Jahre in Leipzig! Und noch bereue ich es nicht, hierher gegangen zu sein«, schreibt Max Klinger 1904. Natürlich war er schon 1857 in der Stadt: Denn am 18. Februar kam er hier zur Welt, in der Petersstraße, im Haus kurz vor der Ecke zur Schloßgasse. Aber nach Besuch der 1. Bürgerschule auf der Moritzbastei und der Realschule zog es ihn für knapp 20 Jahre in die Ferne: Nach Karlsruhe und Berlin zum Kunststudium – nach Paris, Brüssel und Rom zum Lebensstudium. Dazwischen Militärdienst im Leipziger Infanterieregiment »Prinz Johann Georg«. 1893 wird Klinger wieder ganz Leipziger, wohnt zunächst bei den Eltern in der Karl-Heine-Straße 2, und lässt sich auf Grundstück Nummer 6 ein Haus und Atelier bauen, das er 1896 bezieht. Erfahrungen mit Grafik-Zyklen liegen schon hinter ihm, ebenso erste Erfolge, Medaillen und Preise. Und sein erstes plastisches Werk: eine Porträtbüste Friedrich Schillers.

Die Klinger-Villa in der Karl-Heine-Straße 2.

Max Klingers große Jahre beginnen. Er befreundet sich mit Richard Dehmel und Wilhelm Wundt, mit Max Reger, Johannes Brahms und dem etwas jüngeren Porträtbildhauer Carl Seffner, dem er dringend von einer geplanten Reiterstatue des Königs abrät: »Lieber Seffner: Ich bin dagegen…« Klinger ist ungeheuer aktiv, reist durch halb Europa, um Marmor für seinen »Beethoven« auszusuchen, dessen Sockel er in Paris gießen lässt. Und er mischt sich ein in politische und künstlerische Angelegenheiten. Für Thomas Theodor Heine, in Leipzig wegen einer Karikatur des Hochverrats angeklagt, organisiert er eine Petition mit Unterschriftensammlung. Wichtigen europäischen Künstlervereinigungen gehört er an. Und 1898 begegnet er auf einem Liliencronabend der »Leipziger Literarischen Gesellschaft« der schriftstellernden Elsa Asenijeff, für viele Jahre seine Lebensgefährtin.

1912 übernimmt Klinger den Vorsitz des »Vereins Leipziger-Jahres-Ausstellungen«, den er schon fünf Jahre später wieder niederlegt. Das gedankenlose Umschwenken vieler Künstler in jede Modeströmung ist ihm ein Greuel. An Freunde schreibt er angewidert: »Ein halbbewußter Fanatismus… ausgewachsene Kuhfladen… Körper- und Gesichter-Verrenkungen… Müll-Landschaften… Meschugge ist Trumpf… Möglichst viel, möglichst fix… man verdient eben.« Der Künstler und Humanist Max Klinger leidet an der Welt. Nach 1903 zieht er sich immer öfter auf seinen Weinberg in Großjena bei Naumburg zurück. Dort liegt er auch begraben.

Brief an den Porträtbildhauer Carl Seffner.

»Beethoven« im Klingersaal des Bildermuseums.

Schau-Plätze

Grandioser Beethoven

Louis Klinger ließ 1887/88 »Klinger's Haus« in der heutigen Petersstraße 48 bauen. Auf dem Grundstück stand zuvor auch das Geburtshaus Max Klingers. Eine von der LVZ gesponserte Gedenktafel erinnert seit 2008 daran. Die einstige Villa der Eltern an der Karl-Heine-Straße erstrahlt frisch saniert. Und des Künstlers grandioser »Beethoven« gehört neben zahlreichen anderen plastischen und grafischen Werken zu den Attraktionen des Museums der bildenden Künste im Herzen Leipzigs.

Petersstraße, Ecke Schloßgasse, mit dem Geburtshaus Max Klingers (Pfeil).

54 | Leipziger Köpfe

»Wirke! Das ist das große Gesetz!«

Brief an den Leipziger Verleger Göschen, der 1798 die Gesammelten Werke herausgab.

Er war ein bedeutender Schlittschuhläufer: »Schrittschuhlaufen« hat er es genannt. Er gehörte zu den Pionieren dieser Sportart. Berühmtheit erlangte Friedrich Gottlieb Klopstock aber als Dichter. Er hat griechische Versmaße den deutschen Sprachbesonderheiten angepasst und damit die »freien Rhythmen« erfunden – ein Segen für die deutsche Dichtung seit 250 Jahren. Und ein Schrecken zugleich, denn seither sind Tür und Tor für jede Art von Dilettantismus geöffnet. Klopstocks Werk und Wirken ist in der Literatur aufgegangen. Er hat sich eingemischt mit seinem aufklärerisch-humanistischen und damit politischen Anspruch, den vermeintlich Großen der Welt, den Fürsten und Lenkern, als selbstbewusster Künstler mindestens ebenbürtig

Klopstock-Porträt des Leipziger Künstlers Michael Fischer-Art.

zu sein: »Wirke! Das ist das große Gesetz!« Begonnen hat alles in der Leipziger Burgstraße 92. Hier wohnte der Absolvent der Landesschule Pforta ab Pfingsten 1746 in einer Wohngemeinschaft. Besitzer des Hauses »Zum Hirschkopf« waren der Schneidermeister Radicke und seine Witwe, im Jahrhundert zuvor die mütterlichen Vorfahren Otto von Bismarcks. In der WG wohnten Gottlieb Wilhelm Rabener, Johann Christoph Schmidt, Johann Andreas Cramer, Matthias Gerhard Spener – Namen, die heute kaum noch bekannt sind. Damals waren sie die Akteure, als Leipzig ein Zentrum der deutschen Aufklärung war – zunächst mit Johann Christoph Gottsched, dann gegen ihn. Junge Wilde, gebildete Weltumstürzler. Es waren die Autoren der Zeitschrift »Bremer Beiträge«, in der Hansestadt verlegt, in Leipzig herausgegeben. Ein kultur- und damit gesellschaftskritisches Blatt, das mit seinen heftigen Artikeln ebenso heftige Reaktionen auslöste.

Klopstock sollte eigentlich Theologie studieren, hatte aber kaum Zeit dafür. Er schrieb seine »Oden an die Leipziger Gefährten«, in Hexametern, und begann seine große »Messias«-Dichtung, hier in der Burgstraße. Schräg gegenüber in der Alten Baderei, ebenfalls in einer WG,

Die Bleibe der wilden Studenten-WG in der Burgstraße 92.

> »WER WIRD NICHT EINEN KLOPSTOCK LOBEN? DOCH WIRD IHN JEDER LESEN? NEIN. WIR WOLLEN WENIGER ERHOBEN UND FLEISSIGER GELESEN SEIN.«

Lesefleiß statt kultischer Verehrung – dazu riet der junge Lessing vier Jahre nach Klopstocks »Messias«.

wohnte zur gleichen Zeit Gotthold Ephraim Lessing, der große Dichter und Aufklärer, der auch keine Zeit zum Theologiestudium fand. Klopstock und Lessing werden sich in einem der muffigen, alten Hörsäle begegnet sein: Notiz nahmen sie noch nicht voneinander. Beider Ruhm datiert aus späteren Jahren.

Der Quedlinburger Klopstock ging im Mai 1748 nach Langensalza, dann in die Schweiz, nach Kopenhagen und schließlich nach Hamburg. Dort liegt er auch begraben.

Die Burgstraße heute: Auf der rechten Seite in der Mitte, an der Rückfront des Petershofes, stand das Haus »Zum Hirschkopf«.

Friedrich Gottlieb Klopstock (1724 – 1803)

Burgstraße und Uni-Viertel

Die Burgstraße war im 18. Jahrhundert bevorzugte Adresse der Jura- und Theologiestudenten, weil die Collegien in der Nähe lagen: in der Petersstraße, Schloßgasse und am Thomaskirchhof. Das Haus »Zum Hirschkopf« stand an der jetzigen Rückfront des Petershofes. Das Uni-Viertel befand sich damals wie heute auf dem Areal des alten Dominikanerklosters am Augustusplatz sowie rund um Ritterstraße und Nikolaikirche. Zum Kneipen zogen die Studiosi in die Vorstädte: in die »Blaue Mütze« in der Lortzingstraße, die »Grüne Linde« am Petersteinweg, nach Gohlis, Reudnitz, Connewitz.

Leipziger Köpfe | 55

ALFRED KUNZE

»Wer nicht alles gibt, gibt nichts«

Alfred Kunze (1909–1996)

Kunst im Sportpark

Die BSG Chemie heißt heute FC Sachsen. Von einem deutschen Meistertitel ist der Verein wie sein Ortsrivale Lok Leipzig mehrere Spielklassen weit entfernt. Das Stadion in Leutzsch trägt seit 1992 den Namen »Alfred-Kunze-Sportpark«. Im Vereinslokal hängt ein Kunze-Gemälde von Albrecht Gehse, der 2003 auch Alt-Bundeskanzler Helmut Kohl porträtiert hat. Ein weiteres Kunstwerk steht gleich neben der Zuschauertribüne: Die Meisterelf von 1964 – gegossen in Beton, geschaffen für die Ewigkeit.

Ein älterer Herr tritt bescheiden an die Trainerbank, fragt, ob er bei den Spielern sitzen dürfe. Ehrfürchtig rücken die Männer beiseite. Der ältere Herr ist Alfred Kunze. 1964 führte er die Fußballer der BSG Chemie Leipzig sensationell zum DDR-Meistertitel. Bis zuletzt bleibt er dem Verein treu, kommt immer wieder zu den Regionalliga-Spielen seiner Grün-Weißen nach Leutzsch – und ärgert sich: »Ohne Bewegung wird das nichts. Ohne Kampfgeist bis zur letzten Minute kannst du gleich einpacken.«

Bevor Alfred Kunze die »Chemiker« formte, hatte er beim VfL Südost und bei Wacker Leipzig als Spieler gegen den Ball getreten. Nach einem Beinbruch wechselte er auf die Bank, trainierte Mannschaften in Leipzig, Weimar und Halle. Bis zum Chefcoach des Fußballverbandes stieg Kunze auf, doch wegen »falscher politischer Einstellung« musste er den Posten nach wenigen Monaten wieder räumen. Auch als Dozent an der DHfK flog er raus. »Keiner von uns gehörte der SED an.

Der Alfred-Kunze-Sportpark in Leutzsch.

Die Meisterelf von 1964 – und in Beton gegossen neben der Zuschauertribüne am Fußballstadion.

Ohne über die politischen Dinge zu sprechen, wussten wir alle, warum wir für Chemie spielen, warum wir uns für unsere Fans auf dem Rasen fast zerreißen. In dieser Hinsicht war die Meisterelf eine echte Gemeinschaft von Sportkameraden, wie ich sie bis dahin noch nicht gekannt hatte und wie ich sie danach nie mehr fand«, erzählte Alfred Kunze im Februar 1990 dem Sächsischen Tageblatt. Und was ihn besonders freute: »Vor der Meisterschaft 1964 hatten uns die Experten schon klar zum Absteiger gestempelt. Doch entgegen aller Prognosen holten wir den Titel vor zwei staatlich geförderten Klubs, dem SC Empor Rostock und dem SC Leipzig.«

Der Trainer sei ein Meister der Psychologie gewesen, habe als ausgebildeter Lehrer viel Wert auf Theorie gelegt, erinnert sich der damalige Kapitän Manfred »Manner« Walter. Man brauche zum Erfolg nicht die elf besten Spieler, sondern elf Spieler, die zueinanderpassen, habe der Coach immer wieder gepredigt. »Er vermittelte jedem das Gefühl: Ich werde gebraucht. Damit hat er uns stark gemacht.« Und dabei auch zu ungewöhnlichen Mitteln gegriffen. So schrieb Kunze zum Saisonauftakt 1963 mit Kreide an die Kabinentür: »Wer nicht alles gibt, gibt nichts!« Seine Mannschaft gab alles, schreckte die völlig überraschten Favoriten und holte sich am 10. Mai 1964 nach einem 2:0-Sieg in Erfurt den Titel. Ein Jahr später folgte der dritte Platz, 1966 der Pokalsieg.

Im Juli 1996 stirbt Alfred Kunze in einem Lößniger Seniorenheim. Das Präsidium des Fußballvereins erklärt betroffen: »Ein grün-weißes Herz hat aufgehört zu schlagen. Wir werden Alfred Kunze immer als Vorbild in Erinnerung behalten.«

Der Trainerfuchs bei der Mannschaftsaufstellung und mit seinem Kapitän Manfred Walter.

56 | Leipziger Köpfe

GOTTFRIED WILHELM LEIBNIZ

Sturz vom Tisch – Aufstieg zum Genie

Alter Neumarkt mit Beguinenhaus.

Alter Hof des »Paulinums«.

Gottfried Wilhelm Leibniz (1646 – 1716)

»Er ist hagerer mittelmäßiger Statur, blasses Gesicht, sehr oft kalte Hände, die Finger zu lang und zu dünn, keine Anlage zum Schweiß. Er liebt das Süße, z. B. den Zucker…«. Auch »führt er eine sitzende Lebensart«. Die Rede ist von Gottfried Wilhelm Leibniz, der sich mit diesen Worten selbst beschreibt. Seiner »sitzenden Lebensart« hat Europa einen der größten Universalgelehrten jener Epoche zu verdanken: Er entwickelte die Infinitesimalrechnung, eine der ersten Rechenmaschinen – und ein philosophisches System, das die Aufklärung mit zur Jahrhundertbewegung wachsen ließ.

Seinen Anfang nahm alles in Leipzig, als das Genie in spe im zarten Alter von zwei Jahren vom Tisch fiel – und »unverletzt und lachend« sitzen blieb. Der Vater, Notar und Professor an der Universität, sah darin »eine besondere Gnade Gottes«. Wo sich das Drama genau abspielte, ist bis heute ungeklärt. Möglicherweise wohnte die Familie im Großen Fürstenkolleg, als der kleine Gottfried zur Welt kam. Oder aber in einem der Gebäude am Alten Neumarkt, dem Beguinenhaus zum Beispiel. Dort lebten viele Professoren.

Leibniz darf als Achtjähriger in die Bibliothek des Vaters. Und liest lateinische Klassiker. Die Sprache bringt er sich selbst bei, obwohl er seit 1653 die Nikolaischule besucht. »Die Histori und poesin habe ich als noch ein Knabe anstatt des Spiels geliebet«. So kommt der etwas frühreife Junge bereits mit 14 Jahren an die Universität. Im Rosental philosophiert er über Aristoteles und Plato. Zu seinen Kommilitonen gehören Otto Mencke, Samuel Pufendorf, Christian Weise, Georg Samuel Dörffel – später große Namen in der Wissenschaftsgeschichte. Und Jakob Thomasius ist einer ihrer Professoren.

Die Hochschule war oft besser als ihr Ruf. Und das in schwieriger Zeit. Bis 1650 hielten die Schweden Leipzig besetzt. Außerdem stand die bedeutende Messestadt unter Zwangsverwaltung von Dresdner Regierungsbeamten: Bei Finanzspekulationen hatte Leipzig zu viel gewagt…

Mit 18 Jahren erreicht Leibniz den Titel eines Magisters der Philosophie. Die Annalen verzeichnen, dass bei den Magisterschmäusen schon mal 336 Liter Wein flossen – auf Kosten der Studenten. Als Leibniz zwei Jahre später den juristischen Doktortitel erreichen will, verweigert sich aber die Universität: Er sei zu jung. Leibniz geht »in die Welt«, zunächst nach Altdorf. »Ich habe keinen Grund zur Klage darüber, daß ich, fast noch ein Knabe, nicht auffiel…«, erinnert er sich 40 Jahre später an jene Zeit.

Gestorben ist Gottfried Wilhelm Leibniz in Hannover. Dort erhielt auch ihm zu Ehren der bekannte Keks seinen Namen. Das Leipziger Rosental aber hat ihn zum Philosophen gemacht.

Das Leibniz-Denkmal nach Kriegsende 1945 und vor der Restaurierung 2004.

Denkmal auf Wanderschaft
Der Alte Neumarkt, heute Universitätsstraße, und das »Paulinum« bildeten für Leibniz das Umfeld seiner Kindheit. Eine Tafel an der Alten Nikolaischule verzeichnet auch ihn als Schüler. Sein Denkmal, 1883 von Ernst Julius Hähnel geschaffen, aber wandert – vom Thomaskirchhof 1906 in den Hof des »Paulinums«, 1968 ins Lager, 1977 vor das Hörsaalgebäude, 2004 zur Generalüberholung. Zum 600. Uni-Geburtstag 2009 soll es einen neuen Platz auf dem Campus am Augustusplatz finden.

Schau-Plätze

Leipziger Köpfe | 57

GOTTHOLD EPHRAIM LESSING

Liederliche Jahre – Ärger mit Vater und Vermieter

Gotthold Ephraim Lessing (1729 – 1781)

Feuerkugel und Treppenturm

An die »Große Feuerkugel« am Neumarkt, die den Bombennächten im Zweiten Weltkrieg zum Opfer fiel, erinnert eine Gedenktafel am 2001 eröffneten Kaufhausneubau. In der Burgstraße lassen nur noch der mehrfach umgebaute »Thüringer Hof« und der Renaissance-Treppenturm der »Goldenen Fahne« die Situation des 18. Jahrhunderts erahnen. Wo sich die »Alte Baderei« befand, steht heute ein Neubaublock. Im Studentenklub Moritzbastei ist eine Lessing-Büste zu sehen.

Gotthold Ephraim Lessing, der Aufklärer, Freimaurer und aufmüpfige Schriftsteller, war sein Leben lang in irgendwelche Händel verstrickt – auch in seinen Leipziger Jahren. Am 20. September 1746 begann er ein Theologie-Studium an der sächsischen Landesuniversität Leipzig. Hier hatten auf Weisung des Kurfürsten alle zu studieren, die zuvor die »Fürstenschulen« in Meißen, Pforta oder Grimma besucht hatten. Johann Friedrich Fischer, der spätere Rektor der Thomasschule, war sein Hausgenosse: »Wir wohnten in der Burgstraße, drüben in der Alten Baderei.« Das Gebäude lag dem heutigen Thüringer Hof gegenüber und nicht weit von Friedrich Gottlieb Klopstocks Studentenbude im »Großen Hirschkopf«.

Der 17-jährige Lessing beteuerte der Mutter zwar brieflich, dass er »stets bey den Büchern« sei, aber interessanter noch war das wirkliche Leben. Den freigeistigen Vetter und Medizinstudenten Christlob Mylius, der schon Spottverse auf den Kamenzer Stadtrat verfasst hatte, fand er einfach großartig, machte Schulden und trieb sich in Begleitung von Christian Felix Weiße mit dem fahrenden Volk, den Schauspielern, herum. Die Neuberin gastierte mit ihrer Theatertruppe in Zotens Hof, dem späteren Quandts und heute Oelsners Hof in der Nikolaistraße. Im Januar 1848 erlebte hier Lessings Lustspiel »Der junge Gelehrte« seine Uraufführung.

1756 wohnte der Dichter im dritten Stock in der Grimmaischen Straße 15 (Mitte).

Dem frommen Vater, Pastor Lessing, kam alles zu Gehör – und er zitierte den Sohn umgehend nach Kamenz zur pädagogischen Runderneuerung. Der kehrte brav und geläutert nach Leipzig zurück, zahlte mit dem Geld seines Vaters die Schulden, bürgte für einige Schauspieler der Neuberschen Truppe, die aber plötzlich verschwanden. Auch Lessing flüchtete – nach Wittenberg zum Medizinstudium. Im Oktober 1755 reiste er wieder nach Leipzig, nun als Schriftsteller und Journalist. Weiße vermittelte ihm die Bekanntschaft des reichen Kaufmannssohns Christian Gottfried Winkler, der ihn für jährlich 300 Taler und insgesamt vier Jahre als Reisebegleiter durch Europa engagierte.

Treppenturm der »Goldenen Fahne« neben Neubaublock in der Burgstraße, dahinter die Thomaskirche.

In dessen »Großer Feuerkugel« am Neumarkt durfte Lessing auch wohnen.

Doch bereits nach drei Monaten nahm das Abenteuer ein jähes Ende. Der Siebenjährige Krieg hatte mit dem Einmarsch Preußens in Sachsen begonnen. Winkler verweigerte die versprochene Zahlung und kündigte Lessing, der in die Grimmaische Straße umzog, die Wohnung. Der Advokat und spätere Bürgermeister Carl Wilhelm Müller verteidigte den fast Mittellosen vor Gericht – und gewann gegen den knickrigen Kaufmann. Am 8. Mai 1758 verabschiedete sich Gotthold Ephraim Lessing nach Berlin.

Büste von Carl Seffner in der Moritzbastei.

Erinnerungstafel für die »Große Feuerkugel«.

KARL PAUL FRIEDRICH AUGUST LIEBKNECHT

Politik an der Wiege – Exil auf dem Dorf

Haus der Familie Liebknecht in der Braustraße – und Ausstellung im heutigen Liebknecht-Haus.

Leipzig galt als »Wiege der deutschen Arbeiterbewegung«. Das lag am rasant wachsenden Industriekapitalismus, am massenhaften Zuzug schlecht bezahlter Arbeiter, an den unerfüllten Hoffnungen der 1848er-Revolution. Die Wiege Karl Liebknechts stand in der Braustraße, in der systematisch angelegten südlichen Vorstadt. Eine politisierte Kindheit und Jugend nahm ihren Lauf. »Ich bin ja sozusagen im Parteileben aufgewachsen«, schreibt Karl Liebknecht später. Vater Wilhelm war ein führender Vertreter der 1869 in Eisenach gegründeten Sozialdemokratischen Arbeiterpartei (SDAP). Im Haus waren August Bebel und Karl Marx zu Gast, hier befand sich für kurze Zeit sogar das deutsche Zentrum der I. Internationale. Wilhelm Liebknecht hatte 1848 in Paris und in der Badischen Volkswehr gekämpft, Großvater Carl Reh dem Frankfurter Parlament angehört – Republikaner, Demokraten, welche die Machtpolitik und Familieninteressen der noch immer bestimmenden Adelshäuser »von Gottes Gnaden« störten.

Vorwände zu rigorosem Eingreifen lieferten die Zeitungen aus dem Hause Liebknecht: das »Demokratische Wochenblatt« oder der »Volksstaat«. Redaktionssitz war die Braustraße 11. Vater Wilhelm landete nach zahllosen »Pressprozessen« öfter im Gefängnis. Ein »unruhiges, aufregendes Leben« auch für die Familie. Als Wilhelm Liebknecht 1881 während des über Leipzig verhängten »Kleinen Belagerungszustandes« die Stadt verlassen muss und mit August Bebel ins nahe gelegene Borsdorf ins »Exil« geht, ziehen seine Frau Natalie und die Kinder in eine billigere Wohnung am Südplatz. Die Besuche beim Vater auf dem Dorf prägen sich Karl ein: »Geturnt, geprügelt, gewandert im Wald, verkrochen mit den herrlichsten Büchern und allen Musen im Leibe. Kuhstall, Obstgarten, Ernteabeit mit den Knechten…«

Auf solide Ausbildung hat Wilhelm Liebknecht dennoch geachtet: Mit sieben Jahren schickt er Karl auf die Bürgerschule, ab 1881 auf das Nikolaigymnasium. Politische Herkunft und Überzeugung hängen ihm an: »Ich habe in meiner Jugend eine Fülle politischer Anfechtungen erfahren.« 1890 beginnt er in Leipzig ein Studium der »Rechts- und Cameralwissenschaften«, unter anderem bei Wilhelm Wundt. Mit Kommilitonen gründet er die »Leipziger freie wissenschaftliche Vereinigung« im Restaurant Greve in der Roßstraße 22. Kurz darauf zieht die Familie nach Berlin. Karl Liebknecht erlangt den Doktortitel in Jura und Politik, arbeitet als Anwalt – und wird als entschiedener Kriegsgegner zum bekanntesten Vertreter der politischen Linken.

Karl Liebknecht (1871 – 1919)

Schau-Plätze

Südvorstadt und Volkshaus

Die heute wieder bunt belebte Südvorstadt bildete mit der Braustraße 15 (früher Nr. 11), der Karl-Liebknecht-Straße 69 (Südplatz 11) und dem 1904/05 erbauten Volkshaus, dem Standort des ehemaligen Gartenetablissements »Tivoli«, das Umfeld der Kindheit und Jugend Karl Liebknechts. Im Liebknecht-Haus in der Braustraße 15 befinden sich heute eine Gedenkstätte und die Leipziger Zentrale der Linkspartei. Im Volkshaus, wo Liebknecht auf dem SPD-Parteitag 1909 eine Rede hielt, arbeitet die Regionalvertretung des Deutschen Gewerkschaftsbundes.

Das Volkshaus an der Südstraße um 1906 – und heute an der Karl-Liebknecht-Straße.

Leipziger Köpfe | 59

FRIEDRICH LIST

Lokomotiven des Aufschwungs

Friedrich List (1789–1846)

Schau-Plätze

Büste im Bahnhof

Ein Obelisk gegenüber dem Hauptbahnhof in der Grünanlage an der Goethestraße erinnert seit 1878 an den Begründer der ersten deutschen Ferneisenbahn und seine Mitstreiter. In der Westhalle des Hauptbahnhofes befindet sich zudem eine Friedrich-List-Statue. Das Wohnhaus des Eisenbahn-Pioniers stand in der Neuen Johannisgasse 1208 auf dem heutigen Telekom-Gelände hinter der Hauptpost, zwischen Querstraße und Georgiring. Und wer von Leipzig nach Dresden mit dem Zug fährt, darf sich ganz dicht auf Lists Spuren fühlen.

Dem Visionär war die deutsche Kleinstaaterei ein Gräuel. Als Verwaltungswissenschaftler hatte Friedrich List die Probleme des zersplitterten Deutschlands in der ersten Hälfte des 19. Jahrhunderts klar analysiert: »Ein oberflächlicher Blick schon auf die inneren Verhältnisse… muß den unbefangenen Beobachter überzeugen, daß die Gesetzgebung und die Verwaltung unseres Vaterlandes an Grundgebrechen leidet, welche das Mark des Landes verzehren und die bürgerliche Freiheit vernichten.« Seine Hauptkritik richtete sich gegen die zunehmende Bürokratisierung. Die »Schreiberherrschaft« sei eine »vom Volk ausgeschiedene, über das ganze Land ausgegossene und in den Ministerien konzentrierende Beamtenwelt, unbekannt mit den Bedürfnissen des Volkes und den Verhältnissen des bürgerlichen Lebens, … jeder Einwirkung des Bürgers, gleich als wäre sie staatsgefährlich, entgegenkämpfend«. Dem wollte List die Stärkung der kommunalen Selbstverwaltung und eine gesamtnational vernetzte Wirtschaftspolitik entgegensetzen. Seine komplexe Betrachtungsweise machte ihn zum Begründer der modernen Volkswirtschaftslehre – und zum Professor am ersten deutschen staatswissenschaftlichen Lehrstuhl in Tübingen.

Statue in der Westhalle des Hauptbahnhofes.

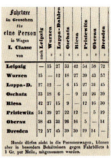

Der »Blitz« auf seiner ersten Fahrt nach Althen am 24. April 1837 – und die Fahrpreise auf der gesamten Strecke von Leipzig nach Dresden (rechts).

List plädierte für ein dichtes Eisenbahnnetz in ganz Deutschland, um wirtschaftlichen Aufschwung herbeizuführen. Nur so, davon war der Nationalökonom überzeugt, ließen sich neue Rohstoffvorkommen erschließen, Lieferwege und Lieferzeiten zwischen Produktions- und Verbrauchsstandorten optimieren. Das wirtschaftlich weit fortgeschrittene Sachsen erkannte als eines der wenigen deutschen Länder die Notwendigkeit des billigen, schnellen und regelmäßigen Massentransports von Menschen und Gütern. Deshalb zog List 1833 nach Leipzig. Seine im selben Jahr veröffentlichte Schrift »Über ein sächsisches Eisenbahnsystem als Grundlage eines allgemeinen deutschen Eisenbahnsystems und insbesondere über die Anlegung einer Eisenbahn von Leipzig nach Dresden« traf hier auf offene Ohren und prall gefüllte Geldbeutel. Mit zwölf Leipziger Bürgern – an der Spitze die Kaufleute, Unternehmer und Bankiers Gustav Harkort, Carl Lampe, Albert Dufour-Feronce und Wilhelm Theodor Seyfferth – gründete er die »Leipzig-Dresden-Eisenbahn-Compagnie«. Bis 1835 kamen durch Kapitalanleger 1,5 Millionen Taler für den Bau der ersten deutschen Fernbahnstrecke zusammen. Zwei Jahre später rollte der Zug schon bis Althen. Und am 7. April 1839 ging schließlich die komplette Strecke von Leipzig über Wurzen, Oschatz und Riesa bis nach Dresden in Betrieb.

Friedrich Lists Vision von einem vernetzten Eisenbahnsystem wurde Realität. 1850 stand der Deutsche Bund mit 5 856 Kilometern hinter England an zweiter Stelle in Europa. Und im Jahr 1875 rollten im nunmehr geeinten Deutschen Reich die Züge bereits über 27 474 Kilometer Schienen.

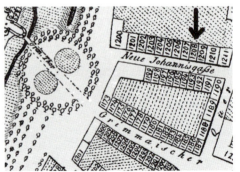

Historischer Stadtplan mit Lists Wohnhaus in der Neuen Johannisgasse 1208.

60 | Leipziger Köpfe

Gustav Albert Lortzing

Vereine, Verse – und eine ungeheure Heiterkeit

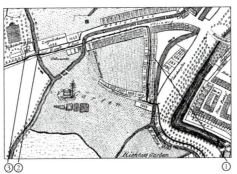

Gedenktafel in der Funkenburgstraße – und Lortzings Leipziger Wohnungen auf einem historischen Stadtplan: Naundörfchen (1), Frankfurter Straße (2) und Gartenhäuschen hinter der Großen Funkenburg (3).

Gustav Albert Lortzing kennen viele als musikalischen Spaßmacher, als unbekümmert-heiteren »Biedermeier«-Komponisten. In 150 Jahren ist dieses Bild entstanden – weil seine Texte entschärft und die Zeitkritik rausgebügelt wurden. Seine musikalischen Motive, Ideen und Figuren haben andere »Tondichter« trotzdem gern und ungefragt übernommen, Richard Wagner zum Beispiel. Lortzing hat viele Jahre als Schauspieler, Sänger, Regisseur und Kapellmeister in Leipzig gelebt und hier seine wichtigsten Bühnenwerke geschrieben – darunter »Zar und Zimmermann«, uraufgeführt am 22. Dezember 1837 im Stadttheater. Ein Rätsel, wann er eigentlich dazu gekommen ist: kaum ein Verein, in dem Lortzing nicht Mitglied war – Literatenverein, Schillerverein, die Loge »Balduin zur Linde«, der »Tunnel über der Pleiße«. Im »Tunnel«, der viele Jahre im »Hotel de Pologne« an der Hainstraße tagte, wirkten Friedrich Hofmeister und Heinrich Marschner, Friedrich Wieck und Heinrich Laube, Anton Philipp Reclam und Rosalie Wagner.

Die »Vereinsmeierei« der Deutschen hat in diesen Jahrzehnten ihre Wurzeln. Als politische Betätigung stark eingeschränkt war, gründeten sich scheinbar unpolitische gesellige Vereine. Albert Lortzing nutzte zudem seinen Wortwitz auf der Bühne. So hatte Stadtrat Dr. Demuth verfügt, dass er aus dem Lied »Ungeheure Heiterkeit ist meines Lebens Regel« einen anzüglichen Vers auf den Uni-Rektor weglassen sollte. Lortzing fand den Vers harmlos, das Verbot unbegründet, sang ihn – und wurde zu einer Geldbuße oder drei Tagen Arrest verurteilt. In der nächsten Vorstellung empfing ihn das Publikum mit stürmischem Beifall. Lortzing dankte und sprach: »Ich weiß nicht, bei diesem liebevollen Empfange überfällt mich eine ungeheure Heiterkeit. Aber mehr zu sagen, verbieten mir Demuth und Bescheidenheit …«

In der Funkenburgstraße erinnert eine alte Tafel an den Komponisten – mit falschem Inhalt: Hier hat er nicht von 1833 bis 1846, sondern nur ab 1844 für anderthalb Jahre gewohnt. Seine erste Adresse war von 1833 bis 1838 das Naundörfchen 1008, die zweite Frankfurter Straße 1086. Im Jahr 1849 wohnte Lortzing nochmals in Leipzig: in der Taucharer Straße 2 (heute Rosa-Luxemburg-Straße).

Albert Lortzing (1801–1851)

Das Stadttheater an der Ranstädter Bastei – heute Haltestelleninsel Goerdeler-/Tröndlinring.

Das »Hotel de Pologne« in der Hainstraße – heute eine ehemalige Messeimmobilie.

Haltestelle und Messehaus

Wer auf der Haltestelleninsel an der »Blechbüchse« auf die Straßenbahn wartet, steht auf dem Boden von Lortzings Wirkungsstätte: dem Stadttheater. An das prächtige »Hotel de Pologne« einschließlich Lortzings Lieblingskneipe »Birnbaum« erinnert noch die einstige Messeimmobilie in der Hainstraße 16–18. Von der »Großen Funkenburg« ist ein Straßenschild geblieben, von der Naundörfchen-Wohnung des Komponisten am Pleiße-Mühlgraben die Fläche hinter der Feuerwache.

Schau-Plätze

Martin Luther

»Lipsia lipsiscit – Leipzig leipzigert«

Martin Luther (1483 – 1546)

Zeichen der Reformation

Eine Tafel in der Hainstraße verweist auf die einstige Werkstatt und Herberge von Melchior Lotter. Hier wohnte Martin Luther während der Disputation. Im Innenhof des Fregehauses in der Katharinenstraße erinnert zudem ein Spottrelief aus Sandstein an die damaligen Auseinandersetzungen. Auf dem Areal der Pleißenburg steht seit 1905 das Neue Rathaus. Von den »Drei Schwanen« am Brühl ist noch das farbige Hauszeichen erhalten. Aus »Auerbachs Hof« wurde die Mädler-Passage. In der Thomaskirche zeigt ein Bleiglasfenster den Reformator. Auf der »Lutherkanzel« in der Nikolaikirche hat er hingegen nie gestanden.

Um Leipzig kam er nicht herum – im wörtlichen Sinne: Martin Luther musste durch die Stadt, wenn er von der kurfürstlich-sächsischen Residenz Wittenberg zu Fuß nach Süden wollte. Er weilte oft in Leipzig, wenngleich auch sein Verhältnis zur Handelsstadt immer zwiespältig war. Das lag an der fortschrittsfeindlichen Universität, deren verknöcherten Theologen und an dem das geistige Niveau mitbestimmenden Mönchsorden.

Luthers Wittenberger Universität bestand erst seit 1502, da das neu gebildete Ernestinische Sachsen nach der Leipziger Teilung 1485 keine Hochschule mehr besaß. Die Studenten strömten bald scharenweise nach Wittenberg: Die Leipziger Universität versank über Jahrzehnte in der Bedeutungslosigkeit.

Die längste Zeit – 24. Juni bis 15. Juli 1519 – hielt sich Luther zur Leipziger Disputation in der Stadt auf, ausgelöst durch seinen Wittenberger Thesenanschlag 1517. Sein Rede-Gegner, der Ingolstädter Dr. Johann Mair aus Eck, war ein gerissener Rhetoriker, wenn auch keine Leuchte der Wissenschaft. Das Ergebnis der wochenlangen, die Bibel deutenden Statements war eher dünn, die Nachwirkung aber gewaltig: Luthers Ansichten zur Papstkirche verbreiteten sich schnell, die Fronten zu den »Papisten« und den Staatsgewalten verhärteten sich. »Dr. Eck« erwirkte ein Jahr später beim Papst erst die Bannandrohungs- und schließlich 1521 die Bannbulle gegen Luther, der mit der römisch-katholischen Kirche gebrochen hatte.

»Lipsia lipsiscit – Leipzig leipzigert, wie man's von ihm gewohnt ist«, schrieb Luther nach dem Rededuell auf der Pleißenburg. Während der Zeit der Disputation wohnte er mit Melanchthon und Carlstadt bei seinem Buchdrucker Melchior Lotter in der Hainstraße, der für die Verbreitung der Thesen und Schriften sorgte. Im selben Sommer starb der Auslöser von Luthers Zorn, der Ablasshändler Johannes Tetzel, im Dominikanerkloster

Martin Luther verteidigte sich 1521 beim Reichstag in Worms vor Kaiser Karl V.

Wandbild im Innenhof des Fregehauses und Tafel in der Hainstraße 16 – 18 (rechts).

Anstelle der Pleißenburg befindet sich heute das Neue Rathaus (vorn). Unten: Das Gotteshaus St. Pauli – erst Klosterkirche der Dominikaner, dann Universitätskirche.

am Augustusplatz. Begraben wurde er im Chorhaupt der Paulinerkirche.

Bei anderen Aufenthalten in Leipzig kehrte Luther meist am Brühl ein. So am 3. Dezember 1521 beim Schankwirt Hans Wagner in den »Drei Schwanen« – verkleidet als Junker Jörg in »grauen Reiterskleidern«, mit Bart und einem »roth Barretlein«.

Pfingsten 1539 führte Herzog Heinrich in Sachsen die Reformation ein. Luther predigte in der Thomaskirche und wohnte in »Auerbachs Hof« beim Mediziner Heinrich Stromer. 1545 weihte er die Paulinerkirche zur Universitätskirche. Ein Jahr später starb er in Wittenberg. Herzog Heinrichs Sohn Moritz von Sachsen jagte 1552 den sehr katholischen Kaiser Karl V. über die Alpen – und rettete damit die Reformation in Sachsen.

Blasser Mond, matter Finsterling und die erste Sinfonie

Gustav Mahler kam widerwillig nach Leipzig. In Prag war ihm klar geworden, dass er in Arthur Nikisch »einen eifersüchtigen und vielvermögenden Rivalen finden werde«. Doch der Direktor des Neuen Theaters am Augustusplatz, Max Staegemann, bestand auf Einhaltung des Vertrages. Also traf Mahler Ende Juli 1886 in Leipzig ein und bezog eine Wohnung in der Gottschedstraße »Nro. 4, II. Etage«, heute die Hausnummer 25.

Schon am 3. August gab Mahler als Assistent Nikischs mit Wagners »Lohengrin« sein Debüt in Leipzig, am 16. folgte der »Tannhäuser«. Die Rezension im »Leipziger Tageblatt« war durchwachsen und nach Meinung Mahlers von einem »matten Finsterling« geschrieben. Auch sonst hatte er viel zu klagen: »Mein ganzes Leben ist ein großes Heimweh.« Und: Nikischs Leistung wäre zwar ganz passabel, ihm sei aber »das Höchste und Tiefste verschlossen«. Er könne sich »nicht dreinfinden, als blasser Mond hier das Gestirn Nikisch zu umkreisen«. Gewandhauskapellmeister Carl Reinecke hatte noch nie von Mahler gehört.

Die Gustav-Adolf-Straße auf einem Stadtplan von 1884 und die Gedenktafel am einstigen Wohnhaus.

»Schmerzlich, so ganz und gar einer von vielen zu sein.« Selbstwertgefühl und Ehrgeiz des gerade 26-Jährigen waren groß.

Aber die Stimmung besserte sich. Familie Staegemann lud Gustav Mahler oft in die Moschelesstraße ein. Bald zählte er auch zu den Gästen Carl von Webers, Offizier und Enkel des Komponisten. Der Freiherr hatte eine herrliche Wohnung in der Sebastian-Bach-Straße 5 – und eine bezaubernde junge Frau. »Einen schönen Menschen, einen von denen, durch welche man seine Dummheiten anstellt.« Mahler verliebte sich in sie – eine heimliche Affäre begann. Der junge Mann bekam den Auftrag, Carl Maria von Webers hinterlassene Skizzen zur Oper »Die drei Pintos« in eine spielbare Bühnenfassung zu bringen. Die erste Aufführung am 20. Januar 1887 bescherte Mahler einen grandiosen Erfolg – und 10 000 Mark.

Nun konnte er sich eine bessere Unterkunft im neu erschlossenen Waldstraßenviertel leisten. »Gestern bin ich in eine neue Wohnung gezogen, welche wirklich beinahe zu prächtig für mich ist«, schrieb er an den Herzensfreund Friedrich Löhr. In der Gustav-Adolf-Straße komponierte er seine I. Sinfonie, seine Theaterarbeit aber vernachlässigte er zunehmend. Die Musiker schimpften, der Chef reagierte ungehalten. Im Mai 1888 bat Mahler um die Auflösung seines Vertrages. Er zog weiter an die Budapester Oper, hinaus in die Welt – »über welche ruhelos zu wandern ich bestimmt bin«.

Gustav Mahler (1860 – 1911)

Prominente Adressen

Eine Tafel in der Gustav-Adolf-Straße 12 erinnert an den Wohnort von Gustav Mahler. An der Gottschedstraße 25 aber gehen die Passanten achtlos vorbei. Hier hat auch Außenminister Gustav Stresemann als Student gewohnt, hier kam der spätere DDR-Staats- und Parteichef Walter Ulbricht zur Welt. Das Gebäude, in dem Carl von Weber mit seiner Frau Marion-Mathilde wohnte, existiert auch noch: die Nummer 5 an der Hiller-, Ecke Bachstraße, gegenüber der Thomasschule. Wo sich das Neue Theater befand, steht heute die Oper.

Rückansicht vom Neuen Theater am Augustusplatz – und von der Oper heute.

Szene aus »Die drei Pintos« am Neuen Theater.

Heinrich August Marschner

Orpheus der Vampyr

Heinrich Marschner (1795–1861)

Deutsche Musiker von Belang, Komponisten und Dirigenten gaben sich im 19. Jahrhundert in Leipzig die Klinke in die Hand. Hier fanden sie ein kundiges Publikum, viele Musikverlage und eine tonangebende Presse. So quartierte sich auch Heinrich August Marschner, vormals Hofkapellmeister in Dresden, am 12. August 1827 mit seiner Ehefrau Marianne im Hotel de Bavière in der Petersstraße ein. Sie trat ein gut bezahltes Engagement als Sängerin an, er war auf der Suche nach Anstellung und Anerkennung. Eine passable Unterkunft fand sich bald am Ranstädter Steinweg im Gasthof »Zur goldenen Laute«, drei Minuten Fußweg vom Theater entfernt. Während seine Frau schon drei Tage später die erste große Rolle sang, schrieb er an einer romantischen Oper.

Marschner war nicht neu in der Stadt. Kontakte bestanden schon vorher – zu den Musikalienverlegern Härtel und Hofmeister etwa, zum Kulturbürgertum um Ernst August Carus und Friedrich Wieck. Seine »Anhänglichkeit

Ausschnitt aus Marschners Tagebuch.

an Leipzig« hatte 1813 begonnen, als der Zittauer sein Jurastudium antrat und in der »Apelei« am Neumarkt wohnte. Durch Thomaskantor Johann Gottfried Schicht gehörte sein Herz aber bald der Musik.

Kaum wieder in Leipzig, schloss sich Marschner einem Verein an. Am 27. Januar 1828 hatte sich im »Hotel de Russie« auf der Petersstraße die »Sonntagsgesellschaft des Peter« nach Berliner Vorbild gefunden, der spätere »Tunnel über der Pleiße«. Marschner gehörte zu den Gründungsmitgliedern. Anfang Februar trafen sich die Initiatoren in seiner Wohnung, formulierten Satzung und Ziele: angenehme und witzige Unterhaltung, eine besondere Vereinssprache, keine bürgerlichen Titel, Wohltätigkeit. Die Premiere seiner Oper »Der Vampyr« am 29. März verfolgte der Verein fast vollzählig. Und natürlich schrieb der »Tunnel«-Bruder und Kritiker Friedrich Gleich über den großen Erfolg: »Gesegnetes Deutschland! In der Zeit, wo

Hof der »Goldenen Laute« kurz vor dem Abriss.

eben die zwei größten Sterne deutscher Musik verlöschten, trat eine neue Sonne an das musikalische Firmament …« Robert Schumann nannte sie »die bedeutendste deutsche Oper der neueren Zeit«.

Eine Anstellung Marschners aber scheiterte an den Zeitumständen. Der Theaterpächter Karl Theodor Küstner trat bald ab, eine Zwischenlösung als »Königlich Sächsisches Hoftheater zu Leipzig« erwies sich als instabil. Marschner reiste durch die deutschen Länder und fand ab 1. Januar 1831 eine Anstellung als Hofkapellmeister in Hannover, das er – zunehmend unzufrieden – bald als die »Hauptstadt von Deutsch-Sibirien« bezeichnete. Geblieben ist Heinrich Marschner sein »Tunnel«-Name aus Leipziger Zeit: Orpheus der Vampyr.

Schau-Plätze

Drei Jahre – drei Wohnungen

Die »Goldene Laute« am Ranstädter Steinweg war nur ein Jahr lang Marschners Wohnung. Hier schrieb er die Oper »Der Vampyr«. Im Herbst 1828 zog er mit seiner Familie an den Neumarkt 642 (heute 31). Im Jahr 1830 sind die Marschners in einer Wohnung in Quandts (Oelsners) Hof zu finden. Der Musikalienverleger Friedrich Hofmeister hatte sein Geschäft im Eckhaus Grimmaische Straße/Universitätsstraße – genau dort, wo heute eine Buchhandlung ihre Kunden empfängt.

Einst Musikalien-, jetzt Buchhandlung: das Eckhaus an der Grimmaischen Straße.

Der Saal des Theaters auf der Ranstädter Bastei.

Mitdenker, Nachdenker, Vordenker

»Hinter den sieben Bergen« von 1973.

Kunstvolles Grab: Letzte Ruhestätte mit Plastik »Gesichtzeigen« auf dem Südfriedhof.

Engagierter Fragesteller: Wolfgang Mattheuer bei einem LVZ-Leserforum im November 2000.

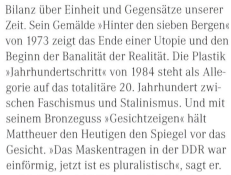

Wolfgang Mattheuer (1927 – 2004)

Wenige deutsche Künstler waren und sind so umstritten wie Wolfgang Mattheuer. Er mischt sich ein mit seinen Bildern und Plastiken. Sisyphos und Ikarus, Kain und Abel zeigt er nicht als Figuren aus ferner Vergangenheit, sondern als Zeitgenossen.

Aufgewachsen im vogtländischen Reichenbach, entstehen schon während seiner Lehrzeit die ersten Aquarelle und Druckgrafiken. In den 1950er-Jahren wird Leipzig sein neuer Arbeits- und Lebensmittelpunkt. Er studiert an der Hochschule für Grafik und Buchkunst und lehrt dort ab 1956 als Assistent, Dozent und später als Professor. 1974 geht er auf eigenen Wunsch und wird freischaffender Künstler. Und besteht darauf, ein »Bildermacher« zu sein und nicht »im Topf der Maler verrührt zu werden«. Wird er aber: Neben Werner Tübke und Bernhard Heisig zählt Wolfgang Mattheuer zu den Begründern der »Leipziger Schule« mit ihrer gegenständlich-figürlichen Malweise.

1958 tritt er in die SED ein, 30 Jahre später – am Nationalfeiertag der DDR – gibt er sein Parteibuch aus Protest zurück. 1984 erhält er noch den Nationalpreis für Kunst und Literatur I. Klasse der DDR, 1993 das Verdienstkreuz I. Klasse zum Verdienstorden der BRD. Und doch: Mattheuer lässt sich und seine Werke nicht vereinnahmen – weder von den einen, noch von den anderen. Der Leipziger aus dem Vogtland bleibt, was er immer war: ein skeptischer Moralist. Er zieht Bilanz über Einheit und Gegensätze unserer Zeit. Sein Gemälde »Hinter den sieben Bergen« von 1973 zeigt das Ende einer Utopie und den Beginn der Banalität der Realität. Die Plastik »Jahrhundertschritt« von 1984 steht als Allegorie auf das totalitäre 20. Jahrhundert zwischen Faschismus und Stalinismus. Und mit seinem Bronzeguss »Gesichtzeigen« hält Mattheuer den Heutigen den Spiegel vor das Gesicht. »Das Maskentragen in der DDR war einförmig, jetzt ist es pluralistisch«, sagt er.

Mattheuer ist Mitdenker, Nachdenker und Vordenker. Und immer auch ein Querkopf. Eigensinnig lehnt er 1998 ab, ein neues Bild für den Berliner Bundestag zu malen. Stattdessen solle man doch sein Gemälde »Guten Tag«, das einst im Palast der Republik hing, aus der »Gefangenschaft« im Deutschen Historischen Museum befreien.

»Jahrhundertschritt« in der Grimmaischen Straße.

Schau-Plätze

Kunst im Freien

Gewohnt und gearbeitet hat Wolfgang Mattheuer in der Hauptmannstraße 1 am Clara-Zetkin-Park. Sein »Jahrhundertschritt« steht auf der Grimmaischen Straße vor dem Zeitgeschichtlichen Forum, die Plastik »Gesichtzeigen« im Foyer des Museums der bildenden Künste und ein weiterer Abguss an seiner Grabstätte auf dem Südfriedhof. Diese ist in Abteilung II zu finden. Sein berühmtes Bild »Hinter den sieben Bergen« besitzt das Leipziger Bildermuseum.

Deutscher auf Widerruf – mit Würde des Wortes

Hans Mayer (1907–2001)

Wohnung, Uni, Treffpunkte

Von 1948 bis 1963 wohnte Hans Mayer in der Tschaikowskistraße 23 zur Untermiete bei einer Verwitweten. Deshalb fanden die Treffen mit Gleichgesinnten nie bei ihm statt. Und so war Mayer oft zu Gast bei Karola und Ernst Bloch in der Wilhelm-Wild-Straße 8 in Schleußig oder bei Irene und Walter Markov im Weißdornweg 4 in Holzhausen. 1987 besuchte Hans Mayer erstmals wieder Leipzig und traf sich mit seinen Freunden und Verlegern im Gohliser Schlößchen. 1993 verlieh ihm die Universität die Ehrendoktorwürde.

»Er war ein Jurist, der sich nicht anpassen wollte. Er war ein Literaturhistoriker, der nicht nur Goethe und Büchner, Lessing und Fontane lesen konnte, sondern auch die neue, die entstehende Literatur zu lesen verstand und sich mit Kraft und Rückgrat für sie einsetzte. Er war ein Historiker, der sich vom jeweils herrschenden Regime in Deutschland nicht bestechen ließ, doch einem wieder mal untergegangenen Staat in Deutschland den klaren, gerechten, vorurteilsfreien Blick nicht versagte. Er war ein Schriftsteller, der die Würde und die Kraft des Wortes für bedeutungsvoller, wirkungsreicher und zukunftshaltiger hielt als die Macht eines Staates und seiner Polizei, und der daher nicht bereit war, einem anderen zu dienen als diesem Wort, der Sprache, der Literatur. Er war ein Musikliebhaber und ein so sensibler Kenner der klassischen und zeitgenössischen Musik, dass Komponisten, Musiker und Opernregisseure zu ihm kamen, um seinen Rat zu erbitten. Er war ein Deutscher, den Deutsche zum nichtdeutschen Juden erklärten.« Mit trefflichen Worten beschrieb Schriftsteller Christoph Hein im Nachruf seinen Lehrer Hans Mayer, der sich selbst als »Deutscher auf Widerruf« bezeichnete.

Anfang 1948 zog Mayer, der nach seiner Rückkehr aus dem Schweizer Exil bei Radio Frankfurt gearbeitet hatte, mit seinem Freund Stephan Hermlin nach Leipzig und wohnte fortan in der Tschaikowskistraße 23. Die Universität berief den promovierten Juristen an den Lehrstuhl für Literaturwissenschaft. Hier entwickelte sich Mayer zu einem der einflussreichsten und anerkanntesten Kritiker neuerer deutscher Literatur. Seine Vorlesungen im legendären Hörsaal 40 prägten das geisteswissenschaftliche Denken der Nachkriegszeit – ebenso wie die des Philosophen Ernst Bloch, des Historikers Walter Markov und des Romanisten Werner Krauss. Eine Blütezeit, die schnell verging. Des Professors Verhältnis zu den Machthabern der DDR prägten ab 1956 immer stärkere Reibereien. 1963 kehrte er aus Tübingen nicht in die DDR zurück – bis zu seinem Besuch in Berlin und Leipzig 1987. Neun Jahre später hielt Mayer unter dem Titel »In den Ruinen des Jahrhunderts« eine denkwürdige Rede: »Sollte es wirklich sein, dass künftige Gesellschaften im Zeichen einer Globalisierung nur folgendes zur Wahl haben: Freiheit und Wohlstand, doch ohne soziale Gerechtigkeit. Wohlstand und soziale Gerechtigkeit, doch in einem autoritären Regime. Freiheit und soziale Gerechtigkeit, doch ohne den Wohlstand einer heutigen Wegwerfgesellschaft.«

Im Juli 2001 wollte ihm Leipzig die Ehrenbürgerschaft verleihen, im Mai starb Hans Mayer 94-jährig.

Wiedersehen nach 24 Jahren mit den Historikern Walter Markov, Ernst Engelberg (rechts) und Verleger Elmar Faber (hinten Mitte) 1987 in Berlin – und Signierstunde 1991 in Leipzig-Connewitz.

Wohnhaus Tschaikowskistraße 23 mit Gedenktafel.

Fiktives Interview mit einem Chefredakteur

Von 1902 bis 1907 leitete Franz Mehring die Leipziger Volkszeitung. Wenn Journalisten von heute den Chefredakteur von einst befragen könnten, dann würde sich vermutlich das folgende (fiktive) Interview ergeben.

Sie waren Publizist, Politiker, Historiker – was hat Sie zur Leipziger Volkszeitung geführt?

In Leipzig hatte ich schon Philologie und Geschichte studiert und später auch an der Universität promoviert. Ab 1868 schrieb ich für verschiedene bürgerliche Tages- und Wochenzeitungen, arbeitete als Parlamentsreporter und Leitartikler. 1891 trat ich in die SPD ein, übernahm deren theoretische Wochenschrift »Neue Zeit« und kam schließlich 1902 als Chefredakteur zur sozialdemokratischen LV. Das Kürzel LVZ benutzten wir noch nicht.

Wie fanden Sie die Leipziger Volkszeitung vor?

Der erste Chefredakteur Bruno Schoenlank war schwer erkrankt und im Alter von 42 Jahren überraschend gestorben. Der nicht enden wollende Trauerzug bei seiner Beerdigung spricht für Popularität und Ansehen. Er hatte prominente Autoren gewonnen, politische Karikaturen veröffentlicht, ein Gegenstück zu den Generalanzeigern geschaffen und das Blatt auf den Weg zu einer gewichtigen Stimme in der deutschen Presselandschaft gebracht.

Wie entwickelte sich die Auflage?

1894 hatte die LVZ etwa 15 000 Leser, als ich die Zeitung übernahm rund 20 000, fünf Jahre später 48 000 – beachtliche Zahlen damals.

Was war bei Ihnen anders als bei Ihrem Vorgänger?

Mir ging es weniger um ein Massenblatt für die Messestadt, ich wollte mehr eine politische Qualitätszeitung mit internationaler Ausstrahlung. Kein wichtiger Diskurs ohne Beteiligung der LVZ – das war mein Ziel. Wir hatten Abonnenten auf drei Kontinenten.

Die LVZ erschien zum Start am 1. Oktober 1894 mit acht Seiten und enthielt kein einziges Foto. Heute ist sie durchgehend farbig illustriert und umfasst mindestens 32 Seiten. Neidisch?

Die technischen Möglichkeiten hatten wir damals nicht. Die Lesegewohnheiten waren andere. Und auch die elektronischen Medien existierten noch nicht. Das erste Redaktionslokal der LVZ befand sich in der Mittelstraße 6, der heutigen Hans-Poeche-Straße. Die Autoren mussten ihre Manuskripte über die Straße tragen. Dort waren Setzerei und Druckmaschine im Hinterhof untergebracht. Der Umzug in den eigenen Neubau auf dem 1899 erworbenen Grundstück an der Tauchaer Straße war schon ein großer Fortschritt.

Die LVZ will heute niemandes Amts- und Kampfblatt mehr sein. Wie finden Sie das?

Die Zeiten haben sich geändert. Ich bin ein Mann aus einem anderen Jahrhundert. Mein Platz ist in den Geschichtsbüchern – und dorthin ziehe ich mich jetzt auch wieder zurück.

Die Titelseite der ersten LVZ vom 1. Oktober 1894 – und ihre verschiedenen Ausgaben heute.

Einstige Redaktion in der Rosa-Luxemburg-Straße und heutiges Verlagshaus am Peterssteinweg.

Franz Mehring (1846 – 1919)

Schau-Plätze

Zeitung in neuer Zeit

Das 1999 komplett umgebaute Redaktions- und Verlagsgebäude der Leipziger Volkszeitung befindet sich seit 1946 am Peterssteinweg 19, die hochmoderne Druckerei seit 1993 in Stahmeln. Hier werden auch Führungen angeboten. Zu Franz Mehrings Zeiten entstand die LVZ in der Tauchaer Straße 19 bis 21, im heutigen SPD-Haus Rosa-Luxemburg-Straße. Franz Mehrings Namen tragen in Leipzig eine Grundschule in Stötteritz, eine Straße in Gohlis und eine große Buchhandlung im Stadtzentrum.

Jacob Ludwig Felix Mendelssohn Bartholdy

Lieber Bach und Billard als Beethoven in Berlin

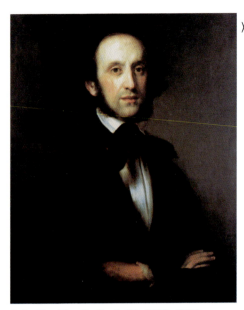

Felix Mendelssohn Bartholdy (1809 – 1847)

Schau-Plätze

Bank, Museum, Hochschule

Die Mehrzahl seiner Leipziger Jahre wohnte Mendelssohn gegenüber der Thomaskirche in »Lurgensteins Garten«. Heute steht dort ein Neubau der Dresdner Bank. Die Wohnung seiner letzten beiden Lebensjahre können Besucher im Museum des Mendelssohnhauses in der Goldschmidtstraße 12 besichtigen. Das Konservatorium befand sich hinter dem ersten Gewandhaus, im Hof des heutigen Städtischen Kaufhauses. 1887 zog es in die Grassistraße 18 um und heißt nun Hochschule für Musik und Theater »Felix Mendelssohn Bartholdy«.

»Wenn ich Charakter genug hätte,… ich bliebe mein ganzes Leben lang hier in Leipzig sitzen.« Und Felix Mendelssohn blieb, wenn auch mit längeren Unterbrechungen. Diese standen im Vertrag als Musikdirektor der Gewandhauskonzerte: jährliche »Sommerurlaube« von sechs Monaten.

Am 30. August 1835 trifft der 26-Jährige in Leipzig ein und bezieht bald eine Wohnung im Vordergebäude von »Reichels Garten«. Zwei Jahre später wohnt er mit Familie in »Lurgensteins Garten«. Den Jugendfreund Ferdinand David holt er auch nach Leipzig. Mendelssohn leitet sein erstes Gewandhauskonzert am 4. Oktober: mit Beethovens 4. Sinfonie und seiner eigenen Ouvertüre »Meeresstille und glückliche Fahrt«. Besondere Jahre für ihn und die Musikstadt Leipzig beginnen – und das Gewandhausorchester erlebt einen grandiosen Aufbruch. Die Musikszene in Berlin, so zum Beispiel eine Beethoven-Gedächtnisfeier, erscheint Mendelssohn hingegen als »Roheit, eine Frechheit der Exekution«, gespielt von »halben Virtuosen« und Dilettanten. »Dies Berlin« ist ihm »ein höchst abscheuliches Nest«.

Mendelssohn dirigiert, spielt selbst und engagiert sich in einem Maße, dass er in einem Brief an Schwester Fanny schon mal über

Büste im Museum des Mendelssohnhauses in der Goldschmidtstraße.

In »Lurgensteins Garten« wohnte Mendelssohn ab 1837.

»solch eine entsetzliche Hatz« flucht. Und er komponiert: Sein »Paulus«-Oratorium erklingt in der Paulinerkirche, zur Uraufführung gelangen unter anderem die »Frühlingssinfonie«, die »Schottische Sinfonie«, das Violinkonzert e-Moll. Mendelssohn führt »Historische Konzerte« im Gewandhaus ein. Er war mit der Musik Georg Friedrich Händels und Johann Sebastian Bachs aufgewachsen. In Leipzig bringt er sie wieder zur Geltung. Einen Verbündeten findet er im alten Friedrich Rochlitz.

Als Direktoriumsmitglied, heftiger Befürworter von Mendelssohns Berufung und Bachfreund seit Jahrzehnten, trägt dieser auch die Verantwortung für die Programmgestaltung. Am 4. April 1841 erlebt Leipzig die erste Wiederaufführung von Bachs Matthäuspassion in der Thomaskirche, zwei Jahre danach die Enthüllung des von Mendelssohn gestifteten Bachdenkmals am Promenadenring. Er setzt die Gründung des Königlich Sächsischen Konservatoriums durch, verschafft den Orchestermusikern eine Gehaltserhöhung und fördert junge Musiker und Komponisten wie Clara Wieck und Niels Gade. Leipzig und seine Umgebung weiß er zwischendurch zu genießen. Auf einer Landpartie des Leipziger Singvereins im Juli 1840 spielt er auf den Röthaer Silbermannorgeln Präludien und Fugen von Bach. Und mit Ferdinand David wandert er häufig in die Dörfer: »Da trinken wir Kaffee und spielen Billard dazu …«

Das Konservatorium im Hof des alten Gewandhauses – und der heutige Innenhof der Hochschule für Musik und Theater in der Grassistraße.

Papierwäsche und Postversand – Premieren in Plagwitz

Gut erhalten: Der Firmenname neben der Elsterbrücke in der Ernst-Mey-Straße.

Die »Leipziger Illustrirte Zeitung« veröffentlicht am 19. April 1873 einen ganzseitigen Lobgesang auf die Hersteller der erstaunlichen »Gray'schen Papierkragen«: »Eine Papierwäsche-Fabrik, deren Fabrikate außerordentlich praktisch, schön und empfehlenswert sind … die Fabrik der Herren Mey & Edlich.« Das Produkt ist völlig neu und stammt aus dem fernen Wunderland Amerika. Carl Ernst Mey, der Lehrersohn aus dem Erzgebirge, hatte schon als 23-Jähriger in Paris eine US-Firma samt Produktnamen und Vertriebsrechten in Europa gekauft – eben »Gray's«. Unterstützung erhielt er dabei von seinem Lehrmeister, Bankier und väterlichen Freund Edmund Becker vom Leipziger Augustusplatz. Der französischen Kaiserin Eugenie durfte Mey gar zur Weltausstellung 1867 eigenhändig Papiermanschetten anlegen. Zu jener Zeit plante er aber schon, seine Fabrikation nach Sachsen zu verlegen.

Carl Ernst Mey heiratet in Leipzig, kauft 1870 eine alte Hutfabrik samt Grundstück in Plagwitz und konzipiert mit seinem Jugendfreund und Compagnon das Unternehmen »Mey & Edlich«. Doch dann bricht der Deutsch-Französische Krieg aus. Mey darf nicht mehr nach Paris, wo seine teuren Spezialmaschinen stehen. Trotzdem tritt er die gefährliche Reise an, gelangt auf abenteuerlichen Wegen durch Belagerung und feindliche Linien – und samt Maschinen wieder zurück nach Leipzig. Die Produktion kann beginnen.

Mey verfeinert seine Wegwerfwäsche, indem er sie mit Stoff überzieht. Am Neumarkt 9 gründet er sein erstes Verkaufsgeschäft, es folgen ähnliche in Berlin, Hamburg, München, Zürich und London. Und er versendet direkt, ohne Zwischenhändler, an die Verbraucher. Wäsche, Kolonialwaren, Leder, Schmuck – alles. Mit dem Generalpostmeister des Deutschen Reiches handelt er einen günstigen Pakettarif aus: So wird Carl Ernst Mey zum Begründer des ersten deutschen Versandhandels.

In Spitzenzeiten beschäftigt er 2 000 Arbeitskräfte in Plagwitz, für die er auch sorgt: Fabrik-Krankenkasse, Kleinkinder-Bewahranstalt, Unterstützungskasse, Frauenhilfsverein. Er ermöglicht die Anschaffung einer Orgel für die Plagwitzer Kirche, hilft zahlreichen Vereinen und Institutionen – der Unternehmer ist das Unternehmen und also eine moralische Instanz. Mey gründet 1890 noch die »Deutsche Celluloid-Fabrik Actiengesellschaft«, zieht sich aber bald zurück. Am 30. Januar 1903 wird er auf dem Plagwitzer Friedhof begraben.

Ernst Mey (1844 – 1903)

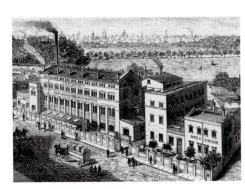

»Mey & Edlich« um 1881.

Herren-Kragen aus Plagwitz 1888.

Die Celluloid-Fabrik in der Holbeinstraße.

Fabriken stehen noch

Die Spuren Carl Ernst Meys sind noch deutlich sichtbar: An einem Gebäude neben der Plagwitzer Elsterbrücke steht nach wie vor sein Firmenname. Auch die einstige Celluloid-Fabrik in der Holbeinstraße 29 hat sich äußerlich kaum verändert. Das Verkaufsgeschäft Neumarkt 9 befand sich links vom heutigen Eingang der Messehof-Passage – auf dem früheren Grundstück von Theodor Apels »Apelei«, das später dem jüdischen Unternehmer und Mäzen Chaim Eitingon gehörte. Und ein großes deutsches Versandhaus ist heute auch wieder in Leipzig zu finden.

Schau-Plätze

Herrmann Julius Meyer

Moderne Lexika, preiswerte Wohnungen

Herrmann Julius Meyer (1826 – 1909)

Häuser in vier Stadtteilen

Meyersche Häuser befinden sich in Eutritzsch zwischen Bernburger und Theresienstraße, in Kleinzschocher zwischen Schönauer und Ratzelstraße, in Lindenau zwischen Henrici- und Hahnemannstraße, in Reudnitz an der Hofer Straße. Herrmann Julius Meyer wohnte erst in der heutigen Käthe-Kollwitz-Straße 82, später dann in der Nr. 115. Sein Verlag befand sich am Täubchenweg, Ecke Gerichtsweg. Heute arbeitet das Redaktionsbüro in der Querstraße. Hauptsitz des inzwischen fusionierten Verlages Bibliographisches Institut & F. A. Brockhaus AG ist Mannheim.

Das Bibliographische Institut an der Ecke Täubchen- und Gerichtsweg auf einem historischen Stadtplan.

Als Herrmann Julius Meyer 1856 das Bibliographische Institut übernimmt, hat er bereits fünf Jahre dessen Zweigstelle in New York geleitet. Als er 1874 mit dem Unternehmen aus dem Thüringischen nach Leipzig zieht, gehört der Verlag zu den größten in Deutschland. Die Grundlagen dafür hatte Vater Joseph gelegt, der schon in Gotha und Hildburghausen gutes Geld verdiente. Unter dem Werbeslogan »Bildung macht frei« verkaufte er preiswerte Ausgaben seiner »Bibliothek der deutschen Klassiker« zu maximal 15 Silbergroschen pro Bändchen. Und das »Große Conversations-Lexicon« machte dem Brockhaus erfolgreich Konkurrenz.

Auch Sohn Herrmann Julius versteht sein Geschäft. Mit bis dahin unüblichen Werbeaktionen wie Prämienausschüttungen, spektakulären Ankündigungen und Gratisbeigaben erreichen viele Bücher des Bibliographischen Instituts ungeahnte Auflagenhöhen. Die Konkurrenz platzt fast vor Neid. Vor allem »Brehms Thierleben« und das »Vollständige Orthographische Wörterbuch der deutschen Sprache« von Konrad Duden sowie zahlreiche Fachlexika wie Franz Bornmüllers »Biographisches Schriftsteller-Lexikon« entwickeln sich zu Bestsellern.

Dabei fühlt sich Herrmann Julius Meyer dem Anspruch des Verlagsgründers verpflichtet: »intellectuelle Gleichheit« für ein »sittlich und wissenschaftlich gebildetes Volk«. Doch er verschiebt die Akzente, will weg von der

Bildung für alle: Deutsche Klassiker in der »Groschen-Bibliothek«, Meyers Conversations-Lexikon und eine moderne Enzyklopädie.

Majestätische Front, grüner Innenhof: Meyersche Häuser in Lindenau.

Aufklärung im Sinne der Erziehung und deutlicher hin zu breiten Bildungsangeboten. So entstehen moderne, handhabbare Nachschlagewerke mit zuverlässigen Informationen, gespeist aus gesichertem Wissen.

Meyer belässt es nicht beim Schreiben, Reden und Verlegen. 1888 gründet er in Leipzig den »Verein zur Erbauung billiger Wohnungen«, den er 1900 in eine Stiftung umwandelt. Bis 1914 errichtet diese vier Kolonien mit insgesamt knapp 2 700 Wohnungen und angeschlossenen sozialen Einrichtungen wie Bibliotheken, Volksküchen und Krankenpflegestationen. Die ersten Meyerschen Häuser entstehen in Lindenau, es folgen Eutritzsch, Reudnitz und Kleinzschocher. Im Todesjahr von Herrmann Julius Meyer stiften die dankbaren Bewohner der Siedlung in Reudnitz ihrem Gönner einen Gedenkstein. Und noch heute heißt die Wohnanlage in Kleinzschocher im Volksmund »Meyersdorf«.

Mit scharfer Zunge auf die Barrikaden

Barrikadenkämpfe in der Grimmaischen Straße.

Marianne Mommsen enthüllte 2003 in der Chopinstraße 13 eine Gedenktafel für ihren Ururgroßvater.

Theodor Mommsen erhielt ein Jahr vor seinem Tod als bisher einziger Historiker den Literaturnobelpreis.

Theodor Mommsen (1817–1903)

Der erste deutsche Nobelpreisträger für Literatur hieß Theodor Mommsen. Die Schwedische Akademie würdigte 1902 den »größten lebenden Meister der historischen Darstellung« für seine brillante »Römische Geschichte«. Andere ähnliche Schriften von Wissenschaftlern waren unlesbar. Mit der Arbeit an seinem Bestseller hatte Mommsen in Leipzig begonnen – im Auftrag der Verleger Karl Reimers und Salomon Hirzel.

Ende September 1848 war der 30-jährige Jurist und Altphilologe als Professor für Römisches Recht an die Universität Leipzig gekommen, in einer aufgeladenen politischen Atmosphäre. Die Adelsherrschaft »von Gottes Gnaden« in den zahllosen deutschen Ländern schien am Ende. Es gab, wie immer in Deutschland, nur ein bisschen Revolution. Mommsen schloss sich dem »Deutschen Verein« an, den Liberalen. Die linken Positionen vertrat der »Vaterlandsverein« mit Robert Blum an der Spitze. Der Historiker gehörte bald auch zur »Kitzing-Gesellschaft«, die sich zweimal wöchentlich im Lokal »Kitzing & Helbig« in der Schloßgasse traf und mit Otto Jahn, dem Philologen Moritz Haupt, den Schriftstellern Gustav Freytag und Friedrich Gerstäcker und den Verlegern Karl Reimer, Salomon Hirzel, Hermann Härtel und Georg Wigand eine einflussreiche Gruppierung bildete. Der lebensfrohe Mommsen »vertrug zwei Gläser Wein, trank aber immer drei«. Und seine Scharfzüngigkeit verwickelte ihn in alle möglichen Auseinandersetzungen. Die Liberalen wurden von ihren Gegnern als »vertrocknete Philologen« beschimpft, Mommsen gar als »blutjunger meerumschlungener Professor«. Das blieb nicht unbeantwortet. Als die Auflösung des Landtages durch die sächsische Regierung am 30. April 1849 drei Tage später zu Aufstand, Barrikaden und mehr als 250 Toten führte, kam es zu einem kurzzeitigen Bündnis aller politischen Vereine in Leipzig. Mommsen lief mit anderen Professoren durch die Stadt, forderte mit »Bürger raus« die Einwohner zur Volksversammlung auf, beschaffte Waffen und Munition aus Universitätsbeständen.

Die Quittung kam postwendend: eine – später aufgehobene – Verurteilung zu neun Monaten Gefängnis und die Entlassung aus dem Universitätsdienst wegen »Vorbereitung zum Hochverrat«. In einem Gedicht resignierte er: »Wußte nicht, daß Epauletten/Auch Lakaientressen sind…« Die Verleger Reimer, Wigand, Härtel und Hirzel zahlten ihm sein Jahresgehalt weiter. Im April 1852 ging Theodor Mommsen nach Zürich. »Meine Leipziger Jahre waren die schönsten meines Lebens…«, wird er später an einen Freund schreiben.

Das Alte Amtshaus am Thomaskirchhof – und das heutige Bankgebäude.

Chopinstraße und Amtshaus

Theodor Mommsens erste Adresse in Leipzig war die Poststraße 1b. Ab 1. Dezember 1848 wohnte er beim Verleger Georg Wigand in der heutigen Chopinstraße 13. Eine Gedenktafel des Vereins »Leipziger ehren« erinnert dort an ihn. Am 10. September 1854 heiratete Mommsen die Verlegertochter Marie Reimers in der Reformierten Gemeinde im Alten Amtshaus am Thomaskirchhof. Im Nachfolgebau betreibt heute die Commerzbank eine Filiale. Vielen Leipzigern ist das reich verzierte Eckgebäude auch noch als Kaufhaus Topas in Erinnerung.

Friederike Caroline Neuber

Vorm Grimmaischen Tor brennt der Harlekin

Caroline Neuber (1697–1760)

Nikolaistraße und Brühl

Ein Hauch der Neuberin mag noch im 1896 umgebauten und erweiterten Oelßners Hof, ehemals Quandts beziehungsweise Zotens Hof, in der Nikolaistraße wehen. Hier wohnte auch Veit Hanns Schnorr von Carolsfeld, gingen Gottsched, Lessing, Weiße ein und aus, lebte der Komponist Heinrich Marschner ein gutes Jahr. Auf dem Areal der ehemaligen Fleischbänke steht heute der Handelshof. Im Fachwerkhaus »Großer Blumenberg« am Brühl erinnert ein Relief an die Neuberin.

»Ihr Väter! Schützt, erhört doch Eure Bürgerin Friederica Carolina Neuberin«, schrieb die Prinzipalin aus dem vogtländischen Reichenbach im November 1738 an den Leipziger Rat und bat um eine Auftrittsverlängerung. Da hatte ihre Schauspieltruppe schon elf Jahre das Privileg als »Königlich-Polnische und Kurfürstlich-Sächsische Hofkomödianten«. Das genehmigte Spielen während der Messen war zu wenig, um die Kosten zu decken. Die Zurückhaltung der Stadtväter hatte Gründe: Die mächtige Theologische Fakultät der Universität zum Beispiel warnte vor der »seelischen Verderbnis und Gottlosigkeit« der Studenten durch das Theater. Die Meinung der Bevölkerung war eine andere. Die Schauspielertruppen brachten heitere, deftige, auch durchaus schlichte Unterhaltung – Volkstheater im besten Sinne mit einem ständig präsenten Spaßmacher, dem Hanswurst oder Harlekin. Der war für Professor Johann Christoph Gottsched ein rotes Tuch, ebenso wie die Themen, Stücke, Spielgewohnheiten. Er tat sich mit der Neuberin zusammen, um die Bühnen zu säubern

Grimmaisches Tor um 1780.

vom »läppischen und phantastischen Geschmack«, nach den »Prinzipien der Vernunft«, nach seinen Regeln. Die lehnten sich an die strengen französischen an, mit dem Ziel eines eigenständigen deutschen Theaters.

Tatsächlich haben Gottsched und die Neuberin die Grundlagen gelegt für die großen deutschen Dramen, für Lessing, Goethe, Schiller und Dutzende andere. Im Oktober 1737 lässt die Neuberin in ihrer Theaterbude vor dem Grimmaischen Tor eine Harlekinpuppe öffentlich verbrennen. Ein symbolischer Akt, durch den sich ihr Name bis heute eingeprägt hat. Der Prinzipalin verdankt Gotthold Ephraim

Die Fleischbänke in der Reichsstraße. Links: Quandts Hof (heute Oelßners Hof) in der Nikolaistraße.

Lessing die Uraufführung seiner studentischen Frühwerke. Mit Christian Felix Weiße bahnt sich bald eine gute Zusammenarbeit an. Aufführungsort ist unter anderem das Reithaus in Zotens Hof an der Nikolaistraße. 1849 lässt der neue Besitzer Johann Gottlieb Quandt die Spielstätte zum »Comödienhaus« umbauen. Der Vorhang hebt sich auch im »Großen Blumenberg« am Brühl und in den Fleischbänken in der Reichsstraße.

Der Neuberin wird die Gängelung durch Gottsched bald zu viel. Sie lehnt ein schlechtes Stück seiner Ehefrau Adelgunde ab, nutzt wieder volkstümliche Elemente – und spielt eine Persiflage auf Gottsched, den sie auf der Suche nach Regelverstößen »in einem Sternenkleide mit Fledermausflügeln« zeigt. Das Ende der Zusammenarbeit. Kommentar der Neuberin: »Vielen gefallen ist schlimm.«

Eingang zum »Großen Blumenberg« und Neuberin-Darstellerin Romana Teichmann vor dem Relief.

Entscheidungsvolle Semester fürs Leben

Nietzsches Orakelplatz – das heutige Zooschaufenster im Rosental.

Friedrich Nietzsche (1844 – 1900)

»Vorigen Sonnabend haben wir eine vortreffliche Kahnfahrt nach Connewitz in der Nacht gemacht … und waren des Steuerns und Ruderns nicht zu kundig, so daß wir oft strandeten.« Die Mannschaft: Philologiestudenten. Ihr Bootsmann: Friedrich Nietzsche. Vom Theologiestudium im muffigen Burschenschaftler-Bonn war er nach Leipzig geflohen, dem Altphilologen Friedrich Ritschl nach, obwohl in der ersten Kneipe der »Dunstkreis nicht frei von schwarzrothgoldnen Jünglingen war«. Die Kneipe in der Klostergasse 2 gehörte dem Konditor Georg Kintschy, der sein »Schweizerhäuschen« im Rosental schon lange verpachtet hatte.

Nietzsche hatte sich am 20. Oktober 1865 in die Uni-Matrikel eingetragen und vertiefte sich ins Studium der alten Sprachen und der Antike. Er galt als Liebling der Hochschullehrer, »abgeschlossen, zugeknöpft arbeitsam und geschützt vor äußeren Stürmen«. Die Leipziger Jahre waren »die Zeit, wo ich zum Philologen geboren wurde«, schreibt er später. Hier hat er den Philosophen Arthur Schopenhauer entdeckt – in einem Antiquariat, wo er den Ladenhüter »Die Welt als Wille und Vorstellung« fand. Er begann, für den »düsteren Genius« zu missionieren – was nicht nur auf Begeisterung stieß: »Bei dem echten Sachsen heißt es immer … zuerst leben dann philosophieren«.

Friedrich Nietzsche fühlte sich als Ur-Preuße, obwohl er aus einem ehemals sächsischen Landesteil kam, der erst 1815 an die Preußen fiel. Als diese nach dem Sieg über die Österreicher im Juli 1866 auch Leipzig besetzten, warb Nietzsche im Herzen Sachsens lauthals für den Militärstaat. Nietzsche ruderte »nicht zu kundig« auch in politischen Gewässern. Ein halbes Jahr später standen die Wahlen zum Reichstag des Norddeutschen Bundes an – und er befragte mit Freunden »Orakel« zum Wahlausgang: »Wenn ein Rabe krächzend flog, wenn wir fragten, ob Mann oder Weib zuerst uns begegnen würden, ob eine aufrecht geworfne Münze die Bildseite zeige …« Sachsen-Verfechter Karl Georg von Wächter gewann, obwohl dessen Gegner den Spruch kreiert hatten: »Wählt nie Professoren! Sie mögen noch so gelehrt sein, sie verstehen das Volk nicht!«

Nietzsche hat in Leipzig die Grundlagen seiner Philosophie gelegt, er lernte hier Richard Wagner, Franz Liszt und Heinrich Laube kennen. »Meine hiesigen 4 Semester waren höchst entscheidungsvoll für mein Leben.« Er weilte später noch oft in der Stadt.

Einstiges Wohnhaus des Philosophen in der Hinrichsenstraße 32.

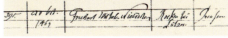

Eintrag Nietzsches in die Uni-Matrikel. Oben: »Augusteum« und Kirche der Leipziger Universität am Augustusplatz.

Orakel im Rosental

Von den fünf Wohnstätten Friedrich Nietzsches in Leipzig – im Hinterhaus der Scherlstraße 10 befand sich sein erstes Studentenzimmer – ist nur noch das Gebäude Hinrichsenstraße 32 erhalten. Die historischen Universitätsgebäude wie »Augusteum« und Kirche existieren nicht mehr, auf dem Areal entsteht bis 2009 ein moderner Campus mit Erinnerungsbauten. Das »Orakel- und Nirwanaplätzchen« im Rosental befand sich etwa in Höhe des heutigen Zooschaufensters. Und eine Kahnfahrt auf Leipzigs Flüssen ist wie zu Nietzsches Studentenzeiten seit den 1990er-Jahren auch wieder möglich.

Elektrisierende Konzerte – und Silvester immer die Neunte

Arthur Nikisch (1855–1922)

Ein Name, zwei Steine

Ein Gedenkstein und sein Name erinnern am Nikischplatz an den großen Gewandhauskapellmeister und seine letzte Wohnung. Die früheren Wohnstätten Königsplatz 8 (heute Leuschnerplatz), Johannisgasse 31 und 33 sowie Waldstraße 5 liegen über die Stadtteile verstreut. Arthur Nikischs Grabstelle in Abteilung II des Südfriedhofes trägt die Nummer 167a. Am Ort des Gewandhauses von 1884 steht heute im Musikviertel ein modernes Universitätsgebäude für die Geisteswissenschaften, anstelle des ebenfalls kriegszerstörten Neuen Theaters am Augustusplatz die Leipziger Oper und ihr direkt gegenüber seit 1981 das Neue Gewandhaus.

Der Erfolg war ungeheuer: »Staunen und Bewunderung« im Publikum für einen jungen Kapellmeister, der da »auswendig dirigierte« mit einem »elektrischen Fluidum«. Am 11. Februar 1878 gab Arthur Nikisch sein Debüt als Dirigent im Alten Theater – in der ersten Aufführung der Operette »Jeane, Jeanette, Jeanetton«. Angelo Neumann hatte den 22-Jährigen aus Wien nach Leipzig geholt, eigentlich als Chordirektor am Stadttheater. Ein halbes Jahr später dirigierte Nikisch schon Richard Wagners »Tannhäuser« und die »Walküre«, dann das »Rheingold«. Peter Tschaikowski war beeindruckt vom »kleinen Kapellmeister, der sein Orchester wie gehorsame Sklaven beherrscht«. Und Wagner hatte nach den Aufführungen im Frühjahr eine frohe Dichtung aus Bayreuth nach Leipzig geschickt: »Heil Leipzig, meiner Vaterstadt/Die eine so kühne Theaterdirektion hat!«

Im Februar 1880 dirigierte Arthur Nikisch für den erkrankten Carl Reinecke sein erstes Gewandhauskonzert – weitere sollten folgen.

Da war er schon vom Königsplatz in die Johannisgasse gezogen: Die Qualität seiner Wohnstätten steigerte sich parallel zu Erfolgen und Amt. Clara Schumann schrieb ihrer Tochter: »Es dirigiert ein Herr Nikisch, ein ganz ausgezeichneter Dirigent…« Der war sich seines Werts und seiner Leistung bewusst, auch gegenüber möglichen Konkurrenten. Gustav Mahler, der ihm 1886 als Assistent zur Seite stand, empfand ihn als »kalt und verschlossen gegen mich – wir gehen aneinander wortlos vorüber!«

Die Leipziger Oper kam im Jahrzehnt mit Nikisch »auf eine seltene Höhe« – bis den inzwischen berühmten Kapellmeister ein Angebot aus Amerika lockte: 10 000 Dollar statt 10 000 Mark Jahresgage beim Bostoner Symphonieorchester. Die Familie blieb in Leipzig. Zehntausende Meilen in der Eisenbahn und die Erfahrungen einer durchaus anderen Kultur ließen ihn den Vertrag in den USA nicht verlängern. Nach einer zweijährigen Episode als Operndirektor im ungarischen Pest kehrte Arthur Nikisch nach Leipzig zurück – als Nachfolger des entlassenen Gewandhauskapellmeisters Carl Reinecke. Am 10. Oktober 1895 dirigierte er sein erstes Abonnementskonzert mit Werken von Reinecke, Bach, Schubert und Beethoven. Auf Nikisch geht auch die Tradition der Silvesterkonzerte mit Ludwig van Beethovens 9. Sinfonie zurück, mit Abweichungen von den Angaben, »sonst wäre diese wundervolle Musik geradezu unerträglich…«.

Gestorben ist der Zigarre rauchende Mokkafreund Arthur Nikisch am 23. Januar 1922 in der Thomasiusstraße 28 am heutigen Nikischplatz.

Das Gewandhaus von 1884 im Musikviertel – und heutiges Geisteswissenschaftliches Uni-Zentrum.

Arthur Nikisch mit dem Gewandhausorchester.

Jünglingsklagen, Leidenschaften, Kohlelager

Die Löwenapotheke in der Grimmaischen Gasse 22.

Das »Leipziger gelehrte Tagebuch« verzeichnet unter den »hier studierenden Prinzen, Grafen und Edelleuten« auch »Hrn Friedrich von Hardenberg«. In den Adressbüchern der Zeit taucht sein Name üblicherweise nicht auf. Der 19-Jährige hatte sich, von Jena kommend, am 24. Oktober 1791 in die Universitätsmatrikel für Jura eingeschrieben. »Novalis« nannte er sich als Dichter erst später. Vorlesungen hörte er in den Gebäuden der Juristischen Fakultät zwischen Petersstraße und Schloßgasse tatsächlich, zum Beispiel beim jungen Rechtshistoriker Christian Gottlieb Haubold. Sein stärkeres Interesse aber galt den Naturwissenschaften, der Philosophie und Geschichte. Friedrich Schiller hatte ihn in Jena angesteckt mit seiner Geschichtsbegeisterung – und mit der Kantschen Philosophie. Und Schiller hatte ihm Kontaktadressen mit auf den Weg gegeben: zum Verleger Georg Joachim Göschen, zu Christian Gottfried Körner in Dresden, zu Christoph Martin Wieland in Weimar. In Wielands »Teutschem Merkur« war eben Hardenbergs erstes Gedicht erschienen: »Klagen eines Jünglings«. Alle Voraussetzungen für ein solides Studium waren gegeben. Wenn nur die Verführungen Leipzigs nicht so sehr abgelenkt hätten …

Im Januar 1792 fand der Student Friedrich Schlegel Interesse am stillen, klugen, vor sich hin philosophierenden Adelsspross und zog wahrscheinlich ins gleiche Haus in der Grimmaischen Gasse. Während Hardenberg regelmäßig Schecks von seinem Vater erhielt, lebte Schlegel vor allem auf Pump. Er verkehrte mit Aufwand und Gehabe in den Großbürgerfamilien, hielt sich einen Diener und ließ sich gar in der Elite-Gesellschaft »Harmonie« einschreiben. Hardenbergs Ruhe und Vorsätze waren dahin. Als Schlegel eine Affäre mit einer gewissen Laura begann und Hardenberg sich in deren Schwester Julie verliebte, bestimmten fortan Leidenschaften den studentischen Alltag. Vater Hardenberg bekam Wind davon und dirigierte den Sohn aus der Gefahrenzone ins ruhigere Wittenberg.

Aber Novalis zog es immer wieder in die Stadt. 1798 traf er hier Jean Paul, zwei Jahre später erkundete er als Absolvent der Freiberger Bergakademie

Abendmusik in der Grimmaischen Straße.

im Auftrag sächsischer Regierungsstellen die Braunkohlelager zwischen Zeitz, Gera, Borna und Leipzig – so auch in Zöbigker, wo Johann Heinrich Linck einen Schacht besaß. Novalis: »Die Philosophie ruht jetzt bei mir im Bücherschranke. Ich bin froh, daß ich durch diese Spitzberge der reinen Vernunft durch bin und wieder im bunten erquickenden Lande der Sinne mit Leib und Seele wohne…«

Novalis (1772 – 1801)

Novalis-Büste in Weißenfels.

Tagebaufolgelandschaft: Der Hafen Zöbigker am Cospudener See.

Ausflugsziel am See

Die Löwenapotheke in der Grimmaischen Gasse 22 (Nr. 609), wahrscheinlicher Wohnort von Novalis und Schlegel, beherbergte auch eine Naturaliensammlung von Johann Heinrich Linck. Novalis wird sie selbstverständlich gesehen haben, wie auch jene im Großen Fürstenkolleg. Seine Vorlesungssäle lagen verstreut im Grimmaischen Viertel, Nikolai- und Petersviertel. Die Grimmaische Straße ist heute eine belebte Einkaufsstraße, und Zöbigker ein beliebtes Ausflugsziel am Cospudener See – einem rekultivierten Braunkohlentagebau.

ADAM FRIEDRICH OESER

Aufbauhelfer unter Brüdern

Adam Oeser (1717 – 1799)

»Oeser hatte die Gewohnheit, die Summe von 2 Reichsthalern in ein Papier gewickelt in der Beinkleidtasche bei sich zu tragen«, berichtete der Maler Veit Hanns Schnorr von Carolsfeld und vermutete: »Jenes Taschengeld hatte wohl ein Maaß und Ziel zum Zweck …«

Das hatte es in der Tat, denn Adam Friedrich Oeser ging »viel aus, arbeitete wenig und kam spät nach Hause«. Mit anderen Worten: Er saß in Auerbachs Keller, im »Goldenen Schiff« in der Großen Fleischergasse oder in Schönkopffs Weinhaus am Brühl. Seine Ehefrau hat sein loses Leben mit drastischen Maßnahmen in geregelte Bahnen gelenkt. Und als der Maler und Bildhauer aus Preßburg 1764 seinen Dienst als erster Direktor der Leipziger Kurfürstlichen »Zeichnungs, Mahlerey und Architectur-Academie« antrat, kam noch ein wenig amtliche Disziplinierung hinzu.

Das Landhaus in Dölitz damals und heute.

Oeser war mit seiner Familie über Wien, Dresden und Dahlen fünf Jahre zuvor ins scheinbar sichere Leipzig gekommen: Der Siebenjährige Krieg mit seinen täglich wechselnden Fronten tobte. Der Maler hatte sich zunächst im »Goldenen Helm« am Roßplatz eingemietet. Als Akademie-Direktor wohnte er dann im Westflügel der Pleißenburg (heute Neues Rathaus), zuvor noch ein Jahr im Interim Altes Amtshaus am Thomaskirchhof (heute Commerzbank).

Die kurfürstliche Regierung plante mit der Gründung der Kunstakademie über lange Zeiträume: Nicht etwa die Ausbildung von Künstlern stand im Vordergrund, sondern die künstlerische von Manufakturarbeitern und Handwerkern. Die allgemeine Anhebung des Geschmacks und der Stilsicherheit sollte die ökonomischen Chancen Sachsens nach dem verheerenden Krieg erhöhen. Eine Entscheidung mit politischer Weitsicht: Im folgenden Jahrhundert entwickelte sich Sachsen zu einer führenden Wirtschaftsmacht unter den deutschen Ländern.

Oeser hat dafür mit die Grundlagen geschaffen. Johann Joachim Winckelmann, der Klassizismustheoretiker, war ein enger Freund von ihm. Dem Bürgermeister und Freimaurer Carl Wilhelm Müller half er gemeinsam mit dem Baumeister Carl Friedrich Dauthe bei der Umgestaltung der Stadt, ebenso dem Gewandhaus- und Theatergründer Gottlieb Benedict Zemisch und zahlreichen anderen Brüdern von der Loge »Minerva«. Er malte im Gewandhaus, in Bürgerhäusern, in der Nikolaikirche. Nebenbei unterrichtete er den Jüngling Johann Wolfgang Goethe, der in Tochter Friederike bald eine Vertraute sah, auch im Zeichnen. 1771 konnte Oeser sich ein Landhaus in Dölitz leisten.

Acht Jahre später fand der Maler auf dem Alten Johannisfriedhof seine letzte Ruhestätte – die Grabtafel wurde später in die Ostwand der Nikolaikirche eingelassen.

Der Eingang zur Kunstakademie auf der Pleißenburg.

Schau-Plätze

Schlösschen, Kirche, Landhaus

Oesers Arbeiten sind zum großen Teil zerstört. Gemälde finden sich unter anderem noch in der Nikolaikirche, im Grassi-Museum und im Gohliser Schlösschen. Hier steht im Garten auch sein Denkmal für Kurfürst Friedrich August III., das sich ehemals vor dem Peterstor am heutigen Leuschnerplatz befand. Oesers Landhaus in der Bornaischen Straße 146 existiert noch in Teilen, allerdings stark umgebaut. An der Hochschule für Grafik und Buchkunst als Nachfolgerin der Kunstakademie erinnert eine Tafel an den einstigen Direktor.

»Die Geburt Jesu« in der Nikolaikirche.

Oesersaal im Gohliser Schlösschen.

FRIEDRICH WILHELM OSTWALD

Energie gegen Kleindenker

»Schönheit ist Gesetz«: Ostwalds Farbkegel in einer Ausstellung im Kroch-Haus.

Filmschauspieler vor der ehemaligen Villa des Wissenschaftlers in Großbothen.

»Energie« hat er seinen Rückzugsort in Großbothen bei Leipzig genannt, Energie steckt in seiner Lebensleistung – und aus Energie besteht auch seine »Glücksformel«: $G = (E+W)(E-W) = E^2 - W^2$, wobei E der Energieaufwand für angenehme Dinge, W der für unangenehme ist... Wilhelm Ostwald war ein ungemein produktiver Wissenschaftler, der weit über sein Fach hinausblickte, in einer Zeit, als sich neue Wissenschaften bildeten, Überschneidungen, Grenzbereiche. Damit stand er in der zweiten Hälfte des 19. Jahrhunderts nicht allein. Große Namen begleiteten die industrielle Revolution.

Ostwald hatte sich um die Professur für physikalische Chemie in Leipzig beworben: »Im September 1887 machte ich mich mit meiner Familie auf den Weg von Riga nach Leipzig.« Der Bratsche-, Klavier- und Fagottspieler bezog im Physikalisch-Chemischen Institut in der Vorstadt eine »Amtswohnung«, als jüngster Ordinarius der Universität. Seine »geringe Neigung zu dem gewöhnlichen geselligen Verkehr«, zu »Abfütterungen« als »wenig erfreuliche Art der Geselligkeit«, brachte ihm kaum engere Kontakte. Immerhin aber den Umgang mit Wilhelm Wundt, mit dem er »in einem kleinen, zwanglosen Kreise im Theaterkaffee« zusammenkam, und mit Paul Flechsig oder Karl Lamprecht.

Mit seinen Forschungen und Publikationen machte sich Ostwald nicht nur Freunde: Seine Gegner sahen die »philologische Vorherrschaft« bedroht, die Trennung von Philosophie und Naturwissenschaften, als er gar Vorlesungen über »Naturphilosophie« hielt. Und auch die Theologische Fakultät fand so manches sehr anstößig, beobachtete seine Aktivitäten mit Argwohn. Später gehörte Ostwald dem »Monistenbund« an, der Friedensbewegung der Berta von Suttner, dem Weltsprachenbund und der Freimaurerloge »Zu den drei Ringen«, irregulär wie jene von Kurt Tucholsky und Carl von Ossietzky. Beschimpfungen wie »roter Geheimrat«, »Nihilist der Religion«, »Monistenhäuptling«, »feindlicher Russe« waren die Folge. Da waren schon Dutzende seiner Schüler in aller Welt Professoren. Die Kollegen Kleindenker aber wollten seine »Verdienste um die Leipziger Universität, welche ich in dem mir anvertrauten Fache binnen kurzer Frist zur ersten der Welt gemacht hatte«, nicht sehen. Wilhelm Ostwald zog 1906 ganz auf sein Grundstück nach Großbothen und arbeitete unter anderem an seiner Farbenlehre. 1909 erhielt er den Nobelpreis für Chemie. Begraben ist er in Großbothen. Die Grabrede hielt der Leipziger Pfarrer Rudolf Mühlhausen.

Enkelin Gretel Bauer 2005 im Ostwald-Gymnasium.

Institut in der Linnéstraße und Plakette im Hörsaal.

Wilhelm Ostwald (1853 – 1932)

Brüderstraße und Großbothen

Wilhelm Ostwald wohnte in seinen 18 Leipziger Jahren mit Frau, vier Kindern und Kindermädchen in der Amtswohnung des Professors in der zweiten Etage des »Zweiten Chemischen Laboratoriums«, Brüderstraße 34. »Zweckmäßigere Formen der Gesellschaft, wie gemeinsame Spaziergänge« führten ihn ins Rosental und zu Wilhelm Wundt in die Schwägrichenstraße mit dem nahen König-Albert-Park. Seine Villa in Großbothen beherbergt eine Gedenkstätte, im Ostwald-Institut in der Linnéstraße hängt eine Erinnerungsplakette.

Schau-Plätze

Louise Otto-Peters

»Gedankenfreiheit müssen sie uns geben!«

Louise Otto-Peters (1819–1895)

Schon als junge Frau wendet sie sich dem Schreiben zu. Zuerst entstehen Gedichte. Ab 1843 tritt sie mit Romanen und journalistischen Beiträgen in die Öffentlichkeit: Louise Otto. Als sie im August 1845 nach einer ersten großen Bildungsreise durch Thüringen ihre Verwandten in Gohlis besucht, sieht sie noch die Blutlachen auf dem Roßplatz: Einen Tag zuvor hatten Soldaten auf Demonstranten geschossen. Dieses Ereignis erschüttert und prägt sie ebenso wie das Elend, das sie bei Fabrikarbeitern im Erzgebirge kennengelernt hatte. Auf die Frage nach der politischen Stellung der Frau, die Robert Blum in den »Sächsischen Vaterlandsblättern« aufwirft, antwortet sie: »Die Teilnahme der Frau an den Interessen des Staates ist nicht ein Recht, sondern eine Pflicht.« Blum ist begeistert von der selbstbewussten, politisch mutigen Äußerung und

Probenummer der »Frauen-Zeitung« von 1849.

veröffentlicht diese »Antwort eines sächsischen Mädchens« in seinem Blatt. Und bei seiner berühmten Rede vom Leipziger Rathausbalkon »Verlasst den Boden des Gesetzes nicht« zitiert er am Schluss mit »Gedankenfreiheit müssen sie uns geben!« sogar den letzten Vers des Gedichtes »Weimar und Gohlis« – geschrieben von Louise Otto.

1846 erscheint ihr zensierter Roman »Schloß und Fabrik«. Von den zahlreichen Artikeln und Gedichten in der Revolutionszeit 1848/49 ist die »Adresse eines Mädchens« die bedeutendste Veröffentlichung: Louise Otto fordert von der sächsischen Regierung, bei der Organisation der Arbeit die Frauen nicht zu vergessen. 1849 gründet sie die »Frauen-Zeitung« unter dem Motto »Dem Reich der Freiheit werb' ich Bürgerinnen«. Es folgen Hausdurchsuchungen, Verhöre, Auflösung der von ihr mitbegründeten Dienstmädchen- und Arbeiterinnenvereine – und das Verbot der Zeitung. Nur noch Männern wird per neuem Pressegesetz gestattet, eine Redaktion zu leiten.

Mit dem Schriftsteller August Peters, der als Teilnehmer an

Forderungen der Dienstmädchen-Versammlung.

den Revolutionskämpfen von 1848 sieben Jahre Kerkerhaft verbüßen muss, verlobt sie sich im Gefängnis. 1858 heiratet das Paar und beeinflusst maßgeblich das Profil der »Mitteldeutschen Volks-Zeitung«. Doch das Glück ist nur von kurzer Dauer: 1864 stirbt August Peters. Im Jahr darauf gelingt es seiner Frau zusammen mit Auguste Schmidt, Henriette Goldschmidt und Ottilie von Steyber wieder einen Frauenbildungsverein in Leipzig zu gründen. Louise Otto-Peters wird die erste Vorsitzende. Hartnäckig setzt sie sich für das Recht der Frauen auf Bildung und Erwerbsarbeit ein. Mit Auguste Schmidt gibt sie bis zu ihrem Tod die Zweiwochenzeitschrift des Allgemeinen deutschen Frauenvereins »Neue Bahnen« heraus. Der Verein führt Gymnasialkurse für Mädchen ein, die danach ein Studium aufnehmen können. Anna Kuno, eines dieser Mädchen, wird Ärztin und sitzt am 13. März 1895 am Sterbebett von Louise Otto-Peters in der Kreuzstraße.

Schau-Plätze: Kreuzstraße und Zöllnerweg

Nach dem Tod ihres Mannes wohnte Louise Otto-Peters zunächst in der Schützenstraße 4, danach in der Kreuzstraße 29, wo heute eine Gedenktafel steht. Der gemeinsame, schlichte Grabstein der Eheleute befindet sich auf dem Alten Johannisfriedhof hinter dem Grassi-Museum. Am Zöllnerweg im Rosental erinnert ein Denkmal an die Dichterin, Journalistin und Wegbereiterin der deutschen Frauenbewegung. Das Otto-Peters-Archiv in der Dresdner Straße 82 verwaltet ihren Nachlass.

Erinnerungstafel in der Kreuzstraße.

Denkmal im Rosental.

ERNST WILHELM PINKERT

Gastronom mit Gespür für gutes Geschäft

Eingang zum Zoo 1878 mit »Pfaffendorfer Hof« – und 1909 mit Verwaltungsgebäude, Löwenkopf-Portal und Gesellschaftshaus (Kongreßhalle).

Als einen »Geschäftsmann wie kaum einer« beschrieben ihn seine Angestellten und bewunderten ihn dafür. Und Zoo-Direktor Ernst Pinkert wusste wiederum, was er an seinem Personal hatte: Jedes Jahr Heiligabend lud er alle Tierpfleger in seine Gaststube ein, ließ ein Fass Bier anstechen, Essen servieren und Geschenkkörbe mit Stollen, Wein, Zigarren und einer kleinen Geldprämie verteilen. 1873 hatte der Sohn eines Fabrikarbeiters das Restaurant »Pfaffendorfer Hof« am Rosental übernommen. Um die Konkurrenz auszustechen, bot der Jung-Gastronom mehr als gutes Essen und Trinken: Prachtfeuerwerke, Schausteller, Heißluftballons, Musiker, Artisten… Seine größte Geschäftsidee aber nahm auf der Wiese hinter dem Lokal Gestalt an: ein Zoologischer Garten. Ab 1876 zeigte Pinkert dort Exoten des Tierhändlers Carl Hagenbeck. Er baute ein Bassin für 18 Krokodile und mehr als 200 Schildkröten. Dann kamen acht Seehunde hinzu, Antilopen, Kängurus, Papageien – und vor allem Raubtiere. Pfingstsonntag 1878 eröffnete Ernst Pinkert schließlich mit einem Frühschoppen seinen Tierpark. Tausende Leipziger kamen, sahen und staunten, wie sich das Gelände des alten Fettviehhofes zu einem »Vergnügungszentrum« entwickelte – mit exotischen Tieren, Kuriositäten- und Völkerschauen, Rollschuh- und Radrennbahn. Pinkert ging es weniger um die Vermittlung zoologischer Kenntnisse als vielmehr ums Geschäft. Da er das Geld aber immer wieder in sein Unternehmen steckte, legte er den Grundstein für vieles, was die Beliebt- und Bekanntheit des Zoos bis heute ausmacht. Er vergrößerte das Gelände in Richtung Rosental von einem auf vier Hektar, ließ ein neues Raubtier- und Affenhaus bauen, das Verwaltungsgebäude und die Kongreßhalle. Durch die Umwandlung des Unternehmens in eine Aktiengesellschaft floss das Geld von zahlungskräftigen Anlegern.

Zur größten Einnahmequelle hatte sich die Zucht von Großkatzen entwickelt. Am 15. Oktober 1880 kam im Zoo der erste Leipziger Löwe zur Welt, rund 200 waren es bereits zur Jahrhundertwende, mehr als 2 300 bis heute. Die Nachfrage in aller Welt nach den stattlichen Tieren aus der Leipziger »Löwenfabrik« ließ die Kasse klingeln – und Rückschläge verkraften: 1901 fielen alle Tiere einer Seuche zum Opfer – doch vier Jahre später hatte Pinkert schon wieder 17 Löwen beisammen. Zu diesem Zeitpunkt feierte seine Angestellte Clara Huth unter dem Künstlernamen Claire Heliot als Löwen-Dompteuse weltweit ihre größten Erfolge. Im Ochsenstall hatte sie zwölf Monate mit den Großkatzen trainiert. Als seine »Löwenbraut« 1907 ihre Karriere beendete, wusste Ernst Pinkert auch daraus noch Kapital zu schlagen: Er verkaufte die dressierte Tiergruppe an den Zirkus Sarrasani.

Eintrittskarte und Werbeanzeige.

Am Raubtierhaus 1894.

Grabstätte auf dem Nordfriedhof.

Ernst Pinkert (1844 – 1909)

Zoo der Zukunft

Im Zoo an der Pfaffendorfer Straße leben heute auf 27 Hektar rund 850 Tierarten. Seit der Jahrtausendwende verwirklicht das Unternehmen sein Konzept »Zoo der Zukunft«: artgerechte Haltung in naturnahen Anlagen statt Zur-Schau-Stellung hinter Gitterstäben. Mit jährlich fast zwei Millionen Besuchern ist der Zoo die größte Kultur- und Freizeiteinrichtung der Stadt. Das Grab seines Begründers befindet sich auf dem Nordfriedhof – bewacht von einem steinernen Löwen.

Heinz Quermann

»Tschüss und winke, winke!«

Heinz Quermann (1921–2003)

Schau-Plätze

MDR und mehr

Das ehemalige Funkhaus, in dem Heinz Quermann als Unterhaltungschef arbeitete, ist in der Gohliser Springerstraße zu finden. In einem Neubau vis-a-vis arbeitet heute die Abteilung Rundfunkgebühren. Seine Zentrale hat der MDR seit Juli 2000 auf dem alten Leipziger Schlachthofgelände an der Kantstraße und bietet dort auch Besichtigungstouren an. Das Haus der heiteren Muse an der Wintergartenstraße fiel 1992 einem Großbrand zum Opfer. In der Autobiografie »Ihr Heinz, der Quermann« hat der Entertainer seine Erinnerungen der Nachwelt hinterlassen.

Talente-Vater, Kulenkampff des Ostens, Nestor der DDR-Unterhaltungskunst – Heinz Quermann schmückten viele Titel. Seine Sendungen waren legendär: In 36 Jahren moderierte er 1731-mal die »Schlagerrevue«, die langlebigste Radio-Hitparade der Welt. In »Herzklopfen kostenlos« hatten fast alle späteren DDR-Stars ihren ersten großen Fernsehauftritt. Mit Margot Ebert stand er von 1957 bis 1991 jedes Jahr am ersten Weihnachtsfeiertag »Zwischen Frühstück und Gänsebraten« vor der Kamera – und viele Familien setzten tatsächlich erst dann das Wasser für die Klöße auf, wenn es das »Quermännchen« in der Flimmerkiste empfahl. Immer verabschiedete er sich mit demselben Spruch: »Tschüss und winke, winke! Ihr Heinz, der Quermann.«

Seine Radio-Karriere hatte der gelernte Bäcker aus Hannover nach dem Zweiten Weltkrieg beim Mitteldeutschen Rundfunk (MDR) begonnen. 1947 leitete er in Leipzig die Abteilung Unterhaltung, arbeitete als Redakteur und Sprecher, erfand neue Sendeformate, die später auch das Fernsehen übernahm. Als die Berliner Zentrale das Leipziger Funkhaus zum Bezirksstudio degradierte, ging Quermann in die Hauptstadt – und entwickelte sich zu einer der einflussreichsten Personen in der DDR-Unterhaltungsbranche. In einem seiner letzten MDR-Interviews erinnerte sich der Talente-Vater: »Professor Masur, der damalige Chef des Leipziger Gewandhauses, kam mal ganz erstaunt zu mir, weil er festgestellt hatte, dass fünf seiner besten Musiker von mir kommen. Es gibt mindestens 20 Kammersänger und Kammersängerinnen der Opernhäuser, die durch mich an die Hochschulen kamen. Und fast die gesamte Schlagerecke der DDR war ja ›Quermanns bunte Bühne‹…«

Nicht nur in der DDR hatte der »kleine Dicke« einen guten Namen. Der Westberliner Kabarettist Dieter Hallervorden zum Beispiel tauschte mit ihm häufig Witze und Sketche aus – einer seiner bekanntesten, die »Flasche Pommes (Palim-Palim)«, soll vom Entertainer aus dem Osten stammen. Legendär auch die Geschichte, als Quermann den Weststar Freddy Quinn ins Leipziger Haus der heiteren Muse zur TV-Show »Da liegt Musike drin« lotste, das Publikum aus vollem Herzen dessen Hit »Junge, komm bald wieder« mitsang – und Stasi-Chef Erich Mielke tobte.

Kurz nach der Wende hielt Heinz Quermann als Wachsfigur im Berliner Panoptikum Einzug – was er später so kommentierte: »Als ich als erster Ossi am Ku'damm aufgestellt wurde, war Gorbi schon da, während Kohl nach mir kam. Aber wer die beiden Politiker besichtigen will, muss erst am Quermann vorbei…«

Das ehemalige MDR-Funkhaus in Gohlis.

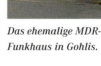

Singen ihrem Förderer ein Ständchen: Hans-Jürgen Beyer, Kerstin Rodger, Klaus Dieter Henkler, Gerd Christian, Monika Hauff, Petra Kusch-Lück (v. l.).

Mit der »Schlagerrevue« auf Sendung: »Heinz, der Quermann« und Musikredakteur Siegfried Jordan.

»Zwischen Frühstück und Gänsebraten« servierten Margot Ebert und das »Quermännchen« jedes Jahr am ersten Weihnachtsfeiertag im DDR-Fernsehen.

ANTON PHILIPP RECLAM

Geliehenes Geld, eigener Verlag und Bücher für alle

Wo sich das »Literarische Museum« befand, steht heute das Zeitgeschichtliche Forum (oben rechts).

Philipp Reclam (1807 – 1896)

Was macht ein gerade 21 Jahre junger Mann heute mit 3 000 Euro, die ihm sein Vater geliehen hat? Angesichts der vielen Möglichkeiten können wir es nicht wissen. Wir wissen aber, was Anton Philipp Reclam Anfang des 19. Jahrhunderts in dieser Situation getan hat: Er erwirbt am 1. April 1828 für 3 000 Taler in seiner Geburtsstadt Leipzig das »Literarische Museum«, eine Leihbibliothek mit angeschlossener Lesehalle. Gut angelegtes Geld, wie sich bald herausstellen sollte: Nur fünf Monate später gründet der junge Mann den »Verlag des literarischen Museums«, ab 1837 »Philipp Reclam jun.«. Bücher sind zu jener Zeit in Deutschland wegen ihrer hohen Preise eher »gehobene Kulturgüter« für elitäre, gut betuchte Bevölkerungsschichten und kein allgemeiner Gebrauchsartikel für jedermann. Damit macht Reclam im November 1867 Schluss. Mit der Gründung seiner »Universal-Bibliothek« startet er die erste Massenauflage von Büchern – und revolutioniert damit den Buchmarkt. Ein Gesetz des Deutschen Bundes von 1867 macht's möglich: Dem Werk deutscher Autoren garantiert es eine 30-jährige Schutzfrist und verhindert damit Raubkopien. Das heißt aber auch: 30 Jahre nach dem Tod ihrer Verfasser sind die Rechte an den Texten frei, entfallen Autorenhonorare und Nutzungsgebühren. Quasi über Nacht werden durch das neue Gesetz die wichtigsten deutschen Klassiker allgemein zugänglich. Und Reclam greift zu: Für nur zwei Silbergroschen pro Buch entwickelt er die schlicht ausgestatteten Titel seiner »Universal-Bibliothek« zur Massenliteratur. Seine Wettbewerber verspotten ihn als »Groschen-Reclam«. Ohne Erfolg: Der Markt reagiert mit einer gewaltigen Nachfrage auf den unternehmerischen Geniestreich. Später stellt der Verlag sogar Buchautomaten auf.

Allein bis zum Tod von Anton Philipp Reclam am 5. Januar 1896 in Leipzig erscheinen in seiner »Universal-Bibliothek« 3 470 Titel – ein beispielloses Kompendium der deutschen und Weltliteratur.

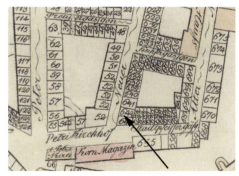

Stadtplan mit dem Geburtshaus Reclams (Pfeil).

Das Reclam-Karree in der Inselstraße.

Forum und Karree

Reclam kam am 28. Juni 1807 am Neumarkt Nr. 642 zur Welt – heute Teil des Grundstücks Nr. 31. Anstelle des »Literarischen Museums« in der Grimmaischen Straße steht jetzt das Zeitgeschichtliche Forum. 1846 wohnte Reclam in der Königstraße 4 (heute Goldschmidtstraße) unter einem Dach mit Moritz Schreber. Das 1887 vom Architekten Max Bösenberg erbaute Verlagsgebäude in der Inselstraße 22 erstrahlt als Reclam-Karree frisch saniert in altem Glanz. Der Verlag selbst sitzt heute in Ditzingen bei Stuttgart. Seine »Universal-Bibliothek« erreicht nach wie vor ein Millionenpublikum.

Schau-Plätze

Drache, Retorte und Feuerzangenbowle

Hans Reimann (1889–1969)

Heiteres Gedenken

Die Neustädter Marktstraße heißt heute Meißner Straße: Ein wenig Vorstadt- und Kohlenhändler-Flair atmet sie noch. »Zum heiteren Gedenken« erinnert am Haus Ludwigstraße 5 (einst Lutherplatz 3) eine Tafel an die »turbulenten frühen Jahre« des Schriftstellers, eine weitere Tafel in der Kreuzstraße 3b an den Kurt Wolff Verlag. Den Standort des einstigen Kabaretts »Retorte« in der Pfaffendorfer Straße nimmt ein Neubau ein. »Die Feuerzangenbowle« in der Verfilmung mit Heinz Rühmann ist inzwischen Kult.

Den ewigen Buch- und Filmhit »Die Feuerzangenbowle«, für den Heinrich Spoerl seinen Namen gab, hat Hans Reimann geschrieben: Zwar nicht in Leipzig, aber die seltsamen Erfahrungen einer Schulzeit im Deutschen Kaiserreich haben hier ihren Ursprung – in seinen Jahren am Neuen Nikolaigymnasium in der Königstraße (heute Goldschmidtstraße), der »Nickelpenne« mit ihren Paukern und »Zertrümmerern« der schönsten Lebensjahre, die ihn schnöde und vorzeitig verstoßen hat und aus der er »offenbar nie ganz heraus« kam, wie sein Enkel schreibt. Den Abschluss hat Hans Reimann dennoch gemeistert, mit Hilfe von Privatlehrern und des Schulhausmeisters, der Zugang zum Direktorenzimmer hatte …

Albert Johannes Reimann, so das Schönefelder Kirchenbuch, kam 1889 in der Neustädter Marktstraße 12 zur Welt – in einem Viertel, dessen Bebauung gerade in vollem Gange war. »Kaufmann und Kohlenhändler« der umtriebige Vater, die Mutter immer »irgendwo zur Kur«. Also Kindheit und Jugend mit Kindermädchen, Pensionseltern und viel Freiraum. Und jede Menge Abenteuer, etwa auf dem nahe gelegenen Kohlenhändler-Rangierbahnhof, oder auf einem Holzlagerplatz, wo »Fahrendes Volk« und

ein Hochseil-Äquilibrist den schwierigen, weil familiengestörten Knaben tief beeindruckten. Prägungen und Vorübungen für ein Wander-, Bühnen- und literarisches Seiltänzerleben. Fast zwangsläufig also, dass der 16-jährige Untersekundaner mehrmals seine Unschuld verlor – bedrängt von fremden Nichten, Nachbarsfrauen und Kindermädchen.

Nach der Schule folgte ein Grafikstudium in München, weit weg von Vater und herzlich gehasster Stiefmutter. Nebenbei schrieb Hans Reimann Grotesken und Satiren für Zeitschriften, lieferte Karikaturen und entwarf für den Leipziger Kurt Wolff Verlag in der Kreuzstraße Bucheinbände. Später konnte er dem Verleger schon mal 20 000 Mark pumpen.

Gedenktafeln in der Ludwigstraße 5 und der Kreuzstraße 3b.

Heinz Rühmann in der Verfilmung des Reimann-Buches »Die Feuerzangenbowle«.

Einer Literatenkarriere stand nur noch der Militärdienst im Wege: Reimann wurde Einjährig-Freiwilliger im »Train«-Bataillon bei den Lindenthaler Husaren. Im Ausgang mit eindrucksvoller Uniform und Säbel traurig auf einer Bank im Rosental sitzend, traf ihn die Sängerin Dorothea mit der tiefen Stimme. Die Künstlerdynastie der Reimanns nahm ihren Anfang.

Nach dem Ersten Weltkrieg gab Hans Reimann die Satirezeitschrift »Der Drache« heraus, gründete 1921 das Kabarett »Retorte« in der Pfaffendorfer Straße, in dem unter anderen Walter Mehring, Joachim Ringelnatz und Erich Weinert auftraten.

In Schmalenbeck bei Hamburg starb Hans Reimann 79-jährig. Sein Enkel Andreas setzt in Leipzig die literarische Tradition der Familie fort.

»Stones des Ostens« sprengen knappe Ketten

Mutters Mädchenname als Markenzeichen: Renft. 1958 gründet der 16-jährige Klaus Jentzsch in Leipzig die Klaus-Renft-Combo. Es folgen das erste Auftrittsverbot, die Gründung der Butlers, das nächste Verbot und die Wiedergeburt der Klaus-Renft-Combo – bei den Weltfestspielen 1973 gefeiert als »Stones des Ostens«. In einem Interview 30 Jahre später erinnert sich Klaus Renft:

»Wir hatten bereits fünf oder sechs Nummer-eins-Hits, sonst wären wir gar nicht für die Weltfestspiele infrage gekommen. Unsere erste LP war erschienen und wir zählten zu den sogenannten ›Spitzengruppen‹. Gleich hinter den Puhdys. Oder die gleich hinter uns. Daran hat sich die ganze Republik gespalten. Die Puhdys waren die kommerzielle Rock-Variante, wir stellten das Rebellentum dar. Für uns galt eine Mediensperre. Es gibt nicht eine Aufzeichnung von uns, die beweisen würde, dass wir aufgetreten sind. Was da in Berlin passierte, sollte auf die Hauptstadt

Auftritt 1998 in der MDR-Talkshow »Riverboat« mit »Kuno« Kunert (l.) und »Cäsar« Gläser (r.).

Die Klaus-Renft-Combo Anfang der 1970er-Jahre.

beschränkt bleiben. Den ausländischen Besuchern konnte für einen kurzen Moment suggeriert werden, dass es auch richtige Rocker in der DDR gab.

Wir wurden missbraucht. Aber das merkten wir nicht gleich. Mit ›Ketten werden knapper‹ hatten wir extra ein neues Lied geschrieben – mit der kritischen Stelle: ›An der Hand des Riesen/Der tausend Nasen hat/Der braucht nur zu niesen/Und wendet das Blatt.‹ Damit war das Volk gemeint. Aber als uns der Chef der Abnahmekommission fragte, wen wir denn hier angesprochen hätten, kam einer auf die glorreiche Idee zu sagen, natürlich die Sowjetunion. Viele Texte waren bewusst zweideutig gehalten. Untereinander haben wir heftig um die Vertretbarkeit von Textzeilen gestritten. Den Leuten war es eigentlich egal, was wir da sangen, denn die Verstärkeranlagen waren gar nicht dafür ausgelegt, Texte verständlich zu machen. Wichtig war der Rhythmus, das krachende Schlagzeug, kreischende Gitarren. Über den Inhalt machte sich niemand Gedanken. Trotzdem haben wir vielen eine Lebenshilfe geboten. In dem Augenblick, als aus Sicht der Staatsführung die Gefahr bestand, eine Bewegung entstehen zu sehen, die sich ihrer Kontrolle entzog, nahm sie alle Zugeständnisse zurück.«

1975 kommt für die Gruppe Renft wegen »staatsfeindlicher Hetze« das endgültige Aus. Bassgitarrist Klaus Renft verlässt das Land. Nach dem Fall der Mauer tritt die Gruppe wieder auf und steht 1998 noch einmal in ihrer legendären Besetzung aus den 1970er-Jahren auf der Bühne.

Am 9. Oktober 2006 stirbt Klaus »Jenni« Renft im Alter von 64 Jahren an Krebs. Familie, Freunde und Fans tragen ihn auf dem Leipziger Südfriedhof zu Grabe – und versammeln sich sechs Wochen später zu einem großen Gedenkkonzert im Klubhaus »Anker«.

Das Grab auf dem Südfriedhof.

Renftstraße vor dem »Anker«.

Klaus Renft (1942–2006)

Straße und Konzerte

Seit Oktober 2007 heißt ein Teil der Knopstraße vor dem »Anker« Renftstraße. Eine Zusatztafel am Straßenschild informiert: »Klaus ›Renft‹ Jentzsch, 1942–2006, gründete mit Renft eine deutsche Rockband, die vor allem in der DDR Kultstatus genoss«. Und der lebt weiter: Sowohl die Gruppe Renft als auch die Butlers geben in neuer Besetzung nach wie vor umjubelte Konzerte. Titel wie »Gänselieschen«, »Apfeltraum«, »Wer die Rose ehrt« oder »Nach der Schlacht« zählen zu den Meilensteinen des Ost-Rock – und sind in jeder gut sortierten CD-Sammlung zu finden.

JOACHIM RINGELNATZ

»Seepferdchen« liebt die Schönen von Samoa

Joachim Ringelnatz (1883 – 1934)

Rathaus und Zoo

Hans Bötticher alias Joachim Ringelnatz wohnte mit seiner Familie erst An der Alten Elster (heute Friedrich-Ebert-Straße zwischen Arena und Zentralstadion), dann in der Poniatowskistraße. Bis 1905 betrieb Vater Georg Bötticher ein großes Atelier in der Fregestraße. Eine Tafel an der Rückseite des Alten Rathauses erinnert an ihn. Wo das König-Albert-Gymnasium stand, parken heute die Besucher des Zoos ihre Fahrzeuge. In Wurzen pflegt ein Verein das Erbe des Schriftstellers, Kabarettisten und Malers.

»Ringelnass« nennen die Matrosen das Glück bringende Seepferdchen. »Ringelnatz« nennt sich Hans Bötticher und wird unter diesem Pseudonym ein berühmter Schriftsteller. Geboren als jüngstes von drei Geschwistern in Wurzen, hatte ihm sein Vater das Talent zum Dichten in die Wiege gelegt. Georg Bötticher betrieb als Musterzeichner ein angesehenes Atelier, gab den beliebten »Auerbachs Deutschen Kinderkalender« heraus, schrieb humoristische Verse und Erzählungen. Mehr als 40 Bücher stammen aus seiner Feder, viele davon veröffentlicht in Reclams »Universal-Bibliothek«.

1887 war die Familie ins nahe Leipzig gezogen. »An der Alten Elster« fand der vierjährige Hans den idealen Abenteuerspielplatz: »Wenn die Pappeln an dem Uferhange/ Schrecklich sich im Sturme bogen,/Hu, wie war mir kleinem Kinde bange!/Drohend gelb ist unten Fluss gezogen.« Hans liebte die Alte Elster. Jeden Sonntag durfte er auf dem Ausflugskahn die Fahrkarten entwerten und die Schiffsglocke läuten. Die Schule hingegen war ihm ein Graus. Die Lehrer hielt er für »respektfordernde Dunkelmenschen«, die Klassenkameraden hänselten ihn wegen seiner großen Nase und kleinen Statur. »Ich bin überzeugt, dass mein Gesicht mein Schicksal bestimmt. Hätte ich ein anderes Gesicht, wäre mein Leben ganz anders, jedenfalls ruhiger verlaufen.« Mit 14 Jahren endete seine Schulzeit am König-Albert-Gymnasium vorfristig. Der pubertierende Junge hatte während der Hofpausen die »Völkerschauen« im Zoo besucht. Besonders die »bronzefarbenen, dunkelhaarigen Frauen« von Samoa zogen ihn in seinen Bann. »Da mein kleines Taschengeld für Geschenke nicht ausreichte, entwendete ich zu Hause nach und nach unseren gesamten Christbaumschmuck.« Die Inselbewohnerinnen flochten die Kugeln in ihr Haar und dankten dem Gymnasiasten mit der Tätowierung eines »H« auf seinen Unterarm. Hans flog von der Schule, auf seinem Abgangszeugnis stand der Vermerk: »Schulrüpel ersten Ranges«.

Geburtshaus in Wurzen.

»Völkerschauen« mit Samoanerinnen im Zoologischen Garten.

In der Tollerschen Erziehungsanstalt, einer privaten Real-Schule, legte er schließlich die Reifeprüfung ab, heuerte 1901 in Hamburg auf der Windjammer »Elli« an und erfüllte sich damit einen Kindheitstraum: als Schiffsjunge um die Welt zu reisen.

Seine Erinnerungen an die Jugendzeit tauchen später immer wieder in Gedichten auf: »Die Berge sind so schön, so erhaben! – Aber es gibt hier keine. – Wo hier zwei Menschen sind, ist keiner alleine…« reimt Joachim Ringelnatz in »Leipzig«. Und in »Die Leipziger Fliege« rät er: »Leipzig hat seinen Hustenreiz. Man sollte im November Leipzig meiden, nach Frankreich reisen oder in die Schweiz.«

Tafel am Alten Rathaus.

Gregorius Ritzsch

Vater und Sohn: Drucker, Künstler, Weltveränderer

Buchdruckerei im 17. Jahrhundert.

Er dichtete nicht nur einige der bedeutendsten evangelischen Kirchenlieder der Barockzeit, er war auch einer der angesehensten deutschen Buchdrucker: Gregorius Ritzsch. 1600 hatte die Mutter den 16-Jährigen nach dem Tod seines Vaters in die Obhut des Onkels Michael Lantzenberger in Leipzig übergeben. Bei diesem sollte der Junge aus Böhmen die Kunst der Buchdruckerei erlernen. Dies gelang ihm so gut, dass er nach Lehre und Wanderschaft den Betrieb seines Onkels übernehmen konnte. Ritzsch heiratete die Tochter eines Leipziger Braumeisters, war Vater von fünf Söhnen, gelangte zu Vermögen und Ansehen – und baute 1624 eine neue große Druckerei. Das meiste Geld verdiente die »Officin Ritschiana« mit der Herstellung von Leichenpredigten. Diese enthielten meist ein prachtvolles Porträt des Verstorbenen sowie Predigt, Lebenslauf und Trauergedichte. Die teuren Exemplare in kleiner Auflage leisteten sich vor allem wohlhabende Familien für die Verwandten und Bekannten.

Der Dreißigjährige Krieg hinterließ auch an der vor den Stadtmauern gelegenen Druckerei ihre Spuren. Gregorius Ritzsch verarbeitete die Ereignisse in seinen Gedichten. »Ich hab' den Schweden mit Augen gesehen, er tut mir wohl gefallen« nahm Clemens Bretano 170 Jahre später sogar in seine Volksliedsammlung »Des Knaben Wunderhorn« auf.

1640 durfte Ritzsch eine Festschrift der Buchdrucker mit Beiträgen von Dichtern aus allen Teilen Deutschlands veröffentlichen – die weltweit erste ihrer Art. Vom einzigen noch lebenden Sohn Timotheus stammte das »Emblematische Jubelgedicht auf die hochlöbliche, hochnötige und hochnützliche Buchdruckerkunst«. Er war wie sein Vater ein geachteter Drucker mit lyrischer Ader. 1643 starb Gregorius Ritzsch – und Timotheus veröffentlichte vier- bis fünfmal in der Woche die »Wöchentliche Zeitung«, gefördert durch das schwedische Militär und die hervorragenden Leipziger Postverbindungen. Sieben Jahre später nannte er das Blatt »Einkommende Zeitungen« und ließ es mit jeweils vier Seiten im Format 13,5 mal 17 Zentimeter sechsmal wöchentlich erscheinen: Die erste Tageszeitung der Welt war geboren – gesetzt in metallenen Lettern, gedruckt auf einer hölzernen Presse von Hand.

Gregorius Ritzsch (1548 – 1643)

Zu ihrem 350. Geburtstag kehrten die »Einkommenden Zeitungen« noch einmal nach Leipzig zurück: Im Frühjahr 2000 zeigte die LVZ eine Ausstellung mit dem Original aus der Königlichen Bibliothek in Stockholm. Die Deutsche Post präsentierte eine Sonderbriefmarke. Und TV-Entertainer Harald Schmidt lästerte in seiner Sendung: »Wissen Sie, wie die erste Schlagzeile hieß? Eigene Show für Rudi Carrell!«

Schriftgießer im 17. Jahrhundert.

Die Lettern entstanden aus flüssigem Blei.

Drucker an der hölzernen Handpresse.

Prüfender Blick: »Einkommende Zeitungen« von 1650 im Zentrum für Bucherhaltung.

Schwarze Zunft

Leipzigs führende Tageszeitung ist heute die Leipziger Volkszeitung (LVZ) mit ihrem Verlags- und Redaktionsgebäude am Petersteinweg und der hochmodernen Druckerei in Stahmeln. Wer wissen möchte, wie sich die Schwarze Zunft vor und nach Gregorius und Timotheus Ritzsch entwickelt hat, der besucht am besten das Museum für Druckkunst in der Plagwitzer Nonnenstraße und das Deutsche Buch- und Schriftmuseum der Nationalbibliothek am Deutschen Platz nahe der Alten Messe.

Schau-Plätze

ERNST HERMANN HEINRICH ROWOHLT

Literatur aus Leipziger Lokalen

Ernst Rowohlt (1887 – 1960)

Kanzlei und Café
In Ernst Rowohlts letzter Leipziger Wohnung in der Alfred-Kästner-Straße 2 (ehemals Moltkestraße) arbeitet heute eine Anwaltskanzlei. Die Druckerei Drugulin stand neben dem Mendelssohn-Haus in der Goldschmidtstraße (früher Königstraße). Die letzten verbliebenen alten Cafés, Kneipen und Restaurants, wie zum Beispiel Coffe Baum, hätten den Schutz als Weltkulturerbe verdient: Von Anschütz bis Zöllner, von Bach über Goethe bis Reclam und Rowohlt – alle verkehrten hier.

Kneipen sind Kulturräume. Leipzig wäre ärmer ohne sie – zum Beispiel auch um die Künstlerstammtische seit mehr als 250 Jahren. »Wilhelms Weinstuben, dämmriges Lokal in einem Hof, Rowohlt. Jung, rotwangig, stillstehender Schweiß zwischen Nase und Wangen. Große breite Weinbecher«, notierte Franz Kafka – und zwar nicht in der späteren Künstlerkneipe »Wilhelmshöhe« in der Hainstraße 10, sondern in »Wilhelms Weinstube« in der Hainstraße 23, Bärmanns Hof. Hier, bei Alexander Wilhelm, versammelten sich ab 1908 damals noch wenig bekannte oder namenlose Autoren: Franz Kafka, Max Dauthendey, Gustav Meyrink, Max Brod, Georg Trakl, Georg Heym … Hier wurde Kurt Pinthus zum Lektor ernannt. Hier las, diskutierte, redigierte, verhandelte der Jungverleger Ernst Rowohlt mit seinen neu entdeckten Schriftstellern. Danach ging's in den »Kaffeebaum« (Zum Arabischen Coffe Baum), ins Merkur oder ins Café Bauer am Roßplatz. Am 30. Juli 1908 hatte der Maklersohn aus

Eintrag im Leipziger Adressbuch.

Bremen in Frankreich den »Rowohlt-Verlag Paris-Leipzig« gegründet. Kurz zuvor war das erste von ihm verlegte Buch erschienen: Gedichte seines Jugendfreundes Gustav Edzard, ein 300-Exemplare-Flop.

Rowohlts Liebe zum Buch hatte Anton Kippenberg geweckt. Der Insel-Verleger und Jugendfreund seiner Mutter vermittelte ihm eine Lehre bei Breitkopf & Härtel. 1905 begann er mit praktischen Arbeiten als Schriftsetzer, Buchdrucker, Buchbinder, Notenstecher. »In der Mittagspause mußte ich regelmäßig zu Anton Kippenberg, was ich bei ihm gelernt habe, ist für meine spätere Tätigkeit entscheidend gewesen.«

»Wilhelms Weinstube« in Bärmanns Hof in der Hainstraße 23 und das Café Bauer am Roßplatz (rechts).

Das erste von Rowohlt verlegte Buch – und eine aktuelle rororo-Ausgabe.

Im November 1909 traf Rowohlt im Umfeld der Schiller-Feiern auf Kurt Wolff. Beide waren ausgeprägte Persönlichkeiten und durchaus gegensätzlich. Wolff trat als stiller Teilhaber in den Verlag ein. Büro und Wohnort hatte Rowohlt im Vorderhaus der Druckerei Drugulin in der Königstraße 10 (heute Goldschmidtstraße) gefunden. Der erste gemeinsam verlegte Band: »Katerpoesie« von Paul Scheerbart. Neben Büchern junger Autoren entstanden die berühmten »Drugulin-Drucke« – schöne, preiswerte Ausgaben von Autoren: Goethe, Kleist, Baudelaire, Shakespeare …

Die ständigen Spannungen zwischen beiden Jungverlegern führten fast zwangsläufig zur Trennung. Am 1. November 1912 verkaufte Ernst Rowohlt seine Autoren- und Verlagsrechte für 15 000 Mark an Kurt Wolff. Rowohlt nahm sich eine Wohnung in der Moltkestraße, dann ging er nach Berlin. Kurt Wolff zog in die III. Etage der Gohliser Stallbaumstraße 9/10.

JOHANN CHRISTOPH FRIEDRICH SCHILLER

Dichter, Denker, Kegelbruder

Der »Blaue Engel« in der Petersstraße.

Die Leipziger liebten das Dichter-Talent, die markigen Worte und starken Figuren seiner »Räuber«. So ähnlich musste auch deren Verfasser sein, dachten sie. Doch als am 17. April 1785 vor dem Gasthof zum »Blauen Engel« in der Petersstraße eine Kutsche hielt, entstieg ihr ein schmaler, hochgewachsener Jüngling – blond, blauäugig und obendrein schüchtern.

Friedrich Schiller war auf der Flucht: vor den Mannheimer Schauspielern, den Schulden, vor sich selbst. Die Einladung seines Leipziger »Fanclubs« um Christian Gottfried Körner war eine unbewusste Rettungstat. Körner, der Staatsangestellte, Mäzen und von nun an lebenslange Freund, lebte allerdings in

Denkmal am Promenadenring.

Dresden. Ludwig Ferdinand Huber kümmerte sich daher um den Dichter, und mit ihm die Kupferstecher-Töchter Minna und Dora Stock. Sie besorgten Schiller schnell ein billiges Studentenzimmer im »Kleinen Joachimsthal« und schleppten ihn wie eine Trophäe durch die kunstinteressierten Familien und Leipziger Lokale. Besonders beliebt zu jener Zeit: »Richters Caféhaus« als Treffpunkt der Literaten, Buchhändler und Klatschsüchtigen.

Für Gesprächsstoff sorgte auch der Fall des Johann George Schrepffer, der wie der legendäre italienische Hochstapler Cagliostro die Sinnsuchenden in einer heillosen Welt und noch mehr den Dresdner Hofadel verwirrte und angeblich im Rosental durch Selbstmord endete. Das war ein Stoff! Aber anderes drängte. Körner zahlte Schillers Schulden, vermittelte ihn an den Verleger Göschen und zum Arbeitsaufenthalt ins Dorf Gohlis. Die Freunde wohnten auch dort im Sommer.

Schiller arbeitete am »Don Carlos«, lautstark mit Taktgetrommel auf die Dielen, und an seiner Zeitschrift »Thalia« – wenn ihn nicht gerade die Freunde in die »Wasserschenke« zum Merseburger Bier entführten oder Hofrat Hetzer im Gohliser Schlösschen einen Kegelbruder brauchte.

Körner, den Geistesverwandten, hat er allerdings nur zweimal in Leipzig gesehen: am 1. Juli in Kahnsdorf, und Anfang August zu dessen Hochzeit im Garten gegenüber der Pleißenburg. Als Schiller die frisch Vermählten auf dem

Manuskriptauszug von »Don Carlos«.

Rückweg nach Dresden bis Hubertusburg begleitete, fiel er vom Pferd. »Reiten: schlecht« stand schon in seinem Schulzeugnis. Die rechte Hand war gequetscht und der Dichter vier Wochen am Schreiben gehindert. Als Friedrich Schiller dann so ziemlich allein in Gohlis saß und »alles rundumher traurig und leer« erschien, wollte er unbedingt dem Freund nach Dresden folgen. Am 11. September konnte er endlich abreisen und das heute weltbekannte Trink- und Gesellschaftslied »An die Freude« schreiben.

Schillerhaus in Gohlis.

Friedrich Schiller (1759 – 1805)

Ältestes Literaturmuseum

Das Schillerhaus in der Gohliser Menckestraße ist das älteste deutsche Literaturmuseum. Es zeigt mehr als 100 Exponate über Leben und Werk des Dichters. Nur wenige Meter entfernt, befindet sich das 1998 wieder eröffnete Gohliser Schlösschen. In der Hainstraße 5, dem vormaligen Durchgangshof »Kleines Joachimsthal«, erinnert eine Tafel an Schillers Aufenthalt. Ein paar Schritte weiter ist das Romanushaus am Brühl zu finden, in dessen zweiter Etage sich »Richters Caféhaus« befand. Wo der »Blaue Engel« in der Petersstraße seine Gäste empfing, steht heute der Petershof.

Schau-Plätze

Julius Veit Hanns Schnorr von Carolsfeld

»Ein guter Künstler, oder gar keiner«

Julius Schnorr (1794–1872)

Stadthaus und Sporergäßchen

Julius Schnorr wurde im Sporergäßchen 140 geboren, heute die Nummer 1 und ein schmaler Neubau. Die alte Thomasschule steht nicht mehr, an ihrer Stelle das Gebäude der Superintendentur. Frühe Zeichnungen Julius Schnorrs waren Zuarbeiten für Leipziger Verleger, spätere zeigen Motive der Stadt, zum Beispiel die alte Pleißenburg mit dem Westflügel, in dem die Kurfürstliche Zeichenakademie untergebracht war. Heute befindet sich dort das Stadthaus mit dem Standesamt. Zum Zeichnen nach der Natur verführt das Rosental noch immer.

Künstler sind selten. Auch unter den 81 Leipziger Ehrenbürgern seit 1832. Immerhin 47 Politiker, Staatsbeamte, Militärs hat die Stadt in diesen Rang erhoben – aber nur vier Künstler: Julius Schnorr von Carolsfeld ist einer von ihnen. Da war er, 1862, als älterer Herr über die Stationen Wien, Rom, München schon lange als gefeierter Maler und Grafiker in der Kunstwelt angekommen. Allerdings in Dresden. Und alsbald in Vergessenheit geraten.

Die Neubewertungen, Entwertungen, auch die Ignoranz und Überheblichkeit der Nachgeborenen heben weniges heraus und lassen vieles versinken. Auch in der Kunstgeschichte. Um zu bemerken, dass das späte 19. Jahrhundert vielleicht doch nicht so uninteressant und künstlerisch verwerflich war, taugen runde Jubiläen als schöner Anlass. Der 200. Geburtstag von Julius Schnorr war 1994 ein solcher: Leipzigs Bildermuseum zeigte seine Werke.

Der Romantiker, Zeichner der »Bibel in Bildern«, Direktor der Dresdner Gemäldegalerie kam im Sporergäßchen zur Welt. Unterm Dach, in einer Mansardenwohnung. Dem Vater war die Straße bald nicht mehr geheuer, so nahe an der Pleißenburg, mit den Soldaten, erst den sächsischen, dann den französischen.

»Glaube, Liebe und Hoffnung«
Rechts: Die Pleißenburg in Leipzig, Federzeichnung von 1817.

Im Viertel siedelten sich mehr und mehr Damen des eher losen Gewerbes an. Also zog Veit Hanns Schnorr von Carolsfeld um, vor das Peterstor. Wegen der Kinder, und überhaupt. Vier Sprösslinge hatte der Maler, Zeichner und Buchillustrator. Alle waren künstlerisch begabt und sensibel. Julius lernte an der Thomasschule, die ungeliebten alten Sprachen etwa. Vor allem aber lernte er beim Vater. Und im Rosental, an der Pleiße, auf den Dörfern: Zeichnen nach der Natur. Das solide Handwerk wurde sein Kapital. Mit 17 Jahren, an einem Apriltag, zog er zu Fuß los. Nach Wien: 72 Meilen in 11 Tagen. Das Wandern lag in der Familie. Im Herbst 1801 war schon Vater Schnorr mit Freund Johann Gottfried Seume nach Syrakus aufgebrochen, über Wien. Julius stand dem brummigen Wanderer recht nahe. Der Rückweg nach Jahren führte ihn über Italien nach München. Große, romantische, sagenvolle Bilder ließ er zurück, als Hofmaler für König Ludwig.

Aber Leipzig war seine Stadt. Er kam später immer wieder aus Dresden herüber, half bei der Planung des Bildermuseums. Sein Credo: »Ein guter Künstler, oder gar keiner.« Und die Leipziger Ratsherren schmückten sich gern mit seinem Namen: Ehrenbürger Julius Schnorr von Carolsfeld …

Blick ins Sporergäßchen, links das Haus Nummer 1 mit dem Torbogen nebenan.

Zwölf Meistertitel, fünf Sportarten – und das erste Olympiagold

Unter dem Vorsitz von Arthur Schomburgk entsteht 1901 der »Leipziger Sport-Club«. Heinrich Schomburgk, der jüngere Bruder, gewinnt als 16-Jähriger sogleich die erste LSC-Meisterschaft im Tennis. Elf Jahre später packt er für die Olympischen Spiele in Stockholm vorsorglich auch einen schwarzen Zylinder für die Siegerehrung ein. Zu Recht: Gemeinsam mit der Dresdnerin Dorothea Köring gewinnt er am 5. Juli 1912 das gemischte Tennis-Doppel – Leipzigs erste Olympiamedaille ist eine goldene.

Heinrich Schomburgk verfügt nicht nur im Tennis über enorme Treffsicherheit, taktische Raffinesse und viel Ballgefühl. Bereits 1902

Das Ehepaar Toni und Heini Schomburgk.

wird das in der Prinz-Eugen-Straße wohnende Multitalent Meister des Leipziger Sportclubs im Ping-Pong, dem späteren Tischtennis. Für das Eishockey-Team seines Vereins erzielt er bei nationalen und internationalen Spielen rund 300 Tore. Mehr als 20 Jahre gehört er zudem der ersten Feldhockey-Mannschaft an. Und Fußball spielt er natürlich ebenso erfolgreich – beim VfB Leipzig gemeinsam mit seinem Bruder Wilhelm, der 1903 in der ersten deutschen Meistermannschaft steht. Insgesamt bringt es Heini Schomburgk auf zwölf nationale Meistertitel in mehreren Sportarten – und ist damit der bis heute erfolgreichste LSC-Sportler aller Zeiten. Seine Spielstärke hält er über viele Jahre auf höchstem Niveau. Mit seiner Ehefrau Toni Schomburgk, die er 1919 bei einem Turnier kennengelernt hatte, erreicht er 1934 mit 49 Jahren noch einmal das Finale der Deutschen Tennismeisterschaften.

Die Liebe zum Tennis haben die Eltern auf ihre Kinder vererbt. Toni Schomburgk spielt 1941 zusammen mit ihrer Tochter Gisela in der ersten Frauenmannschaft des Leipziger Sportclubs. Nach dem Zweiten Weltkrieg wird die Schomburgk-Tochter Tennis-Seniorenmeisterin der DDR im gemischten Doppel. Auch Sohn Hans gewinnt in den 1950er-Jahren bei den Meisterschaften in Hessen mehrmals die Doppelwettbewerbe.

Übrigens: Die Schomburgkstraße im Westen von Leipzig trägt nicht den Namen des Sportlers, sondern den seines Vaters Heinrich Georg Schomburgk, dem Schwiegersohn des Industriepioniers Carl Heine. Völlig richtig deshalb, dass im Lexikon der Leipziger Straßennamen über Heinrich Schomburgk vermerkt ist: »Förderer der Leipziger Kanalpläne und der baulichen Erschließung der Westvorstadt.«

Heinrich Schomburgk (1885–1965)

Villa und Club

Heinrich Schomburgk wohnte in der Prinz-Eugen-Straße 13. Eine Tafel am Eingang der Villa erinnert seit 2003 an Leipzigs ersten Olympiasieger. Der Center Court der Tennisanlage beim Leipziger Sportclub 1901 e. V. an der Schleußiger Pistorisstraße trägt den Namen »Schomburgk-Platz«. Eingeweiht haben ihn 1996 Gisela Frers, geborene Schomburgk, und ihr Bruder Hans. Fünf Jahre zuvor eröffnete Wimbledon-Siegerin Steffi Graf beim LSC das Tennis-Nachwuchszentrum.

Tafel am ehemaligen Wohnhaus in der Prinz-Eugen-Straße.

Olympiasieger 1912: Dorothea Köring und Heinrich Schomburgk.

Auf Schomburgks Spuren: Wimbledon-Siegerin Steffi Graf weiht im Oktober 1991 in der Pistorisstraße das Tennis-Nachwuchszentrum ein.

Auf der Erfolgsleiter: Heini als 16-jähriger Clubmeister (oben).

Daniel Gottlob Moritz Schreber

Turnen, frische Luft und seltsame Erziehungsapparate

Moritz Schreber (1808–1861)

Hauptstadt der Laubenpieper
Moritz Schrebers Geburtsadresse war die Grimmaische Gasse 682, jetzt Grimmaische Straße 27 mit Optiker-Geschäft. Seine »Orthopädische Heilanstalt« befand sich in der heutigen Karl-Liebknecht-Straße 10, dem Sitz der Leipziger Verkehrsbetriebe (LVB). Der erste Kinderspielplatz des von Ernst Innocenz Hauschild gegründeten »Schrebervereins« mit späteren Gärten öffnete 1865 auf dem Gelände der Lutherkirche – vier Jahre nach Schrebers Tod. Heute ist der Verein »Dr. Schreber« samt Deutschem Kleingärtnermuseum an der Aachener Straße zu finden. Fast jeder vierte Leipziger gehört in der heimlichen Hauptstadt der Laubenpieper einem der 278 Kleingartenvereine an.

»Die Familie Schreber war so abgehärtet, daß im Winter sogar das Eis aufgehackt werden mußte, weil Schrebers baden wollten«, schreibt ein Biograf 1937. Ein schönes Beispiel für ausschmückende Legendenbildung: Eigentlich hatte Daniel Gottlob Moritz Schrebers 96-jährige Tochter Anna nur zu Protokoll gegeben, dass der Vater in seinen ersten Ehejahren zuweilen »eine Minute in dem eiskalten Wasser« gebadet hätte.

Dokumente zu Schrebers Leben sind rar. Im Spätherbst 1813, unmittelbar nach dem blutigen Gemetzel der Völkerschlacht, ging der Advokat Johann Gotthilf Daniel Schreber mit dem Sohn Moritz über die Schlachtfelder. Um Gewehrkugeln zu sammeln, aber auch aus pädagogischen Gründen – zur Abhärtung des gerade Fünfjährigen. Ein tiefes Trauma fürs Leben: unbedingte Selbstbeherrschung, Anpassung an Hierarchien, Verdrängung.

Schreber kam aus ärmlichen Verhältnissen, absolvierte die Thomasschule und musste sich sein Medizinstudium hart erarbeiten. Das Turnen nebenbei, die Körperbeherrschung, war sein Erfolgsrezept gegen die »unedlen Keime der menschlichen Natur«. Motto: Turne, und alles wird gut!

Nach der Promotion arbeitete Schreber als Assistent an verschiedenen Krankenhäusern, begleitete einen russischen Adligen als Leibarzt

Die »Orthopädische Anstalt« in der Zeitzer Straße 43/44 – heute LVB-Haus Karl-Liebknecht-Straße 10.

Die Lutherkirche am Johannapark: Hier entwickelten sich aus einem Kinderspielplatz die ersten Schrebergärten. Im Jahr 1875 mussten sie dem Bau der Ferdinand-Lassalle-Straße weichen.

Schrebers »Kallipädie«, herausgegeben in Leipzig 1858.

bis nach Wien und eröffnete 1836 schließlich eine orthopädische Praxis. Die Ehe mit der Professorentochter Pauline Haase brachte die Lebenswende. Und das Erbe der Schwiegermutter, die unter anderem über zwei Rittergüter verfügte. Moritz Schreber übernahm vom zehn Jahre älteren Arzt Ernst August Carus 1843 die Orthopädische Heilanstalt, mit der das junge Paar zwei Jahre später in die großbürgerliche Königstraße (heute

Goldschmidtstraße) umzog. In der Nachbarschaft wohnte Gewandhauskapellmeister Felix Mendelssohn Bartholdy.

Mit den Professoren Bock und Biedermann gründete Schreber den ersten Leipziger Turnverein und plädierte für Kinderspiel an frischer Luft. Der Jungunternehmer zog schließlich mit Familie 1848 in den gewaltigen Neubau seiner »Orthopädischen und heilgymnastischen Anstalt« in der Zeitzer Straße 43/44. Hier nahm er junge Patienten in Pension und ersann seltsame Erziehungsapparate: gegen das Zappeln, offenstehende Münder und andere scheinbare Gebrechen. Ein Vorgriff auf kaiserdeutsche Zucht und Ordnung. Seine Söhne waren die Testpersonen. Der ältere hat sich später erschossen, der jüngere starb in der Nervenheilanstalt Dösen. Ab 1851 zog sich Moritz Schreber zurück: Ihn plagte ein »Kopfleiden« – mit Wahnvorstellungen und »Mordphantasien«.

Stammtisch, Zigarre und unerfüllte Hoffnung

»Rotes Kolleg« in der Ritterstraße.

Schumannhaus in der Inselstraße.

Robert Schumann (1810–1856)

Am berühmten Tisch im Coffe Baum wurde keine Revolution vorbereitet, kein Geheimbund gegründet: Hier saß ab 1833 eine Runde von Musikern und Musikinteressierten im gemeinsamen Zorn gegen die »Mittelmäßigkeit des öffentlichen Musiklebens«: Die »Davidsbündler« waren eine romantische Fiktion, angelehnt an E. T. A. Hoffmanns »Serapionsbrüder« und Jean Pauls »Unsichtbare Loge«. Erst die Presse hat den Stammtisch mystifiziert und in die Geheimnisabteilung der Musikgeschichte getragen. Robert Schumann hatte die regelmäßigen Treffen inszeniert – und saß oft nur als stummer Zuschauer am Tisch, bei Bier und Burgunder, Kaffee und Zigarren. Sein Beitrag zur französischen Julirevolution von 1830 bestand in der Abschrift einer Übersetzung des »Französischen Vaterunsers« ins Tagebuch: »Unser gewesener König, der du bist ein Hallunke; dein Name werde verwünscht; gieb uns heute die 46 Millionen zurück, die du schuldig bist.«

Schumann hatte sich im März 1828 an der Leipziger Universität als Jurastudent eingetragen. Weil es die Mutter so wollte. Die Musik aber lag ihm am Herzen, nicht das »todte Einerlei« eines Juristen. Im »außergewöhnlich eleganten Studentenquartier« am Brühl veranstaltete Schumann Trio- und Quartettabende – er mit Zigarre am Klavier. Beim berühmten Arzt und Musikliebhaber Ernst August Carus lernte er neben Heinrich Marschner und anderen auch Friedrich Wieck kennen. Er zog zu ihm: als Klavierschüler und Kostgänger. Die neunjährige Clara hatte er wohl wahrgenommen, eine Liebesbeziehung entwickelte sich aber erst Jahre später. Da lag bereits ein Heidelberger Studienintermezzo hinter ihm, Teile seiner Sinfonie g-Moll waren am 29. April 1833 erstmals im Gewandhaus erklungen, und er arbeitete als Redakteur für die »Neue Zeitschrift für Musik« – bewusst gesetzt gegen die einflussreiche »Allgemeine Musikalische Zeitung«, die Schumann nach dem Ausscheiden von Friedrich Rochlitz nur noch für eine »Pantoffelzeitung« hielt. Er wohnte inzwischen im »Roten Kolleg« an der Ritterstraße, hatte Umgang mit Mendelssohn, Ferdinand David und Goethes Enkel Walther. Am 18. Geburtstag Clara Wiecks bat er deren Vater offiziell »um ihre Hand«. Nach heftiger Zurückweisung – Friedrich Wieck fürchtete um die »Investitionen« in die Tochter – und gerichtlichen Auseinandersetzungen heirateten beide 1840 in der Schönefelder Dorfkirche. Clara unterschrieb die Ehe-Statuten als ihrem Mann »ergebenes Weib«. In der Inselstraße 18 fand die Familie für vier Jahre eine Wohnung. 1844 zog sie weiter nach Dresden: Robert Schumann hatte vergebens gehofft, die Nachfolge von Mendelssohn antreten zu können.

Büste in der Musikhochschule.

Obelisk hinter der Moritzbastei.

Schumanns Stammtisch im Coffe Baum.

Coffe Baum und Inselstraße

An Robert Schumann erinnert, neben dem Coffe Baum in der Kleinen Fleischergasse, ein schlichter Obelisk mit Porträtrelief von 1875 hinter der Moritzbastei. Von seinen Wohnstätten blieb die Inselstraße 18 erhalten, wo er mit Clara und den Kindern von 1840 bis 1844 lebte – das heutige Schumannhaus. Die alte Brühlbebauung fiel dem Zweiten Weltkrieg zum Opfer, der Nachfolge-Backsteinbau des »Roten Kollegs« in der Ritterstraße lässt die Situation des 19. Jahrhunderts noch erahnen.

Mackie ohne Messer – mit feinem Pinselstrich

Max Schwimmer (1895 – 1960)

Er war nur einssechzig groß, wirkte immer etwas kugelig und wie eine Mischung aus Hansdampf in allen Gassen, fröhlichem Sonntagskind und Mackie ohne Messer in der Hand. Und so ließ er sich auch gerne Mackie von seinen Freunden nennen. Max Schwimmer war stolz, zu den vier Leipziger »Maler-Maxen« zu gehören: Max Klinger, Max Beckmann, Max Lingner und er. Manchmal, in seinem Atelier, hielt er in jeder Hand gleichzeitig einen Pinsel und malte. Unermüdlich. Umgeben von einem für ihn typischen »Stillleben zum Verbrauch«: Zigaretten oder Zigarre, ein Glas Wodka oder Kognak, und ein Apfel.

Max Schwimmer, der expressiv realistisch Malende, sah sich selbst in einer Reihe mit Adolph Menzel, Max Liebermann, Max Slevogt, Hans Meid und Josef Hegenbarth. Inspiriert durch die französische Moderne entstanden Bilder von scheinbarer Schwerelosigkeit. Immer als Erzählung über das Leben. Mal in hellen Farben, mal mit feinen Strichen in Schwarzweiß. Als Motive mal dralle Körper und pralle Brüste, mal Segelboote, Tiere, Bäume und Wolkenlandschaften, mal feine und mal weniger feine Menschen. So entstanden in den 1920er-Jahren auch zahlreiche Karikaturen und Illustrationen zu Reportagen, die regelmäßig in der Leipziger Volkszeitung erschienen und Maßstäbe in der damaligen Presselandschaft setzten.

In Leipzig kam Schwimmer zur Welt, auf dem Friedhof in Lindenau liegt er auch begraben. Erst besuchte er das Lehrerseminar in der Elisenstraße 150, dann studierte er Kunstgeschichte an der Universität. 1923 zog Schwimmer mit seiner ersten Frau Eva Goetze in die Angerstraße 41, zwei Jahre später in die Kaiser-Friedrich-Straße 26 II, die heutige Lützowstraße. Er arbeitete als Lehrer an der Kunstgewerbeschule, verlor aber seine Anstellung, als die Nationalsozialisten an die Macht kamen. 1943 heiratete Schwimmer seine zweite Frau Ilske Naumann und musste wenig später in den Krieg ziehen. Zurück in Leipzig, berief ihn die Staatliche Akademie für Graphische Künste und Buchgewerbe zum Professor. Doch 1951 entband ihn das Rektorat nach einer gezielten Kampagne von seinen Aufgaben. Der Vorwurf: Schwimmer fasse die Farbe »nicht als optische Widerspiegelung stofflicher Substanzen« auf, sondern »schwelge nur in vorgestellten Farben« und verzichte auf ein »gesellschaftlich wahres Thema«. Max Schwimmer, Opfer der Formalismusdiskussion in jenen Jahren, wechselte an die Dresdner Hochschule für Bildende Künste, wo er bis zu seinem Tod 1960 unterrichtete. Seine Wohnung in der Gottschedstraße 4 behielt er.

Farbige Zeichnung aus dem Nachlass.

Schwimmer im Atelier.

Gedenktafel am Eingang des Wohnhauses Gottschedstraße 4 (rechts).

Karikatur »Die Tierfreundin« für die LVZ: »Du, Willi, ich gondle aber nur mit, wenn Du mir versprichst, dass wir keine Fische überfahren.«

Schau-Plätze

Wohnhaus und Nachlass

An Max Schwimmers einstigem Wohnhaus in der Gottschedstraße 4 erinnert eine Tafel an den Maler, Grafiker und Illustrator. Seinen Nachlass hat die Leipziger Stadtbibliothek in ihrer Obhut: Neben 1800 Bänden aus seiner Bibliothek gehören dazu 72 Gemälde, 30 Gouachen, 1494 Aquarelle, 1880 Zeichnungen, 2335 Buchillustrationen, 35 Skizzenbücher und vieles mehr. Die interessantesten Stücke sind in wechselnden Expositionen in einer Dauerausstellung des Hauses am Leuschnerplatz zu sehen.

Republikaner in falscher Zeit

Die Gesänge.

Wo man singet, laß dich ruhig nieder,
Ohne Furcht, was man im Lande glaubt;
Wo man singet, wird kein Mensch beraubt:
Bösewichter haben keine Lieder.

*Die berühmte erste Strophe von »Die Gesänge«.
Links: Im Haus Markt 6 lebte Seume von 1787–1788.*

Johann Gottfried Seume (1763 – 1810)

Auf mehr als 14 Wohnungen in Leipzig hat er es gebracht: im Grimmaischen Torhaus und am Brühl, auf der Petersstraße und in der Thomasschule, an der Nikolaistraße und in Connewitz… Immer wieder hat er seinen Vermietern gekündigt, sein Bündel samt Büchern bei Freunden eingelagert und ist hinaus in die Welt gezogen: nach Amerika, Moskau, Syrakus, Tartu. Sein Lebensmittelpunkt allerdings lag in der Kulturstadt an der Pleiße. Hierher führten alle Fuß-Wege des Wanderers zurück: »Als ich in der Abenddämmerung die Türme von Leipzig sahe, das ich nun für mein Tabernakel zu halten gewohnt bin, ward es mir doch unter der linken Seite etwas angenehm unruhig, so sehr ich auch meinen Stoizismus vorschob…«

Johann Gottfried Seume hat 25 Jahre, mehr als sein halbes Leben, in Leipzig verbracht. Der große Asket, der in der Mansarde mit dem spitzen Giebel am Markt 6 am liebsten von Brot und kaltem Wasser gelebt haben will, hat auch gern ordentlich getafelt. Bei seinem Freund, dem Maler Veit Hanns Schnorr zum Beispiel, oder bei der kurländischen Elisa von der Recke, schräg gegenüber in Stieglitzens Hof, wenn sie in Leipzig war, die ständig Reisende. Seume, der sympathische Knurrhahn, war auch ein großer Selbst-Inszenierer, ein republikanisch gesinnter hervorragender Literat – und ein Möchtegern-Militär, der nie im Kampf stand. Mit etwa 1,50 Meter Körpergröße wollte er wenigstens etwas martialisch daherkommen.

Der Dichter hat als Kind in der Nikolaischule gelernt und gelebt, gefördert durch den Grafen von Hohenthal und in späteren Jahren durch Christian Felix Weiße. Er studierte in Leipzig an der theologischen Fakultät, bis ihm dort keiner mehr die unangenehmen Fragen beantworten wollte. Seume zahlte seine Schulden, nahm Knotenstock und Bündel – und schlich sich aus der Stadt. Die Neigung zum »skandalösen Baden« in der Parthe vor dem Hallischen Tor oder in der Pleiße an der Gohliser Mühle trugen ebenso dazu bei wie der Zorn der Theologen über den Freigeist oder die unerfüllten »Anmutungen des Fleisches«. Im thüringischen Vacha fiel er schließlich in die Hände von Soldatenwerbern. Nicht ganz ungewollt. Als er nach drei Monaten Überfahrt in Amerika ankam, war der Unabhängigkeitskrieg schon entschieden.

Nicht nur die Leipziger haben ihn bewundert und toleriert – allerdings als Sonderling und Abenteurer. Seine Haltung gegen die Fürsten und die Ungerechtigkeiten in der Welt wurde eher belächelt und abgetan. Geschrieben hat er trotzdem: über die Zustände in Deutschland, Russland und Italien, über die Zarin Katharina II., über sein Einsiedler-Dasein. Kaum einer wollte Seumes Meinung hören. Ein Republikaner in der falschen Zeit. Ein Leipziger mit Kopf und Seele – und mit Mut.

Die Seume-Stube im Heimatmuseum Rückmarsdorf.

Schule und Stube

Von Seumes einstigen Wohnstätten sind nur wenige erhalten: Die Alte Nikolaischule, in der er 1779/80 in der Mansarde lebte und im Keller für die älteren Mitschüler Holz klauen musste. Barthels Hof, wo noch 1910 die Papierhandlung Apian-Bennewitz in des Dichters Zimmer eine kleine Seume-Sammlung zeigte. Und das mehrfach umgebaute Haus Markt 6. In Rückmarsdorf, dem Wohnort der Schwester, hat das Heimatmuseum eine Seume-Stube eingerichtet. Die Johann-Gottfried-Seume-Gesellschaft zu Leipzig e. V. pflegt das Andenken des Schriftstellers und gibt regelmäßig das Mitteilungsblatt »Obolen« heraus.

Gustav Stresemann

Vom Flaschenbier zum Friedensnobelpreis

Gustav Stresemann (1878 – 1929)

Ehrung und Anzug

Auf Initiative des Vereins »Leipziger ehren« enthüllte Ex-Außenminister Hans-Dietrich Genscher zum 125. Geburtstag Gustav Stresemanns eine Gedenktafel. Diese soll am Wohnhaus in der Gottschedstraße 25 an den Friedensnobelpreisträger erinnern. Im Gespräch blieb sein Name auch durch den nach ihm benannten Anzug: Im »Stresemann« schritt so mancher Bräutigam zur Hochzeit. Und in den Anfangsjahren der Bundesrepublik trugen ihn die Bonner Politiker stets zu Staatsempfängen.

Als einziges von fünf Kindern eines Berliner Bierhändlers und Gastronomen erlangte er die Hochschulreife: 1898 schrieb sich Gustav Stresemann an der Leipziger Universität ein, studierte erst Literatur und Geschichte, wechselte dann ins Fach Nationalökonomie und promovierte schließlich an der Philosophischen Fakultät zum Thema »Die Entwicklung des Berliner Flaschenbiergeschäfts«. In der Gottschedstraße 4 (heute 25) im Handwerker- und Arbeiterviertel Naundörfchen fand Stresemann 1899 eine preiswerte Unterkunft. Und wie es der Zufall wollte: In der Dachgeschosswohnung des Hauses lebte Familie Ulbricht mit ihrem Sohn Walter.

Der große Gustav und der kleine Walter – beide sollten noch Einfluss auf die deutsche Geschichte nehmen. Der eine als Reichskanzler und Außenminister in der Weimarer Republik, der andere als Staats- und Parteichef in der DDR. Mehrfach müssen sich der

Hans-Dietrich Genscher enthüllte im Mai 2003 eine Gedenktafel für seinen Amtsvorgänger.

Die deutsche Delegation mit Außenminister Gustav Stresemann (3. v. l.) bei der Konferenz von Locarno in der Schweiz im Oktober 1925.

sechsjährige Schulanfänger und der 21-jährige Student im Haus begegnet sein. Walter spielte gern »Trapper und Indianer« und verkleidete sich bei Kostümfesten am liebsten als »Rothaut«. Gustav traf sich häufig mit Freunden bei der Reformburschenschaft »Suevia Leipzig«.

1901 verließ Stresemann die Messestadt und arbeitete in Dresden für den Verband der Schokoladenhersteller. Zwei Jahre später trat er in die Nationalliberale Partei ein und gelangte 1907 als jüngster Abgeordneter in den Reichstag. Als er nach nur drei Monaten Amtszeit im November 1923 als Reichskanzler einer großen Koalition an einem Misstrauensantrag scheiterte, schien seine politische Karriere beendet. Doch Stresemann blieb als Außenminister weiter im Kabinett. 1926 erhielt er zusammen mit seinem französischen Kollegen Aristide Briand den Friedensnobelpreis. Beide Politiker hatten sich intensiv für die Versöhnung der Staatengemeinschaft nach dem Ersten Weltkrieg eingesetzt. Deutschland war nach

» Nur auf der Grundlage einer Gemeinschaft, die alle Staaten ohne Unterschied in voller Gleichberechtigung umspannt, können Hilfsbereitschaft und Gerechtigkeit die wahren Leitsterne des Menschenschicksals werden. Nur auf dieser Grundlage lässt sich der Grundsatz der Freiheit aufbauen. « *Gustav Stresemann, 1926*

den Verträgen von Locarno dem Völkerbund beigetreten – wofür sich Gustav Stresemann in der Heimat als Erfüllungsgehilfe der Siegermächte beschimpfen lassen musste. Sein späterer Amtsnachfolger Hans-Dietrich Genscher sieht in ihm hingegen einen Europäer der ersten Stunde.

In der Gottschedstraße 25 (vorn rechts) wohnte Stresemann mit Ulbricht unter einem Dach.

Wein wider die Pest

Der von 1528 bis 1538 errichtete Auerbachs Hof – und die heutige Mädler-Passage an gleicher Stelle.

Sehr guter Wein, mäßig getrunken, werde mit Recht der allergesündeste Trank genannt: Heinrich Stromer war aufgefallen, dass vor allem arme Leute, die immer nur Wasser tranken, am schnellsten und schwersten an der Pest erkrankten – der vielen Keime wegen. »In Zeiten der Epidemie enthalte man sich des Wassers und bevorzuge Wein zum Trunke«, empfahl er deshalb in seiner 1516 erschienenen Schrift »Gewissenhafte, der Gesundheit dienende Betrachtung wider die Pest«. Geradezu folgerichtig, dass der Mediziner einige Jahre später selbst einen Weinausschank eröffnen würde…

1497 hatte sich Heinrich Stromer als 15-Jähriger an der Facultas artium, der Artistenfakultät der Leipziger Universität eingeschrieben. Diese vereinte die »Sieben freien Künste« Grammatik, Rhetorik, Dialektik, Arithmetik, Geometrie, Musik und Astronomie. Stromers wissenschaftliche Karriere ging steil nach oben: mit 19 Jahren Magister, mit 26 Rektor, mit 29 Doktor der Medizin, mit 34 Professor für Pathologie und Arzt bei Hofe. Nach seinem Geburtsort in der Oberpfalz nur noch Dr. Auerbach genannt, erlebte Stromer 1519 die Disputation auf der Pleißenburg, das theologische Streitgespräch zwischen Martin Luther und dem päpstlichen Vertreter Johann Eck. Stromer sympathisierte mit dem Reformator. Als im Sommer in Leipzig die Pest ausbrach, widersprach er der Auffassung der Kirche, die Epidemie sei eine Strafe Gottes. Statt sich dem Schicksal betend zu ergeben, empfahl Stromer, vor der Krankheit zu fliehen. Für ein halbes Jahr zog er nach Altenburg – und überlebte. Nach seiner Rückkehr erhielt der angesehene Wissenschaftler das Leipziger Bürgerrecht und die Ernennung zum Ratsherren. Als Dekan erneuerte er die Medizinische Fakultät: Hinter den Namen der Promovierten standen

Hauszeichen von 1530.

fortan auch die Themen ihrer Arbeiten. Und: Der menschliche Körper diente erstmals anatomischen Studien.

Durch die Mitgift seiner Ehefrau Anna Hummelshain war Heinrich Stromer in den Besitz einer Immobilie in bester Lage zwischen Rathaus und Neumarkt gekommen. Seiner medizinischen Überzeugung folgend, öffnete er 1525 im unterirdischen Gewölbe des Wohnhauses einen Weinausschank: Auerbachs Keller. Ein Pächter führte die Geschäfte für den Professor, der sich über die sprudelnde Einnahmequelle freute. Und mit ihm die Stadt: 1538 zahlte Stromer bereits mehr als ein Drittel der gesamten Weinsteuer Leipzigs. Im gleichen Jahr vollendete er auf seinem Grundstück den Neubau von Auerbachs Hof. Am 26. November 1542 starb Heinrich Stromer – zwei Tage nachdem er sein Testament bei Gericht hinterlegt hatte.

Heinrich Stromer (1482–1542)

Auerbachs Keller mit Bronzefiguren am Eingang und Goethezimmer heute.

Auerbachs Keller

Auerbachs Keller gelangte durch die Fassritt-Szene in Goethes »Faust« zu weltweiter Berühmtheit. Bis heute zählt das Restaurant zu den größten Touristenattraktionen der Stadt. Historischer Fasskeller, Hexenküche, Lutherstube und Goethezimmer stammen noch aus Stromers Zeit. Auerbachs Hof musste 1912 dem Neubau der Mädler-Passage weichen, das traditionsreiche Lokal im Keller blieb. An seinem Eingang weisen die Bronzeplastiken »Faust und Mephisto« sowie »Verzauberte Studenten« den Gästen den Weg.

KARL CHRISTIAN PHILIPP TAUCHNITZ

Verleger wider Willen – Wohltäter für die Stadt

Karl Tauchnitz (1798 – 1884)

Schau-Plätze

Bekannte Straßen

Den Platz der ersten Druckerei der Familie Tauchnitz im Hof des »Hotel de Baviére« an der Ecke Petersstraße/Preußergäßchen nimmt seit 1914 ein Kaufhaus ein. Das bis 1805 erbaute eigene Gebäude am Brühl 70 stand auf der jetzigen Freifläche an der Ecke zur Ritterstraße. Die Grabstelle von Karl Christoph Traugott Tauchnitz befindet sich auf dem Alten Johannisfriedhof, die des Sohnes auf dem Nordfriedhof. Nach Letzterem ist die Karl-Tauchnitz-Straße benannt, nach seinen Töchtern die Antonienstraße, die ehemalige Elisabethallee (Erich-Zeigner-Allee) und die Klarastraße.

Nichts davon solle »für specifisch kirchliche Zwecke, für Luxusbauten und für das Theater« verwendet werden, nichts von den mehr als vier Millionen Goldmark der »Stiftung eines Menschenfreunds«. Denn genannt werden wollte Karl Christian Philipp Tauchnitz nicht. Er setzte die Stadt Leipzig in seinem Testament als Erbe ein, verfügte, dass sein Nachlass allein wohltätigen Zwecken dienen müsse, und spendete bereits zwei Jahre vor seinem Tod 50 000 Mark für die Pflege von Kranken. Das Vermögen hatte er unter anderem durch die Herausgabe zahlloser Wörterbücher in den verschiedensten Sprachen erlangt und zum guten Teil von seinem Vater geerbt. Als der 1836 in Leipzig gestorben war, musste der Sohn eher widerwillig die Geschäfte übernehmen. Gegen den Wunsch des Familienoberhauptes hatte er Theologie studiert, als Missionar gearbeitet – und wollte eigentlich niemals Verleger werden. Doch

Vater und Firmengründer Karl Christoph Traugott Tauchnitz.

Wo sich die Druckerei befand, steht heute ein Kaufhaus.

Schriftmuster der Druckerei Tauchnitz.

dann weitete er das umfangreiche Verlagsprogramm seines Vaters sogar noch aus …

Karl Christoph Traugott Tauchnitz aus Großbardau bei Grimma hatte 1796 das Unternehmen gegründet. Er installierte im Hofgebäude der Petersstraße 63 eine eigene Buchdruckerei, schloss bald eine Verlagsbuchhandlung an, ebenso eine Schriftgießerei. Bis 1805 entstand ein eigenes Firmengebäude am Brühl. Die Stadt Leipzig ernannte Tauchnitz zum ersten – und einzigen – »Rathsbuchdrucker«. Er produzierte illustrierte Kinder- und Jugendschriften, bildete »kunstsinnige junge Männer« zu Stempelschneidern aus, entwickelte und vervollkommnete Schriften und verwendete als einer der ersten in Deutschland die Stereotypie, den Plattenschriftdruck, der hohe Effizienz und niedrige Preise ermöglichte. Seine »Sammlung griechischer und römischer Klassiker« brachte selbst den Griechen ihre antiken Autoren wieder nahe. Vier verschiedene Ausgaben der Bibel standen neben dem alten Testament in Hebräisch und dem ersten deutschen Druck des Koran in Originalsprache.

Toleranz-Überzeugung und Wirkungsabsicht von Vater und Sohn Tauchnitz hingen unmittelbar mit beider Mitgliedschaft in einer Loge zusammen. Verleger Benedict Gotthelf Teubner würdigte ihre Arbeit als »ein Geschäft recht geistiger Natur, in dem wir nicht bloß uns selbst, sondern der Welt nützen können« und bei dem Tauchnitz »die Ehre dem Vortheil stets überordnete«.

Der Dritte im Bunde der Leipziger Verleger gleichen Namens war Christian Bernhard Tauchnitz, ein Neffe. Er begann als Lehrling bei seinem Onkel und zählte später zu den bedeutendsten Herausgebern fremdsprachiger Literatur, so zum Beispiel der ersten Werke des US-Amerikaners Mark Twain in Deutschland. Alle drei »Tauchnitze« gehören zu jenen großen Verlegern, die Buchästhetik mit Bildungsvermittlung verbanden – und Leipzig zur Buchstadt machten.

Villa von Bernhard Tauchnitz in Kleinzschocher.

GEORG PHILIPP TELEMANN

Multitalent mit »Geiz nach Ranunkeln«

»Schwarzes Bret« um 1900 – heute Scholl-Haus.

Ankündigung eines Telemann-Werkes (l.) in der Oper (oben).

Georg Philipp Telemann (1681 – 1767)

»Ich langte an, und kam am Schwartzen Brete mit einem ansehnlichen Studioso überein, dessen Stubenpursch zu werden. Mein Reisegeräthe ward geholet«, schrieb Georg Philipp Telemann in seiner autobiografischen Skizze von 1739. Sein »Reisegeräthe« stand wohl noch in der Posthalterei am Markt. Wenn er es sich ins Nikolaiviertel hat holen lassen, dann wird er auch dort gewohnt haben. Über Halle war er gereist, wo er den 16-jährigen Georg Friedrich Händel traf – der Beginn einer lebenslangen Freundschaft. Händel schickte dem Blumenfreund mit dessen »Unersättlichkeit in Hyacinthen und Tulpen«, seinem »Geiz nach Ranunkeln und besonderen Anemonen« später aus England öfter mal Pflanzen und Zwiebeln.

Der 20-jährige Telemann schrieb sich 1701 an der Leipziger Universität als Jurastudent ein. Seiner Mutter hatte er versprechen müssen, sich nicht mehr mit Musik zu beschäftigen. Musiker galten als eine Art fahrendes Volk – lebenslustig, wenig gottgefällig. Aber da er inzwischen fast alle Instrumente beherrschte, mit zwölf Jahren seine erste Oper »Sigismundus« und danach zahlreiche andere Kompositionen geschrieben hatte, hielt der Vorsatz nicht lange. Sein »ansehnlicher Studioso« hatte Instrumente auf der Bude, Telemann aber beherrschte sie besser: Für die Juristerei hatte er schon bald keine Zeit mehr. Sein Zimmergenosse ließ eine von Telemanns Kompositionen an der Thomaskirche aufführen – und Franz Conrad Romanus, der 30-jährige, vom Kurfürsten gegen den Willen des Rates neu eingesetzte Bürgermeister, protegierte den jungen Musiker. Er verpflichtete ihn zu monatlich zwei Kantaten für die Kirche – was Thomaskantor Johann Kuhnau gar nicht gefiel.

1703 gründete Telemann das 40-köpfige Collegium musicum, bestehend aus Studenten aller Fachrichtungen. Sie spielten in Lehmanns Café am Markt oder im Kramerhaus am Neumarkt. Und sie stellten den überwiegenden Teil des Orchesters für das 1693 erbaute Opernhaus am Brühl – ein großer Bretterbau von 40 Metern Breite und 15 Metern Tiefe, schon 1729 wegen Baufälligkeit wieder abgerissen. Dort sang, spielte und dirigierte das Multitalent. Mehr als 20 seiner Opern erlebten hier ihre Uraufführung.

Am 18. August 1704 erhielt Telemann schließlich eine Anstellung als Organist und Musikdirektor an der Neukirche und wohnte vermutlich in »des Rats Organistenhaus« nebenan. Sein Bürgermeister und Protegé Romanus geriet im Januar 1705 in Haft und verbrachte den Rest seines Lebens auf der Festung Königstein. Georg Philipp Telemann mag die Rache der Neider geahnt haben: Kurz danach wechselte er als Kapellmeister an den Hof von Sorau in Schlesien.

Hörsaal der Juristen-Fakultät im 18. Jahrhundert.

Auf dem Areal der »Ritterpassage« stand einst Leipzigs erstes Opernhaus.

Passage und Scholl-Haus

Leipzigs erstes Opernhaus – das zweite in Deutschland nach Hamburg – stand am nordöstlichen Brühl, etwa auf dem Areal der heutigen »Ritterpassage«. Von der Neukirche (ab 1876 Matthäikirche) blieben nach dem Zweiten Weltkrieg nur Trümmer. Ein Denkmal im Matthäikirchhof erinnert daran. Im Nachfolgebau des »Organistenhauses« erwartet das Schulmuseum seine Besucher. Und wo sich das »Schwarze Bret« befand, steht das Geschwister-Scholl-Haus der Universität, unter anderem mit dem Institut für Kunstpädagogik.

Schau-Plätze

WILHELM CLEMENS THIEME

Kaiser schweigt, König kassiert, Architekt heiratet

Clemens Thieme (1861–1945)

Wahrzeichen und Attraktion

Nach seinem Studium hat Clemens Thieme unter anderem bei der Mutter gewohnt, in einem Hinterhof an der Petersstraße, heute Karstadt. Nach seinen Entwürfen entstand zum Beispiel die Paul-Gruner-Straße 16 und der Körnerplatz 7. Zuletzt wohnte er in der Reitzenhainer Straße 145, der heutigen Prager Straße, wo eine Gedenktafel an ihn erinnert. Sein Lebenswerk, das Völkerschlachtdenkmal in Probstheida, ist heute Leipziger Wahrzeichen und Touristenattraktion – ein gewaltiger Bau, geschaffen für die Ewigkeit. Als europäisches Friedensmahnmal wird es bis zum Jubiläum 2013 restauriert.

Kaiser Wilhelm II. reist schon am Abend des 18. Oktober 1913 im kaiserlichen Hofzug ab. Die Presse rätselt am Tag danach: »Aber was hat er gesagt?« Nichts! Dem Kaiser fehlen die Worte. Dieser Thieme hat ihn nicht einmal genannt in der Weihe-Anrede! Nur mit »Deutsche Brüder, deutsche Schwestern!« begonnen. Und andere Freimaurerformeln benutzt. Überall im Land standen gewaltige Denkmäler zum Ruhme der Herrscher, des Reiches, der edlen Deutschen – dieses aber ehrte selbst die gefallenen Franzosen. Unerhört! Das ist nur einen Roten Adlerorden IV. Klasse wert, der Thieme an der Festtafel zugesteckt wird. Auch dem sächsischen König Friedrich August III. ist nicht wohl in seiner Haut: Das Denkmal erinnert ihn an die peinliche Rolle seines Hauses 1806 und 1813. Zudem hat Sachsen nichts zum Bau beigetragen, sondern von der Finanzierungslotterie auch noch 2,6 Millionen Mark einbehalten …

Die eigentliche Weihe des Völkerschlachtdenkmals hatten die Leipziger Logen und 600 Freimaurer aus ganz Deutschland schon

Kaiser Wilhelm II. und König Friedrich August III. von Sachsen (v. l.) bei der Denkmalsweihe am 18. Oktober 1913. Rechts: Zeitgenössische Postkarte mit Denkmälern der Kaiserzeit im Größenvergleich.

am Vortag vollzogen. Für den Initiator und bestimmenden Architekten Clemens Thieme war der Bau das Lebenswerk. In Borna geboren, zog er mit der Familie nach Leipzig-Volkmarsdorf und schon zwei Jahre später in die Georgenstraße 22, heute Hahnekamm. Volksschule, Baulehre, Städtische Gewerbeschule mit dem späteren Bildhauer Carl Seffner und Dresdner Polytechnikum folgten. Während des

Erinnerungstafel in der Prager Straße.

Grabstelle auf dem Südfriedhof.

Studiums und im »Verein für die Geschichte Leipzigs« regten ihn Vorträge zu den Befreiungskämpfen dazu an, das Denkmal zu schaffen. Thieme machte sich 1885 in der Salomonstraße als Baumeister selbstständig. Er errichtete Wohnhäuser, arbeitete später als Projektleiter beim Bau des Hauptbahnhofes.

1888 trat er der Freimaurerloge »Apollo« bei. Im Restaurant »Kitzing & Helbing« in der Schloßgasse gründete er am 26. April 1894 mit Brüdern seiner Loge den »Deutschen Patrioten-Bund zur Errichtung eines Völkerschlachtdenkmals«: Eine Volksbewegung entstand. Den Auftrag für die Entwürfe erhielt der Berliner Baumeister und Logenbruder Bruno Schmitz – nach den Vorgaben Thiemes. Der erklärte, »unbeweibt zu bleiben, solange das Werk nicht vollendet« ist. Im Dezember 1914 heiratet der inzwischen »Geheime Hofrat« und Leipziger Ehrenbürger Clemens Thieme in der Matthäikirche seine Verlobte Auguste.

CHRISTIAN THEODOR THOMASIUS

Ruhestörer in modischer Kleidung

Leipzig hätte eine Stadt der Philosophen werden können: Pufendorf, Leibniz, Thomasius, Wolff standen am Beginn der deutschen Aufklärung. Eine nicht zu Ende gebrachte Reformation – verhindert durch das geistige Klima an der Universität und die orthodoxen Theologen.

Christian Thomasius kam wie Leibniz in Leipzig zur Welt. Sein Vaterhaus stand in der Klostergasse, hinter dem alten Durchgangshof Markt 11 – dort, wo sich heute eine Art Trafohäuschen befindet. Die alte Wissenschaftlerdynastie der Familie Thomas und ihr Vermögen ermöglichen Christian Thomasius wirtschaftliche Unabhängigkeit. Der junge Mann war ein Selbst-Denker. Nach dem Nikolaischulbesuch studierte er zunächst Philosophie in Leipzig, war mit 17 Jahren Magister und mit 24 Jahren Doktor der Rechte. Er praktizierte als Anwalt, hielt Vorlesungen – und störte die Ruhe konservativer Kollegen, die sich so schön eingerichtet hatten im Staats- und Stadtgefüge.

Hexenverbrennung im Mittelalter.

Mit seinen unverschämten Forderungen nach Toleranz zum Beispiel, nach einer Trennung von Staat und Kirche, gegen das Verbot konfessioneller Misch-Ehen. Seine Streitschriften waren selbstbewusst, grob und witzig. Zudem erschien er selbst zu Vorlesungen nicht etwa im Talar, sondern in modischer Kleidung mit umgeschnalltem Degen. Und er hielt am 31. Oktober 1687 die erste Vorlesung in deutscher Sprache. Dabei hatte sich die gelehrte Gesellschaft doch die letzten 1 000 Jahre so schön mit Latein vor dem Verstehen durch den »Pöbel« geschützt …

Aufmerksamkeit auch in nicht-akademischen Kreisen gewann Thomasius – der frühe Journalist – durch eine populärwissenschaftliche Zeitschrift: die »Monatsgespräche«. Als er gegen den Leipziger Theologen und Hexenverfolger Johann Benedikt Carpzov anschrieb, wurde die Luft dünner. Pufendorf begeisterte sich zwar in einem Brief, Thomasius habe »das harthäutige Tier Carpzov mit der Mistgabel gekitzelt«. Doch der Leipziger Schöppenstuhl erließ Spruch und Hafturteil gegen ihn aufgrund eines Kurfürstlichen Schreibens.

Friedrich der Große.

Christian Thomasius verließ die Stadt – und wird 1690 in Brandenburg mit offenen Armen empfangen. In Halle baute er fortan die Universität mit auf. 1703 ging er in 56 »Lehrsätzen« gegen den Hexenwahn vor. Der war kein ausschließlich katholisches Hobby. Auch Luther glaubte an den leibhaftigen Teufel, an Polter- und Wassergeister und fand die Hexenverfolgungen gut, die Hunderttausende das Leben kosteten. Die kleine Schrift war der Anfang vom Ende der »christlichen« Massenschlächterei. »Seit Thomasius können die alten Frauen in Frieden sterben«, meinte Preußenkönig Friedrich der Große.

Das »Paulinum« auf einer historischen Stadtansicht.

Die heutige Klostergasse mit dem Eingang zur Handwerkerpassage und dem alten Trafohäuschen.

Christian Thomasius (1655 – 1728)

Schau-Plätze

Schule, Gasse, Straße

Wer aus der Handwerkerpassage am Markt 11, dem ehemaligen »Thomasiusischen Haus«, nach links in die Klostergasse tritt, steht am Geburtsort von Christian Thomasius. Die Alte Nikolaischule am Nikolaikirchhof erinnert noch an die Leipziger Zeit des Philosophen, ebenso das Alte Rathaus am Markt. Auf dem Universitätsgelände, dem »Paulinum« am Augustusplatz, blieben keine historischen Gebäude erhalten. Ein Straßenname westlich des Innenstadtrings erinnert an den großen Aufklärer. Seine letzte Ruhestätte befindet sich im rund 30 Kilometer entfernten Halle.

Leipziger Köpfe | 99

Werner Tübke

»Ich male, wie der Vogel singt«

Werner Tübke (1929 – 2004)

Stiftung, Galerie, Hotel

Werner Tübke wohnte und arbeitete in der Springerstraße 5, heute Adresse der Tübke-Stiftung und der Galerie Schwind, die auch andere prominente Leipziger Künstler wie Wolfgang Mattheuer und Arno Rink vertritt. »Essen und Schlafen mit Originalen« verspricht das Galerie Hotel Leipziger Hof in der Hedwigstraße – und so hängen hier auch Lithografien und eine Zeichnung von Tübke an den Wänden. An der Hochschule für Grafik und Buchkunst in der Wächterstraße leitet heute Neo Rauch als Vertreter der »Neuen Leipziger Schule« die Klasse für Malerei und Grafik.

Werner Tübke hat Spuren hinterlassen – in Leipzig, in Deutschland und in der Welt. Er zählt zu den bedeutendsten deutschen Malern der Gegenwart, gehört mit Bernhard Heisig und Wolfgang Mattheuer zu den Begründern der »Leipziger Schule«.

Als Oberassistent im Grundlagenstudium musste er 1957 die Hochschule für Grafik und Buchkunst aus politischen Gründen verlassen. Als Freischaffender gewann er 1958 den Wettbewerb zur Gestaltung der Wandbilder im Interhotel Astoria – das Thema: »Fünf Kontinente«. 1962 kehrte er an die Hochschule zurück. Massive Studentenproteste erzwangen 1968 die Rücknahme eines erneuten Entlassungsbeschlusses. 1972 folgte seine Ernennung zum Professor, ein Jahr später zum Rektor. Tübke malte, reiste, stellte weltweit aus. Ab 1976 gab er das Rektorenamt auf, um sich fortan seinem monumentalen Hauptwerk »Die frühbürgerliche Revolution in Deutschland« zu widmen. Im eigens dafür errichteten Panorama von Bad Frankenhausen setzte er im August 1983 den ersten Pinselstrich, im November 1987 signierte er das mit 1722 Quadratmetern größte Ölgemälde der Welt.

»Oft erzählte er von seinem Heute im Gestern. Von Cranach und Dürer, die für ihn enge Kollegen waren. Von seinem ersten Leben, das er in der Renaissance verbracht habe – als Mönch in einem Kloster der Toskana«, erinnerte sich Kunstkritiker Hanno Rauterberg eine Woche nach Tübkes Tod am 27. Mai 2004. »Auch im 20. Jahrhundert lebte Werner Tübke als mönchischer Einzelgänger, nur hatte er das Kloster gegen eine Villa im vornehmen Leipziger Stadtteil Gohlis ausgetauscht. Pünktlich um acht ging er in den zweiten Stock hinauf, zu den Staffeleien und den akribisch geordneten Tuben, Näpfen und Pinseln. Er schaltete das Radio ein, streifte seinen weißen Kittel über und begann, was er sein Vor-sich-hin-Schnurren nannte. Frei und unbekümmert wie kaum ein anderer konnte Tübke auf die Kunst und ihre Geschichte zugehen, konnte sich in sie einsehen und einleben und sie durch sich hindurchfließen lassen.

Tabakpfeifen im Atelier – und Tübke-Gemälde in der Galerie Schwind heute im Wohnhaus des Malers.

Anders als für viele seiner Kollegen war für ihn die Vergangenheit keine Belastung, nichts, das überwunden werden musste. Statt sich dem allgemeinen Innovationszwang zu beugen und sich alle Rückgriffe auf die Vergangenheit zu verbieten, malte er an einem Geschichtsbild, das keine Brüche kennt und in dem die alten Formen und Deutungsmuster fortleben.« Der Meister selbst beschrieb seinen Arbeitsstil so: »Ich nehme mir nichts vor. Ich male, wie der Vogel singt.« Auf dem Südfriedhof in Abteilung II liegt Werner Tübke begraben.

Bei der Arbeit am Bauernkriegs-Panorama.

Grabstelle auf dem Südfriedhof.

Glassigger – sächsisch, köstlich, unverwüstlich

Gedenktafel am Wohnhaus Schletterstraße 18 und Grab auf dem Südfriedhof.

»Was Sachsen sin von echtem Schlaach, die sin nich dod zu griechn…« So schrieb Lene Voigt 1935 in ihrem Gedicht »Unverwüstlich«. So steht es auch auf ihrem Grabstein. Allerdings erst 23 Jahre nach ihrem Tod. Zuvor war die Mundartdichterin fast in Vergessenheit geraten …

Am 3. Mai 1891 half Hebamme Alma Jansen in der Sidonienstraße 14 (heute Paul-Gruner-Straße) der »kleinen sächsischen Pflanze« Helene Wagner auf die Welt. Auf Wunsch der Mutter arbeitete Lene nach dem Besuch der Volksschule zunächst als Kindermädchen, entdeckte aber bald ihre Liebe zum Schreiben. 1906 veröffentlichte sie ihre ersten Texte in »Der Leipziger«, danach in der Zeitschrift »Leipziger Hausfrau«. Aus Lene Wagner wurde nach der Hochzeit 1914 Lene Voigt. Doch die Ehe mit ihrem Mann Otto hielt nur sechs Jahre. Und zu allem Unglück starb 1924 auch noch ihr viereinhalbjähriger Sohn Alfred. Doch »was Sachsen sin von echtem Schlaach«: Lene Voigt stürzte sich in die Arbeit – und landete 1925 mit »Säk'sche Glassigger« und »Säk'sche Balladen« ihre größten Erfolge. Der Rezensent der Leipziger Neusten Nachrichten amüsierte sich köstlich: »Ich habe mich schon einmal über Lene Voigt krank gelacht, als sie ihre ›Säk'schen Glassigger‹ in die Welt setzte. Wieder muss ich ihr eine Arztrechnung zuschicken. Denn hier gibt's Zwerchfellmassage ersten Ranges. Zum Beispiel ›Dr Zauwerlährling‹ – ich glaube bestimmt, dass auch Goethe, dem ja der sächsische Dialekt nicht unbekannt war, Lene Voigt im stillen Verständnis die Hand gedrückt hätte. Warum? Weil er ein offenes Auge hatte – wie Lene Voigt. Mag auch der Vergleich zwischen Wolfgang und Lene etwas hinken, Lene wird nicht gleich den Größenwahn kriegen, sondern uns so gesund und munter erhalten bleiben, um uns noch ein paar solcher unvergänglicher Perlen zu bescheren, wie dieses Buch, das eine Wunder-Arznei ist – wenn man sie einzunehmen versteht.«

Die Nationalsozialisten verboten 1936 ihre Bücher wegen »Verschandelung der deutschen Klassiker«. Lene Voigt musste sich im gleichen Jahr erstmals in nervenärztliche Behandlung begeben, ab 1947 blieb sie bis zu ihrem Tod in der Psychiatrischen Klinik in Dösen – erst als Patientin, dann als Kontoristin.

In den 1980er-Jahren entreißen die Kabarettisten der »academixer« das Werk der Mundartdichterin dem Vergessen, bringen es erfolgreich auf die Bühne und setzen ihr gemeinsam mit den Lene-Voigt-Forschern Monica und Wolfgang Schütte auf dem Südfriedhof einen neuen Grabstein. Auch die Bücher erscheinen wieder. Und für alle Nicht-Sachsen, denen sich die Reime schwer erschließen, hat die Lene-Voigt-Gesellschaft einen guten Tipp: »Laut vorlesen! Unser Auge lässt sich gern vom geschriebenen Sächsisch verwirren. Beim lauten Aussprechen ergibt sich aber so manches aus dem Klang der Wörter. Lassen Sie notfalls jemanden zuhören. Er sagt Ihnen dann, was sie gesagt haben…«

»Ist denn Sächsisch ein Verbrechen?« – Gästeführerin Susanne Schottke als Lene Voigt.

Plakat der Leipziger Lene-Voigt-Gesellschaft.

Lene Voigt (1891 – 1962)

Verse und Adressen

In der Schletterstraße 18 hängt eine Gedenktafel mit der Inschrift: »Doch jedes Been, das mir geschtellt, das bracht mich weiter uff dr Welt. Nu grade!« Weitere Wohnadressen Lene Voigts waren unter anderem Ludwigstraße 40 und 46, Grenzstraße 27, Hospitalstraße 18, Oststraße 14, Reichpietschstraße 51 und Frankfurter Straße 49 (heute Jahnallee) gegenüber dem Straßenbahnhof Angerbrücke. Die letzte Ruhestätte der Mundartdichterin mit Foto und Vers auf dem Grabstein befindet sich in Abteilung II des Südfriedhofes.

WILHELM RICHARD WAGNER

Riesiges Trauerspiel schafft bedenkliche Konflikte

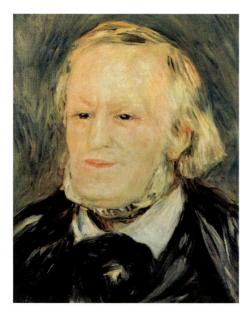

Richard Wagner (1813 – 1883)

Brühl, Büste und Sockel

Schau-Plätze

An Richard Wagner in Leipzig erinnern eine Gedenktafel am Brühl, die Alte Nikolaischule, eine Büste am Schwanenteich hinter der Oper und Max Klingers Sockel für das nie vollendete Denkmal am Elsterbecken. Von den verschiedenen Wohnungen der Familie hat keine überdauert: Der »Pichhof« musste der Westhalle des Hauptbahnhofes weichen, die Nordstraße 3 ist eine Neubau-Toreinfahrt. Das gemeinsame Grab von Richard Wagners Mutter Johanne und seiner Schwester Rosalie befindet sich auf dem Alten Johannisfriedhof hinter dem Grassi-Museum.

Um es gleich vorwegzunehmen: Richard Wagners Ruhm als Komponist oder gar »Dichter« – wie er sich selbst verstand – datiert nicht aus seiner Leipziger Zeit. Insgesamt sieben Kindheits- und Jugendjahre verbrachte er nur hier. Ein Jahr nach seiner Geburt am 22. Mai 1813 am Brühl im Haus »Zum rothen und weißen Löwen« zog die Mutter mit den Kindern nach Dresden. Der Vater war schon im November 1813 an Typhus gestorben. Richard besuchte die Dresdner Kreuzschule, dichtete – und war bockig. Die Mutter holte ihn 1827 zurück nach Leipzig, wo die Familie inzwischen wieder wohnte: zunächst im »Pichhof«, dann unter anderem in der Nordstraße 3. Doch Richard hat kaum Zeit für die Nikolaischule. Die »ersten Entwürfe« zu einem »riesigen Trauerspiele« mit 42 Toten entstehen. Wagner schreibt später von »bedenklichen Konflikten« mit dem Lehrerkollegium. Heißt im Klartext: Ein gutes halbes Jahr schwänzte er die Schule. Was zunächst nur den Lehrern auffiel …

Taufeintrag der Thomaskirche.

Wagner nimmt heimlich Musikunterricht beim Gewandhausmusiker Christian Gottlieb Müller, borgt sich eine Kompositionslehre aus der Leihbücherei Friedrich Wiecks, weil er sein Drama mit Musik in Beethovenscher Manier ausstatten will. Die Familie reagiert: Sie schickt ihren Spross auf die Thomasschule. Doch die kann's auch nicht richten, Wagner gefallen der »Schulzwang« und die alten Sprachen nicht. Er wird ohne Schulabschluss Student der Musik bei Theodor Weinlig. Vor allem aber betätigt er sich in der Studentenverbindung »Saxonia«, die in der »Grünen Linde« am Petersssteinweg ihr Hauptquartier hat. Hier trifft er Theodor Apel. »Nichts für die Nachwelt, aber Alles für die Mitwelt u. den Augenblick; habe ich diese tüchtig gepackt, so kommt die Nachwelt von selbst; ich ignorire sie aber …«, schreibt er dem Freund.

Die Leipziger Unruhen im Sommer 1830 entsprechen ganz seinem Geschmack, als die Studenten »Schutzmannschaften in die Grundstücke einzelner reicher Kaufleute legten und nach Gutdünken bedroht erscheinende Lokalitäten, worunter namentlich Gasthäuser sehr beliebt wurden, unter ihre andauernde Protektion nahmen …«. Im gleichen Jahr erklingt im Alten Theater eine Komposition von Richard Wagner, eine

Sockel des unvollendeten Wagner-Denkmals.

Büste am Schwanenteich hinter der Oper.

Wohnhaus der Wagners am Beginn der Nordstraße.

Ouvertüre, und am 10. Januar 1833 im Gewandhaus seine C-Dur-Sinfonie. Ein »altmodisches Jugendwerk« mit Beethovenscher Herkunft, meint er später selbst. 1834 wirkt er schon als Musikdirektor in Magdeburg. Eine besondere Bindung an seine Geburtsstadt entwickelt Wagner nicht. Nur seine Schwestern in Leipzig und seinen Verleger besucht er noch öfter – auch inkognito.

Gedenktafel am einstigen Standort des Geburtshauses am Brühl.

Grab von Mutter und Schwester auf dem Alten Johannisfriedhof.

102 | Leipziger Köpfe

CLARA JOSEPHINE WIECK

Mehr Kraft als sechs Knaben zusammen

Hochzeit in der Schönefelder Kirche: Auf den Stühlen saßen schon Clara und Robert Schumann.

Tafel aus Meissener Porzellan am Handelshof, wo sich einst die Wohnung der Wiecks befand.

Clara Wieck (1819 – 1896)

Robert Schumann war überzeugt davon, dass »nun einmal die Männer über den Frauen stehen«. Und mit ihm Generationen von Biografen und Musikwissenschaftlern, die Clara Schumann nur in der Rolle der das Genie anbetenden Ehefrau und Mutter sahen, »mit dem Häubchen auf dem Kopf und dem Schlüsselbund am Gürtel«, die allerdings auch ein bisschen Klavier spielte… Doch vielmehr war sie eine eigenständige, in den europäischen Konzertsälen umjubelte Pianistin und Komponistin.

Clara Wiecks frühe Jahre im Geburtshaus »Hohe Lilie« am Neumarkt prägten Spannungen zwischen den Eltern. Die selbstbewusste Mutter und Sängerin verließ den jähzornigen Friedrich Wieck, den »Meister Allesgeld«, wie ihn Robert Schumann nannte, als Clara noch keine fünf Jahre zählte. Für den autodidaktischen Klavierpädagogen und Geschäftsmann war die begabte Clara eine Geschäftsidee, sein »Lebenswerk«. Ein wenig Glanz davon fiel auch auf ihn zurück. Für eine solide Schulausbildung blieb zwischen Übungsstunden, Musiktheorie bei Thomaskantor Christian Theodor Weinlig und Kompositionslehre bei Heinrich Dorn keine Zeit. Die Dressur einer »Treibhausvirtuosin« aber lag Friedrich Wieck fern, »denn die ganze Welt fliehet die sogenannten Wunderkinder, denen in der Regel einige Stückchen eingebleut werden und die nicht musikalisch sind«. Es ging ihm um »seelenvolles« Spiel, um Individualität, um eine ganzheitliche Ausbildung. Mit neun Jahren spielte Clara das erste Mal im Gewandhaus – im Rahmen eines Extrakonzerts. Da war Robert Schumann schon Klavierschüler und Untermieter bei Wiecks im Eckhaus Grimmaische Straße/Reichsstraße.

Ab 1830 ging Friedrich Wieck mit seiner Tochter auf Konzertreisen. Beginnend mit einem Gewandhaus-Abonnementskonzert, führte die Tournee über Weimar, Kassel und Frankfurt nach Paris. Der alte Goethe vermerkte: »Über Clara's Darstellung vergißt man die Composition… Das Mädchen hat mehr Kraft als sechs Knaben zusammen«. Die hohen Einnahmen wird Friedrich Wieck später nicht herausgeben.

Am 12. September 1840 heiratete Clara in der Schönefelder Kirche gegen den Willen des Vaters Robert Schumann. Es entsteht eine Ehe zwischen Küche und Kindern, damit das schwierige Genie in Ruhe arbeiten kann. Und die Pianistin bekennt: »Wie sehr Musik zu meinem Leben nötig – müßte ich sofort sie entbehren, ginge ich bald zu Grunde…«

Notenhandschrift Clara Schumanns.

An das Eckhaus »Hohe Lilie« am Neumarkt erinnert heute eine Inschrift am Kaufhaus Karstadt.

Porzellan und Stühle

»Hohe Lilie« hieß Clara Wiecks Geburtshaus am Neumarkt/Ecke Preußergäßchen, an das eine Tafel erinnert. Das Gebäude fiel dem Zweiten Weltkrieg zum Opfer. Das Grundstück gehört jetzt zum Kaufhaus-Areal von Karstadt. Die nächste Wohnung bezogen die Wiecks in »Selliers Hof«, der 1907 dem heutigen Handelshof an der Grimmaischen Straße weichen musste. Auch dort hängt eine Gedenktafel, gefertigt aus Meissener Porzellan. Mit Robert Schumann lebte Clara in der Inselstraße 18, dem heutigen Schumannhaus. In der Gedächtniskirche Schönefeld befinden sich noch die Stühle, auf denen das Brautpaar bei seiner Trauung saß.

Leipziger Köpfe | 103

Otto Friedrich Wigand

Politik mit der Druckpresse

Otto Wigand (1795–1870)

Schau-Plätze

Tafel und Loge

»Die deutsche Erstausgabe des Hauptwerkes von Karl Marx ›Das Kapital‹, Band I, wurde 1867 in der Buchdruckerei Otto Wigand gedruckt, die sich im Gebäude Rossplatz 3b befand.« – so steht es auf einer Haustafel am heutigen Roßplatz 13. In Kleinzschocher erinnert die Wigandstraße an den Politiker und Verleger. Die ab 1905 am Dittrichring ansässige Loge »Minerva« hat sich 1991 wieder gegründet und ist in einer Villa in der Naunhofer Straße 75 zu finden. Die rund 50 Mitglieder fühlen sich den gleichen Zielen verpflichtet wie ihre Vorgänger: bürgerliches Engagement für die Entwicklung der Stadt.

»Eine lebhafte politische Tätigkeit« bescheinigten ihm 1894 die Redakteure des Brockhaus-Konversationslexikons. Mit Recht: Nicht nur als Verleger und Buchdrucker, sondern auch als Politiker hatte Otto Wigand seine Spuren hinterlassen.

1827 eröffnete der gebürtige Göttinger im ungarischen Pest seine Sortiments- und Verlagsbuchhandlung mit eigener Filiale in Leipzig. Er gab das Ungarische Konversationslexikon heraus, unterstützte die nationale Opposition, druckte deren Programmschriften, geriet ins Fadenkreuz der Justiz – und musste schließlich Ungarn verlassen. 1832 ließ sich Otto Wigand in Leipzig nieder. Bereits drei Jahre zuvor hatte er sich der hiesigen Freimaurerloge »Minerva zu den drei Palmen« angeschlossen, zu deren Mitgliedern prominente Zeitgenossen wie der Mediziner Samuel Hahnemann, der Kaufmann Christian Frege, der Maler Adam Oeser, der Schriftsteller Siegfried Mahlmann und die Verleger Philipp Reclam und Karl Tauchnitz zählten.

Haustafel am Roßplatz 13, wo Otto Wigand »Das Kapital«, Band I, von Karl Marx druckte.

Heutiges Logenhaus der »Minerva« in der Naunhofer Straße – und nach 1818 an der Ratsfreischulstraße.

Wigands Eintrag in die Matrikel der »Minerva«.

1834 gründete Wigand in Quandts Hof in der Nikolaistraße erneut ein Verlagsgeschäft. Er setzte die Herausgabe ungarischer Bücher fort und verlegte gleichzeitig Publikationen aus den Reihen des Jungen Deutschland – einer von der Juli-Revolution in Frankreich beflügelten literarischen Bewegung mit Autoren wie Heinrich Heine, Georg Büchner und Heinrich Laube. Nach deren Verbot setzte sich Wigand, seit 1837 Mitglied im Vorstand des Börsenvereins des Deutschen Buchhandels, für die Jung-Hegelianer ein. Er brachte Werke von Arnold Ruge und Ludwig Feuerbach heraus, dessen Gesamtwerk er ab 1846 verlegte. Drei Jahre zuvor hatte ihn Karl Marx in der Windmühlengasse 901 (heute Windmühlen-, Ecke Grünewaldstraße) besucht. Mit Folgen: 1845 veröffentlichte Wigand »Die Lage der arbeitenden Klasse in England« von Friedrich Engels, 1867 druckte er mit seinen Söhnen den ersten Band des »Kapital« von Karl Marx. Und machte nicht nur Politik mit der Druckpresse: Nach der Märzrevolution von 1848 engagierte sich Otto Wigand als Stadtverordneter und in der Zweiten Kammer des sächsischen Landtags.

Blick vom Nikolaikirchhof zur Buchhändlerbörse in der Ritterstraße um 1840.

»Man kann nicht mit dem Körper lügen«

Mary Wigman als Tänzerin.

Karoline Sofie Marie Wiegmann, die sich als Künstlerin Mary Wigman nannte, stand am 3. März 1942 entsetzt in ihrer neuen Wohnung: »Nordplatz 7 - Erdgeschoß - 5 Zimmer, Bad, Etagenheizung – aber die Wirklichkeit ist bitter. Verwahrlost – und was noch schlimmer: Jugendstil!!!«. Die Kunststadt Dresden hatte sie enteignet, ihr Haus und ihre Schule – Neid, Intrigen, Denunziationen …

Leipzig nahm sie auf, mit einer gewissen Befriedigung und gegen die Vorbehalte von Ämtern und NSDAP. Die ewige Konkurrenz der beiden Städte hatte auch kulturfördernde Züge, denn Mary Wigman war eine international anerkannte Meisterin des »Ausdruckstanzes«, den sie »absoluten Tanz« nannte. Einen Monat nach ihrer Ankunft leitete sie den Bereich Tanz in der dramatischen Abteilung der eben umstrukturierten Hochschule für Musik. Ihre Unterrichtsräume befanden sich in einer Villa in der Sebastian-Bach-Straße 53, die Wohnung ab Mai in der ersten Etage der Mozartstraße 17. »Ich sitze in meinem Arbeitszimmer, das ich schon ganz lieb gewonnen habe«, schreibt sie ins Tagebuch. »Die Musik hat es mir angetan. Und nun habe ich die Konsequenzen meines Leichtsinns zu tragen …« Mit Leichtsinn meinte sie die Zusage für eine Choreographie der Erstaufführung von Carl Orffs »Carmina Burana«, die am 6. Juli 1943 im Haus Drei Linden »strahlend, lebendig und erfüllt vorübergezogen war«. Nicht mal ein halbes Jahr später zerstörten Luftangriffe auch die Oper, das Theater, die Hochschule – und mit ihnen alle Kostüme, Instrumente, Manuskripte. »Ich stehe nachdenklich vor den Trümmern der Seb. Bachstr. 53 … Ein drittes Mal habe ich von vorn angefangen, in der Mozartstraße, der Dufourstr., in der Abendrothschule, im Südbräu und nun in dieser hässlichen Volksschule in der Hillerstrasse …« Mary Wigman führte den Unterricht weiter, in ihrer Wohnung.

Nach dem Krieg förderte Leipzigs neuer Oberbürgermeister Erich Zeigner die Künstlerin, schützte sie vor der Besatzungsmacht.

Bestätigung von 1945.

Im November 1946 verlieh ihr die Landesverwaltung Sachsen den Professoren-Titel. Sie arbeitete unentwegt, sprach im Rundfunk zur Einheit Deutschlands, vertrat als Delegierte die Leipziger Künstlerschaft. »Orpheus und Eurydike« inszenierte sie noch in den Drei Linden. Im Juli 1949 reiste sie nach Westberlin aus. Die leidenschaftliche Raucherin Mary Wigman starb dort mit 87 Jahren. Gundel Eplinius, eine Schülerin Mary Wigmans: »Sie war ein Barockmensch«. Und eine andere, Erika Thimey, hat von ihr gelernt: »Man kann nicht mit dem Körper lügen …«

Villa in der Sebastian-Bach-Straße 53 und Eingang zur Mozartstraße 17.

Mary Wigman (1886 – 1973)

Orte tragen neue Namen

Das Wohnhaus in der Mozartstraße 17 steht noch immer – gut erhalten und saniert. Die Ausbildungsstätte in der Grassistraße 8 trägt heute nach diversen Umstrukturierungen den Namen »Hochschule für Musik und Theater Felix Mendelssohn Bartholdy« und arbeitet seit 1887 unter dieser Adresse. Das Haus Drei Linden, in Wigmans Jahren auch Aufführungsort von Opern, ist heute die Musikalische Komödie in Lindenau. Und mit der »hässlichen [72.] Volksschule« muss die jetzige Thomasschule in der Hillerstraße gemeint sein.

Vorlesungen im Konvikt – Spaziergänge im Park

Wilhelm Wundt (1832 – 1920)

Schau-Plätze

Eiche und Zimmer

Der König-Albert-Park gehört heute zum Clara-Zetkin-Park, der seit 1955 diesen Namen trägt und 125 Hektar Grünanlagen umfasst. Die 1920 gepflanzte Wundt-Eiche steht noch immer – in der Mitte des Wilhelm-Wundt-Platzes. Des Wissenschaftlers einstiges Wohnhaus in der Schwägrichenstraße 17 existiert nicht mehr, ebenso wie jenes in der Goethestraße 6. Auch von den Gebäuden des alten Universitätsgeländes blieb nichts erhalten. Das Psychologische Institut in der Seeburgstraße hat ein Wundt-Gedenkzimmer eingerichtet.

Am 30. Juli 1909 hielt der 77-jährige Ehrenbürger der Stadt, Geheimrat und Professor Wilhelm Wundt eine zweistündige Festrede zur 500-Jahr-Feier der Leipziger Universität mit bemerkenswerten Einblicken in ihren damaligen Stellenwert: »Nicht ein einziges Mal hat unser Landtag die im Interesse der Hochschule gewünschten Bewilligungen abgelehnt oder auch nur zu kürzen gesucht«. Der Landtag des Königreiches Sachsen wohlgemerkt.

Wundts Anreise 34 Jahre zuvor, »als ich die trostlose Ebene zwischen Corbetha und Leipzig zurücklegte«, erfolgte in einer »Stimmung bangen Zweifels«. Die sich legte, als er die Spaziergänger im Rosental sah und die »sonnenbeglänzten Wiesen«. Wundt musste sich zunächst eine Stelle an der Philosophischen Fakultät mit Max Heinze teilen; er selbst war zuständig für den »Zusammenhang des Geistigen mit dem Materiellen«, so Dekan Friedrich Zarncke. Arbeitsräume erhielt er im Konvikt, in einem der Innenhöfe des ehemaligen Dominikanerklosters. »In diesem Konviktauditorium habe ich selbst jahrelang meine Vorlesungen abgehalten: es ist die Geburtsstätte des Leipziger psychologischen Instituts gewesen.« Welche Zustände auf dem beengten Areal der Universität herrschten, lässt Wundts Beschreibung des Hinterbaus des Augusteums erahnen, »...als ein Kuriosum hinzukam, daß von dem vor allem auf Geldersparung bedachten Rentmeister der Universität der Keller des Gebäudes an ein großes Petroleumlager vermietet war«.

Wilhelm Wundt arbeitete auf dem »Grenzgebiet zwischen Philosophie und Physiologie«. Er baute damit einen völlig neuen Wissenschaftszweig auf, was 1879 zur Gründung des weltweit ersten Instituts für experimentelle Psychologie führte. Der Professor wohnte »über dreißig Jahre« im universitätseigenen Gebäude Goethestraße 6. »Ähnliche Universitätswohnungen belegten in der Nähe zahlreiche Kollegen namentlich aus der philosophischen Fakultät.« Unruhe und Lärm durch den beginnenden Bau des Hauptbahnhofes veranlassten ihn, mit seiner Familie ins Musikviertel zu ziehen. Im angrenzenden König-Albert-Park genoss er die Spaziergänge. Der Park war sein Erholungsort. Und der Stammtisch im Theatercafé und in anderen Restaurants mit Professoren wie Karl Lamprecht, Wilhelm Ostwald und Oswald Wiener. Erst als 85-Jähriger richtete er sein Rücktrittsgesuch an das Dresdner Ministerium. 1920 starb Wilhelm Wundt in Großbothen bei Grimma, seiner Ruhestandsadresse. Noch im selben Jahr wurde die Wundtstraße nach ihm benannt. Begraben liegt der Mediziner, Psychologe und Philosoph auf dem Leipziger Südfriedhof.

Konvikt im alten Universitätshof und Wundt-Eiche im heutigen Zetkinpark.

Wundt-Plastik von Max Klinger.

Das einstige Wohnhaus Goethestraße 6.

Singende Männer, klingender Zettel und ein Wander-Hit

Das Leipziger Vocal-Ensemble amarcord.

Im Schillerjahr 1909 war es für den spitzzüngigen Wiener Feuilletonisten Karl Kraus eine grausige Vorstellung, »daß um eine Schillerbüste ein Männergesangsverein Aufstellung nimmt«. Seine Kritik zielte auf deutschtümelnde »Plattköpfe«. Der Erfinder des Männer-Chorgesangs als Massenbewegung, Carl Friedrich Zöllner, hatte allerdings nur die Musik im Sinn – und eine sinnreiche Feierabendbeschäftigung für männliche Kehlen.

Zöllner, ab 1814 Thomasschüler in Leipzig, erhielt von Thomaskantor Johann Gottfried Schicht eine solide musikalische Rundumausbildung. Zum Onkel Christian Döring am Neukirchhof hatte der »stille und sinnige Knabe voll gedankenvoller Innerlichkeit«, der

Die Schillerfeier 1859 auf dem Markt.

Die alte Gastwirtschaft Zills Tunnel vor dem Abriss – und nach der Sanierung im Jahr 2000.

»Nachtrabe«, wie ihn die Mutter nannte, ein gespanntes Verhältnis. Er wohnte daher im Alumnat und klagte über die Zustände dort. Und er komponierte schon als Schüler – Motetten, die in der Thomaskirche gesungen werden: »Sucht dein Herz den wahren Frieden« zum Beispiel. Theologie sollte er studieren, ein ordentliches Brotstudium, wie der grämliche Onkel meinte. Doch Zöllner war das zuwider. »Musik soll mein Element werden. Du mußt aber Dein Maul halten«, schrieb er an den Bruder.

Kaum ein Jahr nach seinem Schulabgang vermittelte ihm Kantor Schicht die Gesangslehrerstelle an der Ratsfreischule. Zöllner zog aus der Ritterstraße 689 bald in die »Schneiderherberge« am Thomaskirchhof. Mit seinem Freund Wilhelm Hemleben betrieb er dort ein »Musikinstitut«. 1833 entwickelte sich daraus der erste Zöllnerverein. Schon 1815 hatte sich eine Leipziger Liedertafel nach dem Berliner Vorbild Carl Friedrich Zelters gebildet, die dem armen Sänger einen »warmen Rock« stiftete.

Zöllner komponierte nicht nur auf eigene Texte, sondern auch auf die des Dessauers Wilhelm Müller. »Das Wandern ist des Müllers Lust« wurde einer seiner größten Hits. »Zöllner, diese Lieder haben Sie wahrhaftig dem Gesangsgott selbst abgestohlen«, begeisterte sich Felix Mendelssohn Bartholdy. Und in Zills Tunnel, wo Zöllner mit Sangesbrüdern oft zu Gast war, vertonte er gar den Speisezettel.

Nach seiner Hochzeit wohnte er im Haus des Onkels am Neukirchhof. Und lebte weiter allein für die Musik. Vermarktung und Geldverdienen – dafür hatte er kein Talent. Dennoch wuchs der Männergesang zu einer nationalen Bewegung. Zum 100. Schiller-Geburtstag am 10. November 1859 konnte Zöllner schon 20 Leipziger Vereine mit mehr als 400 Sängern in der »Centralhalle« dirigieren. Vielleicht rührte daher die Allergie von Karl Kraus.

Zöllner-Denkmal mit Chorknaben im Rosental.

Carl Friedrich Zöllner (1800 – 1860)

Denkmal, Tunnel, Neuaufnahme

An die Ratsfreischule erinnert nur noch ein Straßenname, an Carl Friedrich Zöllner auch ein Denkmal vom Leipziger Bildhauer Hermann Knaur im Rosental. Der Neukirchhof heißt heute Matthäikirchhof. Die »Schneiderherberge« war das Gebäude Nummer 156 rechts vom Bosehaus am Thomaskirchhof. »Centralhalle« hieß ein großer Veranstaltungssaal am Dittrichring, Ecke Gottschedstraße. Zills Tunnel befindet sich nach wie vor im Barfußgäßchen, Ecke Klostergasse – seinen von Zöllner vertonten Speisezettel hat das Leipziger Vocal-Ensemble amarcord 2001 neu aufgenommen.

PERSONENREGISTER

Abraham, Max 37, 47
Adler, Egon 38
Aeros, Cliff (Julius Jäger) 8
Aesticampanus, Johannes Rhagius 49
Albers, Hans 52
Anschütz, Ernst Gebhard Salomon 9, 86
Anschütz, Kutusow Bernadotte Wellington 9
Apel, August Heinrich 10
Apel, Carl Friedrich 10
Apel, Guido Theodor 10, 69, 102
Apel, Heinrich Friedrich Innocentius 9
Aristoteles 57
Armstrong, Louis 27
Arndt, Ernst Moritz 98
Asenijeff, Elsa 54
August der Starke 27

Bach, Johann Sebastian 11, 68, 74, 86
Baedeker, Fritz 12
Baedeker, Karl 12
Báky, Josef von 52
Basie, Count 27
Baudelaire, Charles 86
Bauer, Gretel 77
Bause, Angret und Inka 13
Bause, Arndt 13
Bebel, August 14, 42, 59
Becher, Johannes R. 53
Becker, Edmund 69
Beckmann, Max 92
Beethoven, Ludwig van 51, 54, 68, 74, 102
Behrisch, Wolfgang 33
Berlepsch, Emilie von 50
Bertelmann, Fred 27
Beyer, Hans-Jürgen 13, 80
Biedermann, Karl 90
Bismarck, Otto von 55
Bleichert, Adolf 15
Bleichert, Hildegard, Max und Paul 15
Bloch, Ernst 16, 66
Bloch, Karola 16, 66
Blum, Eugenie, Hans, Alfred, Ida und Richard 17
Blum, Robert 17, 28, 71, 78
Blüthner, Julius Ferdinand 15, 18
Blüthner, Max, Bruno und Robert 18
Bock, Karl Ernst 90
Böhnke, Gunter 40
Bornmüller, Franz 70
Bösenberg, Max 15, 81

Bötticher, Georg 84
Brahms, Johannes 18, 37, 54
Bramke, Werner 32
Brehm, Alfred Edmund 19, 31, 70
Breitkopf, Johann Gottlob Immanuel 22, 36
Bretano, Clemens 85
Briand, Aristide 94
Brockhaus, Friedrich Arnold 20, 98
Brockhaus, Heinrich, Friedrich und Hermann 20
Brod, Max 86
Bromme, Carl Rudolph 21
Bromme, Johann Simon 21
Brückwald, Paul Otto 37
Brühl, Heinrich Adolph von 46
Büchner, Karl Georg 66, 104

Cagliostro 87
Carlstadt (Andreas Bodenstein) 62
Carpzov, Johann Benedikt 99
Carrell, Rudi 85
Carus, Carl Gustav 22
Carus, Ernst August 64, 90, 91
Carus, Julius Victor 19, 22
Christian, Gerd 80
Clodius, Christian August 25, 33
Coburg-Gotha, Herzog Ernst von 39
Cramer, Johann Andreas 55
Cranach, Lucas 100

Dalayrac, Nicolas 48
Darwin, Charles 19, 22
Dauthe, Carl Friedrich 21, 76
Dauthendey, Max 86
David, Ferdinand 68, 91
Debye, Peter 45
Dehmel, Richard 54
Demuth, Walter 61
Dieckmann, Friedrich 16
Ditzen, Anna, Uli und Mucki 24
Ditzen, Wilhelm 24
Doles, Johann Friedrich 46
Dörffel, Georg Samuel 57
Döring, Christian 107
Dorn, Heinrich 103
Drugulin, Wilhelm Eduard 86, 96
Duden, Konrad 70
Dufour, Familie 9
Dufour-Feronce, Albert 60
Dürer, Albrecht 100

Düringer, Philipp 28
Dyck, Johann Gottfried 9
Dyhrn, Emilie Gräfin 29

Ebert, Margot 80
Eck, Johann (Dr. Mair) 62, 95
Eckermann, Johann Peter 53
Eckstein, Bernhard 38
Edlich, Franz Emil Bernhard 69
Edzard, Gustav 86
Egeraat, Erick von 36
Eitingon, Chaim 69
Engelberg, Ernst 66
Engels, Friedrich 104
Eplinius, Gundel 105
Esche, Eberhard 23
Esche, Margarethe 23
Eugenie, Kaiserin 69

Faber, Elmar 66
Fallada, Hans (Rudolf Ditzen) 24
Feuerbach, Ludwig 104
Fichte, Johann Gottlieb 25
Fischer-Art, Michael 55
Fischer, Johann Friedrich 22, 58
Flechsig, Paul Emil 26, 52, 77
Fleischer, Fips 27
Fleischer, Uschi 27
Fontane, Theodor 28, 66
Franck, James 45
Frege, Christian 104
Freytag, Gustav 29, 31, 71
Friedrich August III. 76, 98
Friedrich II. von Preußen (der Große) 30, 43, 51, 99
Fröbel, Friedrich 34
Furtwängler, Wilhelm 18

Gade, Niels 68
Gehse, Albrecht 56
Gellert, Christian Fürchtegott 30, 46
Genscher, Hans-Dietrich 94
Gerstäcker, Friedrich Wilhelm Christian 19, 29, 31, 71
Geutebrück, Albert 9
Gläser, Peter »Cäsar« 83
Glatzeder, Winfried 23
Gleich, Friedrich 64
Glier, Michael 32
Godal, Bjorn Tore 37
Goerdeler, Carl Friedrich 32

Goethe, Johann Wolfgang 23, 25, 30, 33, 35, 36, 53, 66, 72, 76, 86, 95, 101, 103
Goethe, Walther von 33, 91
Goethe, Wolfgang von 33
Goetze, Eva 92
Goldschmidt, Henriette 34, 47, 78
Gollasch, Günter 27
Gorbatschow, Michail 80
Göschen, Georg Joachim 22, 35, 55, 75, 87, 96
Gottschalk, Thomas 13
Gottsched, Adelgunde 72
Gottsched, Johann Christoph 36, 46, 55, 72
Graf, Steffi 89
Gräser, Kurt 23
Graupner, Johann Christoph 11
Greger, Max 27
Gregor, Jan 13
Grieg, Edvard 37, 47
Gustav Adolf, König von Schweden 52

Haase, Pauline 90
Haepe, Arno 23
Hagen, Erich 38
Hagenbeck, Carl 79
Hagerup, Nina 37
Hähnel, Ernst Julius 57
Hahnemann, Christian Friedrich Samuel 39, 104
Hahnemann, Helga 13
Hallervorden, Dieter 80
Händel, Georg Friedrich 68, 97
Händel, Samuel 33
Harkort, Gustav 60
Hart, Jürgen 13, 40
Hart, Katrin 40
Härtel, Gottfried Christoph 22
Härtel, Hermann 71
Härtel, Wilhelm Christoph 64
Haubold, Christian Gottlieb 75
Hauff, Monika 80
Haugk, Hutmacher 29
Haupt, Moritz 71
Hauschild, Ernst Innocenz 90
Haußner, Familie 9
Hegel, Georg Wilhelm Friedrich 25
Hegenbarth, Josef 92
Hein, Christoph 66
Heine, Ernst Carl Erdmann 41, 69, 89
Heine, Heinrich 104
Heine, Johann Carl Friedrich 41

PERSONENREGISTER

Heine, Thomas Theodor 14, 42, 54
Heinicke, Samuel 43
Heinrich von Preußen, Prinz 30
Heinrich von Sachsen 62
Heinze, Max 106
Heisenberg, Werner Karl 44, 45
Heisig, Bernhard 65, 100
Heliot, Claire (Clara Huth) 79
Hemleben, Wilhelm 107
Henkels, Kurt 27
Henkler, Klaus-Dieter 80
Henrici, Christian Friedrich (Picander) 11
Hensel, Fanny 68
Herloßsohn, Karl 17
Hermlin, Stephan 66
Hertz, Gustav Ludwig 45
Hertz, Heinrich und Johannes 45
Herz, Monika 13
Hetzer, Johann Hieronymus 87
Heydenreich, Karl Heinrich 25
Heym, Georg 86
Hiller, Johann Adam 46
Hinrichsen, Henri 34, 37, 47
Hirzel, Salomon 29, 71
Hitler, Adolf 16, 32
Hoffmann, Ernst Theodor Amadeus 10, 48, 91
Hoffmann, Jutta 24
Hoffmeister, Franz Anton 47
Hofmannsthal, Hugo von 53
Hofmeister, Friedrich 61
Hofmeister, Johann Friedrich Carl 64
Hohenthal, Graf von 93
Höhne, Lothar 38
Holberg, Ludvig 40
Holm, Andreas 13
Holzer, Jenny 32
Horney, Brigitte 52
Huber, Ludwig Ferdinand 87
Hummelshain, Anna 95
Hund, Friedrich 44
Hutten, Ulrich von 49

Jacobsen, Curt 8
Jaeger, Carl Hermann 15
Jahn, Otto 71
Jansen, Alma 101
Jean Paul (Johann Paul Friedrich Richter) 50, 75, 91
Johann zu Sachsen, Prinz 17
Jones, Bibi 27

Jordan, Siegfried 80
Juhnke, Harald 27
Jürgens, Udo 27

Kafka, Franz 86
Kant, Immanuel 25, 75
Karl V., Kaiser 62
Kästner, Erich 24, 51
Katharina II., Zarin 93
Katz, Bernard 52
Katz, Max 52
Kaufmann, Familie 11
Keil, Ernst 19, 31
Kindermann, Käte 52
Kindermann, Paul 52
Kintschy, Georg 28, 73
Kippenberg, Anton Hermann Friedrich 53, 86
Kippenberg, Katharina 53
Klausing, Anton 21
Kleist, Heinrich von 86
Klinger, Heinrich Louis 54
Klinger, Max 42, 54, 92, 102, 106
Klopstock, Friedrich Gottlieb 25, 35, 36, 55, 58
Knaur, Hermann 107
Koch, Heinrich Gottfried 36
Kohl, Helmut 56, 80
König, Johann Ulrich 36
Köring, Dorothea 89
Körner, Christian Gottfried 35, 75, 87
Körner, Theodor 35
Kraus, Karl 107
Krause, Carl Christian Friedrich 20
Krause, Karl 15
Krauss, Werner 16, 66
Krug, Manfred 23
Kuhnau, Johann 11, 97
Kühnel, Ambrosius 47
Kulenkampff, Hans-Joachim 80
Kunert, Christian »Kuno« 83
Kuno, Anna 78
Kunze, Alfred 56
Kusch-Lück, Petra 80
Küster, Beppo 13
Küstner, Karl Theodor 64

Lacasa, Aurora 13
La Fontaine, Jean de 30
Lampe, Carl 60
Lamprecht, Karl 77, 106

Lantzenberger, Michael 85
Laube, Heinrich 29, 31, 61, 73, 104
Lavater, Johann Kaspar 25
Leibniz, Gottfried Wilhelm 25, 36, 57, 99
Lessing, Gotthold Ephraim 25, 30, 35, 36, 55, 58, 66, 72
Lessing, Johann Gottfried 58
Liebermann, Max 92
Liebknecht, Karl Paul Friedrich August 59
Liebknecht geb. Reh, Natalie 59
Liebknecht, Wilhelm 14, 59
Linck, Johann Heinrich 75
Lingner, Max 92
Lippert, Wolfgang 13
List, Friedrich 60
Liszt, Franz 18, 73
Locker, Bernd 40
Löhr, Friedrich 63
Lörke, Günter 38
Lortzing, Gustav Albert 17, 28, 46, 61
Lotter, Melchior 62
Ludwig, Carl Friedrich Wilhelm 26
Ludwig II., König von Bayern 88
Luther, Martin 49, 62, 95, 99

Mahler, Gustav 18, 63, 74
Mahlmann, Siegfried 104
Majakowski, Wladimir 40
Manteuffel, Ernst Christoph von 36
Margareta, Prinzessin von Dänemark 51
Marggraff, Hermann 17
Markov, Irene 66
Markov, Walter 16, 66
Marschner, Heinrich August 61, 64, 72, 91
Marschner, Marianne 64
Marx, Karl 25, 59, 104
Masur, Kurt 80
Mattheuer, Wolfgang 65, 100
Mayer, Hans 16, 66
Mehring, Franz 67
Mehring, Walter 82
Meid, Hans 92
Meißner, Alfred 31
Melanchthon, Philipp 62
Mencke, Johann Burkhard 36
Mencke, Otto 57
Mendelssohn Bartholdy, Felix 37, 68, 90, 91, 107
Menzel, Adolph 92
Metternich, Clemens 20

Mey, Carl Ernst 69
Meyer, Abraham 34
Meyer, Carl Joseph 70
Meyer, Herrmann Julius 19, 70
Meyrink, Gustav 86
Michalkov, Sergej 23
Mielke, Erich 80
Miltitz, Frau von 25
Mo, Sandra 13
Mommsen, Theodor 29, 71
Moritz von Sachsen 62
Moscheles, Ignaz 18, 37
Mozart, Wolfgang Amadeus 46, 48
Mühlhausen, Rudolf 77
Müller, Carl Wilhelm 46, 58, 76
Müller, Christian Gottlieb 102
Müller, Wilhelm 21, 107
Mylius, Christlob 58

Napoleon 21, 29, 48
Naumann, Ilske 92
Neuber, Friederike Caroline 5, 36, 58, 72
Neumann, Angelo 74
Nietzsche, Friedrich Wilhelm 25, 73
Nikisch, Arthur 18, 63, 74
Novalis (Friedrich von Hardenberg) 75

Oeser, Adam Friedrich 11, 30, 33, 76, 104
Oeser, Friederike 76
Ohser, Erich (E. O. Plauen) 51
Orff, Carl 105
Ossietzky, Carl von 77
Ostwald, Wilhelm 77, 106
Otto, Theodor 15
Otto-Peters, Louise 34, 78

Peters, August 78
Peters, Carl Friedrich 37, 47
Pezold, Christian Friedrich 25
Pinkert, Ernst Wilhelm 79
Pinthus, Kurt 86
Pittler, Rudolf 15
Plaídy, Louis 37
Platner, Ernst 22, 50
Plato 57
Plaut, Jacob 34
Pommer, Max 70
Poniatowski, Josef Anton 28
Puder, Ulf 16

Leipziger Köpfe | 109

PERSONENREGISTER

Pufendorf, Samuel 57, 99

Quandt, Johann Gottlieb 72
Quermann, Heinz 80
Quinn, Freddy 80

Rabener, Gottlieb Wilhelm 55
Rabinowitz, Eugenie 52
Rachmaninow, Sergej 18
Radestock, Bernd 5
Radicke, Familie 55
Rahn, Johanna 25
Ramsey, Bill 27
Rauch, Neo 100
Rauterberg, Hanno 100
Recke, Elisa von der 93
Reclam, Anton Philipp 19, 61, 81, 86, 96, 104
Reclam, Carl Heinrich 9
Reclam, Ernst 47
Reger, Max 54
Reh, Carl 59
Reichel, Christiane Dorothea 41
Reimann, Dorothea und Andreas 82
Reimann, Hans 82
Reimers, Karl 71
Reimers, Marie 71
Reinecke, Carl 37, 63, 74
Renft, Klaus (Jentzsch) 83
Rilke, Rainer Maria 53
Ringelnatz, Joachim (Hans Bötticher) 82, 84
Rink, Arno 100
Ritschl, Friedrich 73
Ritzsch, Gregorius 85
Ritzsch, Timotheus 85
Rochlitz, Friedrich 22, 48, 68, 91
Rodger, Kerstin 80
Romanus, Franz Conrad 97
Rosenmüller, Johann Christian 22
Rossbach, Arwed 34
Roßmäßler, Emil Adolph 19
Rousseau, Jean Jacques 25, 50
Rowohlt, Ernst Hermann Heinrich 86
Ruge, Arnold 104
Rühmann, Heinz 82

Sacher-Masoch, Leopold Ritter von 42
Sachsen-Coburg-Gotha, Ernst II. von 19, 31
Sack, Rudolf 15
Sauer, Anna Aurora 31

Sauer, Wolfgang 27
Schäfer, Gerd E. 23
Scheerbart, Paul 86
Schicht, Johann Gottfried 9, 46, 64, 107
Schiller, Friedrich 25, 28, 35, 36, 54, 72, 75, 87, 107
Schiller, Karl 28
Schlegel, August Wilhelm 35
Schlegel, Friedrich 75
Schmidt, Auguste 34, 78
Schmidt, Harald 85
Schmidt, Johann Christoph 55
Schmitz, Bruno 98
Schneider, Dieter 13
Schnorr von Carolsfeld, Julius Veit Hanns 88
Schnorr von Carolsfeld, Veit Hanns 22, 46, 72, 76, 88, 93
Schöbel, Frank 13
Schönkopf, Anna Katharina 33
Schoenlank, Bruno 67
Schomburgk, Arthur und Wilhelm 89
Schomburgk, Gisela und Hans 89
Schomburgk, Heinrich 89
Schomburgk, Heinrich Georg 89
Schomburgk, Toni 89
Schopenhauer, Arthur 25, 73
Schott, Georg Balthasar 11
Schottke, Susanne 101
Schreber, Anna 90
Schreber, Daniel Gottlob Moritz 20, 26, 81, 90
Schreber, Johann Gotthilf Daniel 90
Schreber, Paul 26
Schrepffer, Johann George 87
Schröder, Rudolf Alexander 53
Schubert, Franz 74
Schumacher verh. Heisenberg, Elisabeth 44
Schumann, Robert 64, 91, 103
Schur, Gustav Adolf (Täve) 38
Schütte, Wolfgang und Monica 101
Schwägrichen, Christian Friedrich 22
Schwarzenberg, Carl Philipp Fürst zu 39
Schwimmer, Max 92
Seconda, Joseph 48
Seffner, Carl 11, 33, 47, 54, 58, 98
Seume, Johann Gottfried 22, 35, 88, 93
Seyfferth, Wilhelm Theodor 60
Shakespeare, William 28, 86
Sickingen, Franz von 49
Singer, Jacob Eduard 20
Slevogt, Max 92

Spener, Matthias Gerhard 55
Spoerl, Heinrich 82
Staegemann, Max 63
Stauffenberg, Claus Schenck Graf von 32
Steineckert, Gisela 13
Steyber, Ottilie von 34, 78
Stock, Johann Michael 33
Stock, Minna und Dora 87
Strasser, Hugo 27
Straube, Karl 47
Strauss, Richard 53
Stresemann, Gustav 63, 94
Stromer, Heinrich (Dr. Auerbach) 5, 62, 95
Suttner, Berta von 77

Tauchnitz, Antonie, Elisabeth und Klara 96
Tauchnitz, Christian Bernhard 96
Tauchnitz, Karl Christian Philipp 96, 104
Tauchnitz, Karl Christoph Traugott 96
Teichmann, Romana 72
Telemann, Georg Philipp 11, 97
Tetzel, Johannes 62
Teubner, Benedict Gotthelf 96
Thieme, Auguste 98
Thieme, Wilhelm Clemens 98
Thimey, Erika 105
Thomasius, Christian Theodor 5, 25, 99
Thomasius, Jakob 57
Tischbein, Johann August 22
Trakl, Georg 86
Troegner, Franziska 23
Tschaikowski, Peter 18, 37, 74
Tübke, Werner 65, 100
Tucholsky, Kurt 77
Twain, Mark 96

Ulbricht, Walter 63, 94

Valente, Caterina 27
Vandenberghen, Willy 38
Verne, Jules 12
Vietinghoff, Dorothea von 43
Voigt, Lene (Helene Wagner) 101
Voigt, Otto und Alfred 101
Voltaire 46
Voß, Christoph Friedrich 50

Wächter, Karl Georg von 73
Wagner, Adolph 48

Wagner, Friedrich 48
Wagner, Hans 62
Wagner, Johanne 102
Wagner, Luise 20
Wagner, Ottilie 20
Wagner, Richard 10, 20, 37, 41, 48, 61, 63, 73, 74, 102
Wagner, Rosalie 61, 102
Walter, Jürgen 13
Walter, Manfred 56
Weber, Carl Maria von 48, 63
Weber, Marion-Mathilde und Carl von 63
Wedekind, Frank 42
Weinert, Erich 82
Weinlig, Christian Theodor 102, 103
Weise, Christian 57
Weiße, Christian Felix 25, 46, 50, 58, 72, 93
Weißleder, Manfred 38
Weizsäcker, Carl Friedrich von 44
Wendler, Johann 30
Wenzel, Ernst Ferdinand 37
Wieck, Clara (Clara Schumann) 68, 74, 91, 103
Wieck, Friedrich 61, 64, 91, 102, 103
Wieland, Christoph Martin 35, 75
Wiener, Oswald 106
Wigand, Georg 71
Wigand, Otto Friedrich 31, 104
Wigman, Mary 105
Wilhelm, Alexander 86
Wilhelm II., Kaiser 42, 98
Winckelmann, Johann Joachim 76
Winkler, Christian Gottfried 58
Winkler, Familie 9
Witkowski, Georg 47
Wolff, Christian 36, 99
Wolff, Kurt 82, 86
Woyzeck, Johann Christian 9
Wundt, Wilhelm Maximilian 54, 59, 77, 106
Wyzniewski, Arno 24

Zahn, Karl von 34
Zarnack, Joachim August 9
Zarncke, Friedrich 106
Zeigner, Erich 105
Zelter, Carl Friedrich 53, 107
Zemisch, Gottlieb Benedict 46, 76
Zille, Moritz Alexander 19
Zöllner, Carl Friedrich 86, 107
Zü(i)rrges, Sophie 21
Zweig, Stefan 53

Die Köpfe hinter den Köpfen

Dr. Otto Werner Förster, Jahrgang 1950, Diplomgermanist/Literaturhistoriker, seit 1985 freiberuflich, seit 1997 im eigenen Taurus Verlag. Widmet sich als Schriftsteller und Herausgeber vor allem der mitteldeutschen Kulturgeschichte, übertrug und publizierte unter anderem ältere Handschriften, arbeitete für Presse, Hörfunk und Firmen. Der bekannte Köstritzer Slogan »Das Schwarze mit der blonden Seele« zum Beispiel stammt von ihm.

Thomas Seidler, Jahrgang 1963, Diplomjournalist, seit 1990 bei der Leipziger Volkszeitung, erst Wissenschaftsredakteur, dann Redaktionsleiter in Döbeln, ab 1993 Lokalchef in Leipzig. Seit 2006 Chef-Management-Redakteur bei der Leipziger Medien Service GmbH, die Bücher und andere hochwertige Sonderprodukte für die LVZ erarbeitet. Zog bereits als Projektleiter und Autor des regionalen Bestsellers »Zeitreise – 1 200 Jahre Leben in Leipzig« die Strippen.

Claudius Markov, Jahrgang 1955, Diplombuchhandelswirt, seit Mitte der 1990er-Jahre als Marketingkonzeptioner, Kommunikationstrainer und Personalcoach deutschlandweit unterwegs. Autor zahlreicher Beiträge für Zeitschriften und des Sachbuches »Halbzeit – Ein außergewöhnliches Teamspiel mitten in Deutschland«. Hält Vorträge, gibt Seminare und moderiert Workshops. Wirkt ehrenamtlich als Vorsitzender des Vereins »Leipziger ehren«.

Sabine Frohmader, Jahrgang 1967, Diplomdesignerin, als freiberufliche Grafikerin für Unternehmen in ganz Sachsen tätig. Gestaltete unter anderem den Dresdner Musikführer, Künstlerkataloge für die Ostdeutsche Sparkassenstiftung und Broschüren für den Bundestag. Seit 2007 Zusammenarbeit mit der Leipziger Volkszeitung. Brachte bereits das Buch »Live in Leipzig – 50 Rock- und Popstars im LVZ-Interview« in Form.

Armin Kühne, Jahrgang 1940, Fotograf, seit Ende der 1970er-Jahre freiberuflich für die Leipziger Volkszeitung tätig. Dokumentiert den Wandel der Stadt, dazu auch mehrere Buchveröffentlichungen und Ausstellungen. Behält durch umfangreiches Archiv und zahlreiche Luftaufnahmen den Überblick. Bereicherte mit historischen Fotoinszenierungen und aktuellen Bildern schon das LVZ-Buch »Zeitreise Leipzig«.